SERMONES ACTUALES SOBRE EL ANTIGUO TESTAMENTO Y EL NUEVO TESTAMENTO

52 Mensajes para un año

Antonio Cruz

EDITORIAL CLIE
C/ Ferrocarril, 8
08232 VILADECAVALLS
(Barcelona) ESPAÑA
E-mail: clie@clie.es
http://www.clie.es

SERMONES ACTUALES SOBRE EL AT Y EL NT
ISBN: 978-84-16845-37-8
Depósito legal: B-13825-2017
SERMONES
Sermones completos
Referencia: 225025

Impreso en USA / *Printed in USA*

ANTONIO CRUZ nació en Úbeda, provincia de Jaén (España) el 15 de julio de 1952. Licenciado en Ciencias Biológicas por la Universidad de Barcelona el 17 de Marzo de 1979. Doctor en Biología por la misma Universidad de Barcelona el 10 de julio de 1990. En 2010 logra el Doctorado en Ministerio (Homilética y Antiguo Testamento/Nuevo Testamento) por la Theological University of America de Cedar Rapids (Iowa).

Ha sido Catedrático de Biología y Jefe del Seminario de Ciencias Experimentales. Biólogo investigador del Departamento de Biología Animal de la «Universidad de Barcelona». Ha formado parte de numerosos tribunales académicos constituidos para juzgar tesis doctorales y recibido reconocimientos de la «Universidad Autónoma de Honduras», «Universidad Autónoma de Yucatán» (México) y «Universidad Mariano Gálvez de Guatemala», por diversas intervenciones. Profesor del «Centro de Estudios Teológicos» en Barcelona. Es colaborador de FLET «Facultad Latinoamericana de Estudios Teológicos» en al área de Maestría.

En la actualidad es pastor colaborador en la Iglesia Unida de Terrassa.

Ha impartido seminarios, conferencias y predicaciones en centenares de iglesias e instituciones religiosas en España, Estados Unidos y toda Latinoamérica.

Ha publicado numerosos artículos en revistas científicas españolas y europeas especializadas en biología y zoología y ha participado en numerosos Congresos Científicos en España y en el extranjero.

Entre sus principales obras se encuentran:

-*Postmodernidad: El Evangelio ante el desafío del bienestar*, CLIE, 1996.
-*Parábolas de Jesús en el mundo postmoderno*, CLIE, 1998.
-*Bioética cristiana: Una propuesta para el tercer milenio*, CLIE, 1999.
-*Sociología: Una desmitificación*, CLIE, 2001.
-*La ciencia, ¿encuentra a Dios?*, CLIE, 2005.
-*Nuevo ateísmo*, CLIE, 2015.
-*Sermones actuales sobre las parábolas de Jesús*, CLIE, 2016.
-*A Dios por el ADN*, CLIE, 2017.

_Índice

_Introducción

Una parte importante del mandamiento dado por Jesús, acerca de predicar el Evangelio a toda criatura, la constituye la homilía que se realiza desde el púlpito cristiano. De ella depende en buena medida el crecimiento espiritual de los creyentes, así como la extensión del reino de Dios en la Tierra. Se trata, por tanto, de algo prioritario en la vida de la Iglesia.

Sin embargo, el trabajo del predicador no está exento de dificultades. En ocasiones, el ministro no se siente suficientemente preparado para realizarlo; ya sea por desconocimiento del verdadero sentido del texto bíblico; por no saber bien la técnica de comunicación que necesita su comunidad; por carecer de las ayudas suficientes para preparar adecuadamente el mensaje, por el escaso tiempo disponible o, simplemente, porque está cansado y algo desanimado ante la aparente falta de resultado de sus predicaciones.

Hay congregaciones en las que se detecta poco interés por los temas tratados en el púlpito o por el modo en que éstos son expuestos; otras se quejan de la falta de preparación bíblica del pastor. A veces, a éste le resulta difícil encontrar el lenguaje apropiado y la proporción adecuada para ofrecer, en los pocos minutos que dura la predicación, todo lo que desea decir o aquello que la asamblea requiere.

Estas dificultades, y otras más que pudieran darse, no tienen por qué desmoralizar al predicador. Es necesario recordar que al propio Señor Jesucristo estuvieron a punto de despeñarlo por un barranco la primera vez que predicó en su pueblo de Nazaret. Incluso al apóstol Pablo se le durmió un joven en su famosa plática de Tróade. Esto significa que muchos grandes predicadores han experimentado la oposición, o la apatía del pueblo, ante alguno de sus mensajes.

El buen predicador no nace, sino que se hace a fuerza de estudio, meditación y ejercitación en el púlpito. Cuanto más se predica, mejor suele hacerse. Pero lo más importante es ser conscientes de que Dios habla a la comunidad cristiana a través del ministro de culto y, por medio de él, provoca una respuesta de fe en la Iglesia. Por tanto, cada predicador es un colaborador de Dios. De ahí la necesidad de ser fieles a la *Escritura*, para saber lo que realmente Dios ha dicho.

El predicador que desea ser obediente a la palabra divina debe conocer y estudiar continuamente la *Biblia*; intentar comprender la intención de cada pasaje para explicarlo correctamente a la congregación; no olvidar nunca la dimensión evangelizadora; y, sobre todo, descubrir lo que dice "hoy" la palabra, cómo se aplica a la realidad cotidiana de sus oyentes. Este último es el verdadero compromiso profético que cada ministro tiene con su congregación.

Pero igual que debe conocer la palabra y su intención, debe también sintonizar con la sensibilidad de quienes le escuchan. Cada comunidad evangélica posee sus propias circunstancias, que pueden variar con el tiempo. La mentalidad, la cultura, las inquietudes, los problemas, los prejuicios, las necesidades, etc., cambian de una iglesia a otra, ¡cuánto más de un país a otro! Todo esto debe tenerlo presente el predicador que desee ofrecer buenos mensajes a su iglesia y provocar una actitud de respuesta ante la invitación de la palabra. Pero empezando siempre por el propio predicador, que es, sin duda, el primero al que la predicación se dirige.

Asimismo, la actitud espiritual del ministro de culto es fundamental. El que predica debe hacerlo desde dentro de la congregación, no desde fuera, ni desde arriba. Tiene que asumir que es un hermano con el precioso ministerio de impartir la palabra al resto de la comunidad, para que la entiendan. Predicar desde dentro es amar a la Iglesia, pertenecer a ella y no sentirse superior. Hay que conocer a todos los miembros a quienes se habla, estar al corriente de sus problemas y necesidades, vivir unido a ellos y no predicarles desde la distancia o con ironía. El predicador no debe actuar como un profesor, sino como otro oyente más de la misma palabra que predica. Si ésta no ha calado previamente en su alma, difícilmente llegará a la de sus hermanos.

Más que pensar: "¿qué les predico el domingo próximo?", hay que preguntarse: "¿qué nos puede decir la palabra el próximo domingo?". El pastor no es un vidente o un visionario, sino un testigo de Cristo que debiera emplear más el "nosotros" que el "vosotros". Tenemos que predicar con alegría, a pesar de las dificultades propias de este ministerio. El buen profeta de la palabra debe superar las situaciones que le producen desánimo para transmitir un mensaje de confianza y esperanza a la iglesia. Pero sólo se puede hablar con alegría, cuando se está plenamente convencido de transmitir la buena noticia de Jesucristo. Y tal convencimiento es algo que el oyente debe notar en todo predicador. No se trata de quejarse siempre de lo mal que va el mundo, sino de proclamar esa salvación que viene de Dios y se ha encarnado en la persona de Jesús.

El encuentro con la palabra divina se realiza a través del estudio bíblico personal, la oración privada y la propia predicación desde el púlpito. Para realizar bien estas tres tareas se requiere del tiempo suficiente de concentración, mediante la ayuda de buena bibliografía pastoral. También es necesario, antes de hablar "de" Dios, hablar "con" Dios, para que sea él quien ilumine nuestro mensaje. Y, finalmente, permitirle al Espíritu Santo que, en el mismo instante de la predicación, hable a nuestra mente y haga que nuestras palabras resuenen primero dentro de nosotros mismos, antes de llegar a nuestros hermanos que escuchan.

El lenguaje debe ser claro pero no vulgar. El ser humano de hoy, que no ha tenido una formación religiosa adecuada, no suele estar acostumbrado a oír términos como "redención, justificación, salvación, guerra espiritual, lucha contra Satanás, escatología, parusía, milenio, comunión", etc. Sin embargo, sí que entenderá con mayor facilidad conceptos más actuales: "solidaridad, amor a la vida, anhelo de justicia, deseos de paz, búsqueda de la libertad, el Dios personal o cercano, el servicio a los demás", y otros por el estilo. Todo predicador debe procurar sintonizar con su congregación pero de una manera digna, sin demostraciones de erudición arrogante, alejamiento de la realidad, búsqueda continua de la risa o la lágrima fácil, lenguaje ordinario o grosero, excesivo detallismo anecdótico, un tono frío y aséptico, abuso del subjetivismo emocional, etc. El buen sermón debe alejarse de tales defectos para buscar un equilibrio temático y una adecuada forma de exposición.

Por supuesto que lo más importante será siempre el núcleo del mensaje, aquello que se comunica, pero también es primordial cómo se comunica, para que llegue a la gente y la persuada de creer o de cambiar de actitud. Para ello hay que aprender a contar, narrar, sugerir imágenes, saber intercalar las frases cortas y tajantes entre la exposición más profunda, resumir y destacar las ideas principales con mayor viveza o utilizar los contrastes, las comparaciones, las paradojas y los símbolos. En una palabra, intentar predicar como lo hacía Cristo porque él será siempre nuestro mejor maestro.

El presente libro está constituido por una cincuentena de sermones, muchos de los cuales de carácter apologético, que han sido predicados por el autor, durante la última década, en iglesias evangélicas de España. El propósito fundamental de su publicación es ayudar al predicador en su importante ministerio de llevar el Evangelio al ser humano que vive en plena era de la globalización; contribuir a la renovación de la Iglesia por medio de la inculturación actual de su mensaje y servir de referencia e inspiración a la hora de crear nuevos sermones o como base a partir de la cual poder modificarlos, cambiarlos, intercalarlos y adecuarlos a cada comunidad eclesial.

El estilo literario de la obra refleja necesariamente las características propias del lenguaje hablado: abundancia de frases cortas e incisivas, exclamaciones, interrogantes, admiraciones, conversaciones breves, anécdotas, etc. Cada una de estas cincuenta y dos predicaciones u homilías -veinte de las cuales están basadas en textos del *Antiguo Testamento* y el resto en el *Nuevo*- viene precedida por su correspondiente esquema, en el que se resaltan los puntos principales. Se incluye la lista bibliográfica que, además de la *Biblia*, ha servido de inspiración.

Por último, quiero agradecer a mi esposa Ana su valioso trabajo en la redacción del libro, así como sus certeros consejos y sus críticas siempre constructivas. Nuestro deseo es que esta obra pueda ser usada como eficaz herramienta en manos de todos aquellos que la requieran, en especial, de los ministros de culto del pueblo de Dios. ¡A él sea siempre toda la Gloria!

Dr. Antonio Cruz

01
La obra de la Creación

Gn. 1:1

En el principio creó Dios los cielos y la tierra...

Gn. 2:3

*Y bendijo Dios el día séptimo y lo santificó, porque
en él reposó de toda la obra que había hecho en la creación.*

ESQUEMA

1. Lo que no es el relato bíblico de la Creación:

    1.1. No es un relato histórico.
    1.2. Tampoco es ciencia.
    1.3. Si no es historia ni ciencia, ¿es acaso un mito?

2. Un relato singular en medio de cosmogonías mitológicas:

    2.1. La religión sumeria.
    2.2. La religión babilónica.
    2.3. La religión cananea.
    2.4. La religión egipcia.
    2.5. La cultura griega.

3. ¿Qué enseña el relato bíblico de la Creación?

    3.1. Dios es anterior a la materia.
    3.2. Dios existe antes del tiempo.

3.3. Dios funda la Historia.

3.4. ¿A qué se opone el relato de la Creación?

3.5. Los grandes monstruos marinos.

3.6. El Sol y la Luna.

3.7. Los dioses mitológicos eran locales.

3.8. Los ritos anuales no tienen sentido.

3.9. Dignidad del ser humano.

4. El relato de los orígenes en el mundo de hoy.

CONTENIDO

Cuando el hombre de nuestra época abre la primera página de la *Biblia* y lee el relato de la Creación, ¿qué cuestiones vienen a su mente? ¿Cómo lo interpreta? ¿Qué se puede creer hoy, en la era de la ingeniería genética, de *Internet* y los satélites artificiales, acerca de la explicación del origen del mundo que presenta el *Antiguo Testamento*? La filosofía de los orígenes que se desprende de la *Escritura*, ¿sigue siendo una opción válida para los seres humanos del tercer milenio? ¿Se trata de una enseñanza intelectualmente aceptable desde la actual concepción científica del universo o bien hay que entender estos versículos como un mito, una leyenda imaginaria que habría que colocar en el archivo de los textos no revelados? Y, en cualquier caso, ¿cuál es su carácter? ¿Con qué propósito fue escrito? Son muchas preguntas para responder en tan breve espacio. Sin embargo, para empezar, veamos aquello que no es este relato bíblico de los orígenes.

1. Lo que no es el relato bíblico de la Creación:

1.1. No es un relato histórico.

Es imposible que sea historia, puesto que no había ningún ser humano que pudiera observar y relatar después los acontecimientos que se mencionan. El autor del capítulo primero del *Génesis* no vio, evidentemente, lo que está narrando, sino que elaboró un hecho a partir de dos fuentes principales: la revelación histórica dada a Israel y su propia reflexión personal. Se trata, por tanto, de un relato prehistórico. En este sentido, podría decirse que es prehistoria bíblica.

1.2. Tampoco es ciencia.

La *Biblia* es un libro de religión, es un memorándum teológico y no un manual de ciencias naturales. La ciencia es siempre incompleta, provisional y continuamente está cambiando. Lo que en ciencia hoy es cierto, mañana, podemos descubrir que no lo era. La ciencia sólo puede estudiar los fenómenos generales que se repiten. No es capaz de decir gran cosa sobre aquellos otros que ocurren una sola vez, como es el hecho de la Creación, esto es algo que escapa a su método. Para hacer ciencia es menester que el investigador sea testigo de lo que estudia. Por tanto, pretender "casar" el relato bíblico con la ciencia de una determinada época supone estar dispuesto a solicitar el "divorcio" para la época siguiente. La *Biblia* pretende "formar", no tanto "informar", y por eso va mucho más allá de la ciencia y de la historia.

1.3. Si no es historia ni ciencia, ¿es acaso un mito?

Tampoco es un mito. Es verdad que muchos teólogos creen ver en el relato de la Creación influencias de los antiguos mitos paganos de los sumerios y babilonios, sin embargo, cuando se comparan tales mitos con el relato del libro del *Génesis*, la diferencia es abismal.

2. Un relato singular en medio de cosmogonías mitológicas.

El pueblo hebreo vivía rodeado por civilizaciones más antiguas e incluso más prestigiosas a nivel material, cultural, técnico, militar, arquitectónico, etc. Recordemos que se trataba de grandes civilizaciones, como la sumeria o la egipcia, de las que aún hoy podemos observar la grandiosidad de sus construcciones arquitectónicas y estudiar sus preciosos objetos de arte en los grandes museos del mundo. Sin embargo, el nivel cultural no se corresponde siempre con el nivel religioso, moral o espiritual. Veamos algunos de los ejemplos más conocidos.

2.1. La religión sumeria estaba plagada de mitos burdos y pueriles. Uno de tales mitos afirmaba que el hombre había sido creado a partir de la sangre de los dioses y para el servicio de los mismos. La *Epopeya de Atrahasis,* una de las más antiguas de la humanidad, afirma lo siguiente:

Eres tú, oh Genitora, quien de la humanidad serás la creadora. Crea al ser humano, para que soporte el yugo de la tarea impuesta por Enlil, para que el hombre garantice el duro trabajo de los dioses (Versos 10, 195).

2.2. La religión babilónica, por su parte, no era tan rica en mitos como la sumeria pero también explica, en el *Poema de la Creación,* como el dios Marduk decidió crear al hombre para el servicio de los dioses. El *Poema de Gilgamesh* habla de este rey semidiós, hijo de un hombre y de la diosa Ninsum, presentándolo como un tirano que violaba mujeres y sometía a los hombres a duros trabajos.

2.3. La religión cananea posee el *mito de Ugarit,* donde se explica cómo el dios Baal triunfó sobre el caos acuático y formó el mundo, después de luchar contra otro dios usurpador que le había arrebatado el trono a su padre.

2.4. *La religión egipcia* conoció también varios mitos referentes a la creación del ser humano. En uno de ellos, se dice que los hombres nacieron precisamente de las lágrimas del dios Ra. Es, una vez más, la concepción del origen humano como producto del sufrimiento de los dioses.

2.5. *En la cultura griega,* tanto Homero como Hesíodo, atribuyen a sus dioses muchos defectos humanos, tales como el robo, la envidia, el adulterio y el engaño. Se trata siempre de dioses creados a imagen del hombre.

¡Qué distinto es el relato bíblico! ¡Qué diferente desde el punto de vista moral! Según el *Génesis* bíblico, el ser humano es creado a imagen de Dios, y no a partir de unos dioses inventados a imagen del hombre. Los antiguos hebreos vivían rodeados de paganismo y politeísmo por todas partes. Eran como una isla en medio de un mar de inmoralidad y superstición. Por eso necesitaban un relato simple, comprensible y que no falseara la realidad; un texto que sirviera para desmitificar el origen del mundo y del ser humano. En este sentido puede afirmarse que el relato bíblico de la Creación no es ningún mito, sino todo lo contrario: un verdadero *anti-mito* porque pretende desmitificar el origen del hombre.

3. ¿Qué enseña el relato bíblico de la Creación?

El relato bíblico de la Creación es un rechazo radical a todas las mitologías de la época, en el que se dice que el mundo no se formó por sí solo sino que hubo una causa primera. El Dios Creador es el único que actúa y no necesita a nadie para crear. Del texto se desprenden las siguientes enseñanzas:

3.1. Dios es anterior a la materia.
No hay materia eterna o preexistente. El universo y la vida no han emanado de Dios, como pretendían las religiones míticas y panteístas de otros pueblos. Las criaturas no son de su misma esencia, no le son consustanciales, sino que fueron creadas como seres independientes del Creador. Dios crea a partir de la nada, como también Israel había surgido de la nada. Dios es el "otro" que crea porque quiere crear y no porque tenga necesidad del ser humano.

3.2. Dios existe antes del tiempo.
El paso del tiempo sólo afecta a las criaturas, no al Creador. Dios escapa a nuestros relojes y a nuestras estructuras temporales.

3.3. Dios funda la Historia.
A partir de la creación comienza la humanidad y Dios da al hombre un marco temporal: la semana. Empieza el tiempo histórico. No hay aquí tiempo mítico o irreal como el de los mitos de los demás pueblos.

3.4. ¿A qué se opone el relato de la Creación?

El relato bíblico de la Creación se opone al ateísmo, pues proclama la existencia de Dios; al panteísmo, pues afirma la separación del Creador y del mundo, y al materialismo, pues revela que el ser humano es imagen de Dios y posee espiritualidad.

3.5. Los grandes monstruos marinos.

Las antiguas mitologías de los pueblos periféricos a Israel adoraban a los grandes monstruos marinos, por creer que habían dado origen al mundo. Sin embargo, en el relato bíblico, no son más que otra creación cualquiera de Dios (Gn. 1: 1, 21, 27). Para los cananeos los monstruos marinos representaban las siniestras potencias del caos, que se habían enfrentado en el principio al dios Baal, pero la *Biblia* enseña que todas las criaturas, incluso los grandes vertebrados marinos, salieron de las manos del Creador y eran buenas. En el reino de Dios puede haber rebeldes, pero no hay rivales.

3.6. El Sol y la Luna.

Aquellas divinidades astrales paganas, como el Sol, la Luna o las estrellas, así como los dioses del Océano, el Cielo o la Tierra, son desmitificados y reducidos en el relato bíblico a simples objetos creados.

3.7. Los dioses mitológicos eran locales.

Cada pueblo tenía sus dioses locales o nacionales, sin embargo, el Dios de la *Biblia* es universal y se muestra como Dios del Cosmos y de toda la humanidad. El Creador del *Génesis*, no es sólo el Padre de los judíos sino el Dios de todos los hombres.

3.8. Los ritos anuales no tienen sentido.

En los demás pueblos politeístas, los mitos se actualizaban cada año por medio de ritos. Aquello que se creía que había sucedido alguna vez, se repetía mediante representaciones rituales. Este era el sentido, por ejemplo, de la prostitución sagrada de sacerdotes y sacerdotisas para emular y conseguir la fecundidad de la tierra, los animales y las personas. Nada de esto se da en la *Biblia*.

3.9. Dignidad del ser humano.

El ser humano goza de un puesto privilegiado en la Creación: el hombre no ha sido creado para que se ocupe de las necesidades de los dioses o del cuidado de sus templos, sino para que gobierne al resto de la Creación. Pero el hombre no es sólo hombre. No es individuo solo, o varón solo. El ser humano es una dualidad: hombre-hembra, varón-mujer (Gn. 2: 23).

Ante las opiniones de aquellos que afirman que el *Génesis* es un mito procedente de otras mitologías de la antigüedad, nosotros creemos que es más bien al revés. La cosmogonía babilónica es una versión corrupta del relato bíblico revelado por Dios. La grandeza de este capítulo primero sólo se puede explicar si detrás de él está la mano de Dios, y su magestuosa inspiración divina.

4. El relato de los orígenes en el mundo de hoy.

En medio de un mundo como el antiguo, desprovisto de esperanza, en el que se pensaba que el ser humano había sido creado por el capricho de los dioses y para ser esclavo de los mismos, aparece el relato del *Génesis* para dar esperanza a las criaturas. El Dios de la *Biblia* no quiere esclavos, por eso decide crear al hombre con libertad. Adán y Eva son formados para ocupar un lugar privilegiado en la Creación: para "señorear y sojuzgar", es decir, "para dominar sobre las demás criaturas", pero siendo "imagen de Dios", actuando como actuaría Dios. De manera que se anuncia libertad a todo aquel que se creía esclavo en un universo de dioses diabólicos.

¿Y los hombres y mujeres de hoy? ¿Somos libres? ¿No necesitamos ya un relato de liberación? ¿Acaso no continuamos todavía esclavizados en un universo de divinidades profanas? Muchas criaturas de nuestros días están convencidas de que el relato bíblico de la Creación es una leyenda mítica del pasado sin relevancia en el mundo de hoy, y así, creyendo que la *Biblia* miente, se la arranca de la vida y no se vive con arreglo a los principios y valores de la *Escritura*. El hombre actual se cree libre pero vive sin darse cuenta bajo otro tipo de esclavitudes diferentes. Cree que la libertad es poder hacer lo que se quiera o ir allí donde se desee. Y, ¿adónde se va? A los supermercados, a la playa, al fútbol o a los deportes de masas, de viaje a tierras lejanas buscando siempre experiencias exóticas, etc. Pero estas grandes aglomeraciones humanas ¿no están siendo también controladas y manipuladas por los intereses de los negocios y del consumo? ¿Somos, en realidad, tan libres como creemos?

El universo mitológico que esclaviza y aliena hoy en día al ser humano puede estar formado por motivos tan triviales como el bienestar, el consumo, el placer, el ocio, el activismo, el culto al cuerpo, el deporte, la política, la moda, la profesión, el dinero, la música, el sexo, la naturaleza, el esoterismo, las sectas, etc. Son como ídolos con pies de barro que beben la sangre humana y terminan, en muchos casos, por apagar la vida de las personas. Por eso, la humanidad sigue necesitando ser liberada, requiere saber que hay un Dios Creador soberano, que aún posee el control del universo, y que es también el Dios redentor de que nos habla la *Biblia*, que desea mantener una estrecha relación personal con cada criatura.

La fe en este Creador, que se revela en Jesucristo, es lo único que puede llenarnos de esperanza y liberarnos de nuestros propios ídolos personales para vivir una existencia auténticamente plena.

02
Un jardín en medio de la estepa

Gn. 2: 4-6,15.

Estos son los orígenes de los cielos y de la tierra cuando fueron creados,
el día que Jehová Dios hizo la tierra y los cielos,
y toda planta del campo antes que fuese en la tierra,
y toda hierba del campo antes que naciese;
porque Jehová Dios aún no había hecho llover sobre la tierra,
ni había hombre para que labrase la tierra,
sino que subía de la tierra un vapor,
el cual regaba toda la faz de la tierra...
tomó, pues, Jehová Dios al hombre y lo puso en el huerto de Edén,
para que lo labrara y lo guardase.

ESQUEMA

1. ¿Existió realmente este jardín?

2. Vida nómada y vida sedentaria.

3. El trabajo no es castigo sino privilegio.

4. ¿Cuál debe ser la actitud del cristiano frente al trabajo?

CONTENIDO

El capítulo dos del *Génesis* presenta a Dios desde una perspectiva un tanto diferente a la del capítulo uno. Si, en el primero, Dios aparece como el Creador y arquitecto del universo, como el Sumo Hacedor todopoderoso, omnisciente, pero, quizá, algo lejano; en el segundo capítulo, Jehová, o Yavé, se muestra como un Dios más personal e íntimo, más interesado por el ser humano.

El primer capítulo es una visión cosmocéntrica de Dios, centrada en el cosmos; mientras que el segundo ofrece una perspectiva antropocéntrica, es decir, centrada en el ser humano. Esto no quiere decir que haya contradicción entre ambos relatos, o que la enseñanza de uno se oponga a la del otro. Se trata del mismo acontecimiento, pero enfocado desde ópticas o énfasis distintos que sirven para enriquecer y complementar el texto revelado por Dios.

El Creador se nos presenta aquí con la imagen de un alfarero que moldea el barro con sus propias manos para formar al hombre, y sopla su aliento de vida en la misma nariz de aquella primera estatua, para convertirla en ser viviente. Inmediatamente, el ser humano es colocado en un medio ambiente adecuado, en un jardín, en un huerto plantado por el mismo Creador, en Edén, al oriente de Palestina.

1. ¿Existió realmente este jardín?

Podemos preguntarnos: ¿dónde estaba el paraíso? ¿En la tierra o en el cielo? ¿Se está hablando de un lugar geográfico concreto o de un símbolo espiritual?

La localización exacta de Edén ha dado lugar a numerosas discusiones a lo largo de la Historia. De los cuatro ríos que se mencionan en el texto, sólo es posible identificar hoy los dos últimos: Hidekel, que es el río Tigris, y el propio Eufrates (ambos en Mesopotamia). Sin embargo, la situación de los ríos Pisón y Gihón no ha podido todavía averiguarse. Esto ha dado pie a varias conjeturas acerca del lugar de Edén: Armenia, Arabia, Babilonia, etc. Pero en lo que se coincide es que, en efecto, aunque no se conozca el lugar exacto, el jardín de Edén tuvo un lugar geográfico próximo a los ríos que se identifican en la actualidad ya que el texto no da pie para entenderlo como mero símbolo.

2. Vida nómada y vida sedentaria.

El relato del *Génesis* considera el paraíso como un oasis en medio de la estepa. Edén significa precisamente "estepa". Es el contraste entre el terreno de regadío, trabajado por el hombre, repleto de toda clase de productos frutales, y el inhóspito territorio estepario, mísero, desértico, donde sólo se podía llevar una vida nómada o itinerante.

El capítulo dos resalta esta diferencia entre la vida sedentaria y la vida nómada. Entre vivir de una agricultura próspera y abundante, como la que florecía en Mesopotamia, o subsistir llevando una vida difícil de continuos viajes por el desierto.

Dios, coloca al primer hombre en un lugar excepcional, de abundantes aguas y frondosos árboles, en el huerto de Edén, pero, como consecuencia del pecado, el hombre y la mujer serán lanzados fuera "a la estepa", es decir, al lugar que produce "espinos y cardos", donde sólo hay "plantas silvestres" para comer, y es menester ganarse el pan con el sudor de la frente.

Según la concepción mesopotámica, la vida humana había evolucionado y había pasado desde la estepa (la vida nómada) a la vida sedentaria placentera y mucho más cómoda del huerto. Los textos sumerios suponían que el hombre había sufrido un lento proceso de hominización, desde el hombre-salvaje Enkidu, que vivía en la estepa con las fieras, como un animal más, hasta los refinamientos de la vida ciudadana, de la civilización agrícola y culta.

Sin embargo, la *Biblia* presenta el origen de la humanidad completamente al revés: primero el hombre vivió en un paradisíaco oasis regado y después fue expulsado a la dura vida esteparia, como castigo, por no haber querido reconocer sus propias limitaciones. El hombre es degradado desde una situación privilegiada de colono de Dios, en un oasis, a la de beduino en lucha constante por la supervivencia. Esto echa por tierra las teorías que afirman que el relato bíblico de la Creación es una copia o un plagio de la leyenda o la epopeya de *Gilgamesh*.

El mal físico, el mal moral, el dolor, el sufrimiento, la enfermedad y hasta la propia muerte, no entraban en los planes primitivos de Dios. Este es el mensaje que desea dejar bien claro el autor de *Génesis*. A saber: que el hombre pasa de un estado original de perfección e inocencia a otro de culpabilidad y deterioro físico y moral. La *Biblia* es contraria a los planteamientos de las religiones antiguas sumerias y babilónicas, pero también a la cosmovisión evolucionista del hombre contemporáneo.

La *Escritura* no concibe jamás a la persona humana como a ese ser que evoluciona desde un primate amoral, que descubre el fuego y, poco a poco, ve como las neuronas de su cerebro se multiplican hasta generar la conciencia moral y hasta la espiritualidad, según afirma el jesuita Teilhard de Chardin. Por mucho que se esfuercen los teólogos evolucionistas, es imposible casar la *Biblia* con el origen evolutivo del ser humano. En todo caso, hay que forzar descaradamente el texto y sacarlo fuera de su contexto, para conseguirlo.

3. El trabajo no es castigo sino privilegio.

El versículo 15 dice: *Tomó, pues, Jehová Dios al hombre, y lo puso en el huerto de Edén, para que lo labrara y lo guardase.*

La idea que a veces se tiene del paraíso (palabra desconocida en el *Antiguo Testamento*) es la de un lugar de felicidad y tranquilidad, en el que no hay nada que hacer, en el que se vive sin trabajar y libre de responsabilidades. Sin embargo, no es esta la idea del escritor bíblico. El trabajo y la responsabilidad del ser humano estaban ya presentes en el jardín de Edén, antes de la caída y de la expulsión.

La *Biblia* no concibe el trabajo como si fuera algo despreciable, como castigo o consecuencia del pecado, sino como una actividad humana por medio de la cual se puede adorar y servir al Creador. El trabajo es entendido como el destino del hombre, como un privilegio querido e instaurado por Dios ya en el mismo huerto de Edén.

Esta concepción bíblica del hombre y del trabajo es muy diferente de la que tenía el mundo griego. El ideal griego era el ocio, no el trabajo. El trabajo manual se consideraba como algo inferior y negativo, como "neg-ocio" o negación del ocio. El pensamiento griego era la cultura de una clase dominante que se había instalado sobre una población de esclavos, por eso no tenía necesidad de trabajar, ya que esto lo hacían sus sirvientes. El pueblo de Israel, sin embargo, fue esclavizado en Egipto y después en Babilonia. Aprendió a trabajar para otros porque su cultura fue siempre una cultura de oprimidos.

Después de estas experiencias negativas de los hebreos, la *Biblia* enseña que el sentido del trabajo no es la opresión, sino la liberación del hombre, es decir, su realización plena. El trabajo de los esclavos hebreos no es jamás un valor, sino una actividad alienante, aunque construyeran pirámides tan grandiosas como las que han llegado hasta hoy. Lo importante del trabajo, según la *Escritura*, no es lo que se hace, sino con qué finalidad se hace. Es el servicio al ser humano lo que sitúa al trabajo en el plan de Dios. El trabajo que Él desea es el que libera al hombre, no el que le oprime. De las muchas aplicaciones que podrían sacarse de estos textos, nos centraremos sólo en una cuestión.

4. ¿Cuál debe ser la actitud del cristiano frente al trabajo?

Ya hemos visto que desde el punto de vista teológico no es sostenible una actitud que menosprecie el trabajo o que lo considere como un castigo divino. Sin embargo, hoy existen en nuestro mundo, algunas actitudes equivocadas con respecto a este asunto:

1) La idea de trabajo como maldición fomenta una vagancia endémica y secular: *Si el trabajo es salud, viva la enfermedad*, reza un refrán popular español. *Más quiero ser devorado por la herrumbre que morir consumido por un continuo movimiento*, frase célebre del ilustre escritor, genio de la literatura inglesa, William Shakespeare.

2) Ver el trabajo como mal necesario, es decir, como algo que sólo sirve para ganar dinero o para obtener bienes materiales y ocio.

3) Considerar el trabajo como una patología o como refugio, pero sin contenido, como vía de escape al vacío existencial, como un medio de encontrar sentido a nuestra vida. *El trabajo es nuestro mejor medio de escamotearnos a la vida*, dice Flaubert, el famoso novelista francés del siglo XIX.

Desde la perspectiva de la *Biblia* ninguna de estas actitudes es correcta. Los cristianos no debemos caer en ese desprecio por el trabajo manual que se observa en ciertos ambientes. No debemos dejarnos arrastrar por la corriente de elitismo del ocio que existe en nuestros días.

La *Escritura* concibe el trabajo como aquella actividad que perfecciona al que la realiza, supone un beneficio para la humanidad y no atenta contra el plan de Dios. Los creyentes estamos llamados a hacer nuestro trabajo tan bien como nos sea posible, porque el trabajo, cuando se hace así, puede convertirse en lugar de encuentro con Dios; en espacio de creatividad material, de desarrollo personal y de solidaridad con los compañeros y con los destinatarios del producto del trabajo. Para el cristiano, la actividad laboral puede y debe inscribirse en la historia de la salvación y en la construcción del reino de Dios en la Tierra. Realizar el trabajo con responsabilidad y diligencia, forma parte de nuestra adoración a Dios. Es, además, una forma excelente de dar testimonio, de manera práctica en medio del mundo.

Todo esto, por supuesto, no puede darse cuando sólo impera una visión productivista y consumista del trabajo, que únicamente persigue el beneficio económico y hace competitivas las relaciones humanas y contamina la naturaleza. Este sería el trabajo necio que fatiga y aliena. Como dice el autor del *Eclesiastés*: *El trabajo de los necios los fatiga* (10: 15). Sin embargo, los cristianos debemos procurar perseguir ese otro trabajo que realiza y produce satisfacción. La *Biblia* contiene bastantes textos que se refieren al trabajo manual:

–No hay cosa mejor que su alma se alegre en su trabajo. He visto que esto viene de la mano de Dios (Ec. 2: 24).

– Seis días trabajarás y harás toda tu obra; mas el séptimo día es reposo para Jehová tu Dios (Ex. 20: 9-10).

– Ocuparos en vuestros propios negocios, y trabajar con vuestras manos de la manera que os hemos mandado, a fin de que os conduzcáis honradamente para con los de afuera, y no tengáis necesidad de nada (1 Ts. 4: 11-12).

– Porque también cuando estábamos con vosotros, os ordenábamos esto: Si alguno no quiere trabajar, tampoco coma. Porque oímos que algunos, entre vosotros andan desordenadamente, no trabajando en nada, sino entremetiéndose en lo ajeno. A los tales mandamos y exhortamos por nuestro Señor Jesucristo, que trabajando sosegadamente, coman su propio pan (2 Ts. 3: 10-13).

Parece que entre los tesalonicenses se daba esta tendencia, antes mencionada, de despreciar el trabajo manual, ya que Pablo escribe sobre el mismo tema en dos ocasiones. Los griegos veían el trabajo manual como algo degradante y propio de esclavos. El hombre libre no debía dedicarse a tales actividades, sino a filosofar, crear, gobernar o hacer política. Desgraciadamente esta visión negativa del trabajo pasó al mundo católico-romano afincado principalmente en la Europa meridional. La actividad manual era así interpretada como un castigo divino y, por tanto, considerada como algo degradante para el ser humano. No obstante, al norte de Europa, los países protestantes desarrollaron otra visión completamente distinta. El trabajo nunca se consideró como castigo sino como don divino, ya que Adán trabajó antes de la caída, al poner nombre a todos los animales. Según esta interpretación protestante, Dios concede a cada persona determinados talentos, para que ésta negocie con ellos y los desarrolle a lo largo de la vida.

Cuando se compara el desarrollo del mundo laboral entre la Europa del norte y la del sur, se hace evidente esta marcada diferencia. Las ideas protestantes arribaron a Norteamérica, mientras que el catolicismo colonizó el centro y sur de dicho continente, trasladando allí las mismas divergencias europeas.

En relación al trabajo manual, llama la atención el ejemplo del propio Señor Jesucristo que fue carpintero como su padre. El hecho de que pasara casi veinte años de su vida terrena trabajando como carpintero dice mucho acerca de cómo valoraba y dignificaba su profesión manual. Sería posible preguntarse: ¿cómo es que Jesús "perdió" tantos años de su vida trabajando manualmente, estando como estaba destinado a un ministerio tan sublime, especial y diferente?

Hacer de nuestra profesión, o de nuestro trabajo, un excelente testimonio para los demás sólo se puede lograr imitando a Jesucristo y siendo un auténtico discípulo suyo. El hombre y la mujer creados por Dios, fueron puestos en el jardín del Edén, para cuidarlo. El trabajo puede y debe inscribirse en la historia de la salvación y en la construcción del reino de Dios en la Tierra. Realizar el trabajo con responsabilidad y diligencia forma parte de nuestra adoración a Dios y de nuestro testimonio personal. Por tanto, debemos considerarlo como una actividad que nos perfecciona y realiza, como un lugar de creatividad material y desarrollo personal. Puede ser también una forma de expresar solidaridad con los compañeros y, sobre todo, con los destinatarios del producto de nuestro trabajo.

¡Quiera Dios que todos los creyentes lleguemos a hacer de nuestra actividad laboral, un verdadero oasis en medio de la estepa!

03
El problema del mal

Gn. 2: 9

Y Jehová Dios hizo nacer de la tierra todo árbol delicioso a la vista,
y bueno para comer; también el árbol de la vida en medio del huerto,
y el árbol de la ciencia del bien y del mal.

ESQUEMA

1. ¿Quién es el responsable del mal?

    1.1. El "otro" como adversario.
    1.2. Se hace responsable del mal a Dios.
    1.3. Se hace responsable al diablo.

2. La razón ante el misterio del mal.

    2.1. San Agustín.
    2.2. El pecado humano.
    2.3. El pecado original.
    2.4. Dios permite el mal.
    2.5. El castigo y la expiación.

3. La *Biblia* ante el misterio del mal.

CONTENIDO

El teólogo alemán Hans Küng escribe en su obra *Ser cristiano*: "¿Por qué sufro? Esta es la roca del ateísmo". El problema del sufrimiento, supone un fuerte desafío para el Cristianismo. "¿Por qué sufro?" es la pregunta concreta que nos obliga a enfrentar la realidad del mal. Nadie puede escapar al problema del mal. El sufrimiento nos afecta a todos. Pero debemos considerar que el mal es también, principalmente, una cuestión sobre Dios mismo. Su discusión está en la raíz del ateísmo contemporáneo y sigue alimentando la protesta y la acusación contra el Cristianismo. Por lo tanto, el problema del mal sigue siendo una cuestión importante para los creyentes. Es inevitable que nos planteemos estas preguntas:

- ¿Por qué existe el mal?
- ¿Por qué las desgracias, los accidentes, las catástrofes?
- ¿Por qué hay tantas injusticias en este mundo?
- ¿Por qué a la gente buena le pasan cosas malas?

El ser humano ha buscado siempre un responsable del mal, y sólo ha encontrado dos posibles candidatos, o quizá tres: otro ser humano (ya sea individual o colectivo), Dios mismo o el propio diablo.

1. ¿Quién es el responsable del mal?

1.1. El "otro" como adversario.

Generalmente se culpa al otro como responsable de nuestras adversidades. Se considera al extranjero como enemigo, ya que aquel que vemos distinto a nosotros puede suponer una amenaza. Quien se opone a nuestras opiniones nos molesta, e incluso, a veces, lo vemos casi como una encarnación del mal. Y se entra así en terreno de equivocaciones que llevan al fanatismo, la división, la incomunicación e, incluso, al racismo.

Muchas veces se pretende liberar al mundo del mal mediante el exterminio psíquico y en ocasiones físico del adversario. Esto siempre conduce a nuevos males, nuevas guerras, lleva a más dolor, más miseria, más opresión. Entonces echamos la culpa a un colectivo: el Gobierno, los sindicatos, los partidos políticos, el Terrorismo, el Comunismo, los inmigrantes, los países vecinos y un largo etcétera.

1.2. Se hace responsable del mal a Dios.

Cuando no se considera al ser humano culpable del mal, entonces se le echa la culpa a Dios. Si el Creador es tan bueno, ¿por qué permite el dolor, el sufrimiento de los inocentes, el aumento del mal? ¿No habría podido crear un mundo sin maldad?

1.3. Se hace responsable al diablo.

Esta es una postura adoptada por muchos creyentes. Puesto que Dios es bueno y el Diablo es padre de toda mentira, de todo lo negativo que nos ocurre en la vida, tendemos a culpar al diablo. Es verdad que el Adversario sigue siendo el príncipe de este mundo y que se recrea en el mal. Sin embargo, buena parte de las contrariedades y problemas que afectan a la existencia del ser humano, dependen exclusivamente del propio hombre. Veamos algunos ejemplos.

En ocasiones, se llega a extremos en los que se culpa a Satanás de ese dolor de muelas que nos atormenta. Pero, ¿no podría ser también que durante años no hayamos cuidado adecuadamente nuestra boca, que no nos cepillemos frecuentemente los dientes o que haga demasiado tiempo que no visitamos a un dentista?

Otro ejemplo: quizás, el domingo por la mañana, cuando la familia se prepara para asistir a la iglesia, con las prisas por llegar puntuales, aumenta la tensión familiar y sobrevienen la discusión y los malos modos. En vez de pensar que fuimos nosotros los únicos responsables de perder la paciencia y caer en la ira, preferimos acusar al diablo y decir que lo hizo para quitarnos el gozo del domingo.

Lo mismo ocurre cuando el niño suspende aquel examen tan importante y, en lugar de pensar que no estudió lo suficiente, se prefiere creer que fue el diablo quien se interpuso con el fin de hacer daño. ¿No se elimina así la responsabilidad del ser humano?

2. La razón ante el misterio del mal.

Hoy en día, a pesar de que muchos no quieran darle valor a la razón, los cristianos debemos seguir dándole la importancia que se merece. Las respuestas que solemos dar al problema del mal a veces son dañinas o contraproducentes, aunque se den, por supuesto, con "buena fe" o con buena intención. Hemos oído muchos comentarios similares a estos:

- "Si Dios te manda la enfermedad, será por tu bien..."
- "Si el Señor se ha llevado a tu hijo, es que lo necesitaba..."
- "Si estás sufriendo tal o cual desgracia, ¿no será un castigo divino por tu pasada manera de vivir, o por algún pecado inconfesado?"

Desde luego que el Señor siempre sabe lo que hace, pero lo cierto es que estas frases no consuelan, no solucionan el problema emocional, ni fomentan la esperanza. En tales respuestas, y otras similares, va incluida toda una teología que imposibilita cualquier razonamiento posterior. ¿Cómo podemos los creyentes acercarnos de una manera lúcida y lógica a la realidad de este problema? El asunto es tan viejo que ya se lo planteaban los filósofos griegos, hace más de dos mil años. Por ejemplo, el famoso dilema de Epicuro decía: *"Si Dios quiere evitar el mal y no puede, no es omnipotente; si puede y no quiere, no es bueno"*.

2.1. San Agustín.

San Agustín intentó responder a este dilema justificando el mal, y lo cierto es que empeoró más aún las cosas, diciendo que: *Dios no quiere evitar el mal, porque el mal es necesario para la perfección y armonía de todo*. Sin embargo, con este razonamiento no se resuelve el problema existencial del mal, que sigue siendo una terrible realidad que se manifiesta en el sufrimiento de los hombres. La literatura moderna, sobre todo las obras de Dostoievski, Camus y otros autores, se encarga de mostrar ese rechazo total de un universo comprado al precio del sufrimiento de los inocentes. ¿cómo es posible decir que Dios no quiere evitar el mal?

2.2. El pecado humano.

Suavizar esto, acudiendo al pecado humano, tampoco resuelve nada. Las catástrofes naturales y gran parte del sufrimiento histórico no pueden tener ahí su origen: ¿qué culpa tiene el niño que muere aplastado por la tapia que se desploma accidentalmente? ¿Está pagando así su pecado? Lo mismo podemos decir acerca de las víctimas inocentes de cualquier guerra o conflicto armado.

2.3. El pecado original.

Tampoco el pecado original lo explica de manera suficientemente satisfactoria, pues él mismo necesita una explicación. El escritor francés Pierre Bayle, que fue hijo de pastor protestante, apropiándose del dilema de Epicuro, escribió, en el siglo XVII: *Si Dios previó el pecado de Adán y no tomó medidas seguras para evitarlo, carece de buena voluntad para el hombre... Si hizo todo lo que pudo para evitar la caída del hombre y no lo consiguió, no es todopoderoso, como suponíamos.*

2.4. Dios permite el mal.

Desde el punto de vista de la razón no resulta satisfactorio tampoco decir que Dios permite el mal, porque como señaló ya el filósofo Kant: *Una permisión en el ser que es la causa total y única del mundo equivale a un querer positivo* (dicho de forma más simple, si lo permite es que lo quiere). Si lo tolera, si hace la "vista gorda", ¿no es también su responsabilidad? El mismo derecho penal moderno dice que: *no se hace culpable sólo el que hace el mal, sino también quien no lo evita.*

2.5. El castigo y la expiación.

Las ideas de castigo y expiación, tan predicadas desde los púlpitos, debido a su aparente justificación bíblica podrían -como mucho- explicar algún mal particular, pero nunca la totalidad o el origen general del mal, ya que podríamos preguntarnos: "¿Por qué debo pagar las consecuencias del pecado de Adán? ¡Yo no estuve allí! ¡No es justo!" ¿Dónde está pues la solución, si es que la hay? ¿Qué se puede responder al Sr. Epicuro y a su dilema?

Si Dios es la bondad absoluta, no puede querer el mal en modo alguno. El equívoco está en el lenguaje, que usa palabras limitadas para hablar de lo que no tiene límite, usando términos finitos para hablar del Infinito, conceptos parciales para referirse a la totalidad. Cuando Epicuro dice: *si Dios quiere evitar el mal y no puede...*, el "no puede" no equivale a negar algo en Dios, sino en la criatura. Es lo mismo que decir: *Dios no puede hacer un círculo cuadrado*. A nadie se le ocurre pensar que esta frase niega la omnipotencia de Dios, ¿por qué? Pues porque un círculo cuadrado es una contradicción, si es un círculo, no puede ser a la vez un cuadrado. Pues bien, la frase: *Dios no puede hacer un círculo cuadrado* es paralela a la de Epicuro: *Dios no puede hacer un mundo sin mal.* Un mundo sin mal sería un mundo perfecto; pero un mundo perfecto sería un "no-mundo", una contradicción, un círculo cuadrado; que Dios no lo haga no significa que "no quiere", sino que "no puede". Pero no porque Él no sea omnipotente, sino porque tal proposición es absurda. Dios no puede crear un círculo cuadrado, ni un hierro de madera, ni tampoco puede querer una libertad, sin correr el riesgo de la libertad.

De ahí que la solución está en negar el sentido del dilema de Epicuro: la frase está gramaticalmente bien construida, pero semánticamente está vacía. Estas palabras no tienen significado. La auténtica pregunta sería: ¿por qué si el mundo, al ser finito, implica necesariamente el mal, lo crea Dios a pesar de todo? La respuesta para el creyente es: si Dios nos ha creado ha sido por amor y, por lo tanto, el mundo vale la pena, la vida vale la pena. Y, desde el punto de vista de la razón, lo cierto es que el ser humano se aferra siempre a la vida.

Aunque Bayle y Voltaire digan que pocos hombres quisieran recomenzar su vida, y Kant opine incluso que ninguno, lo cierto es que la humanidad y el individuo quieren seguir viviendo. Julio Quesada escribe, en la primera página de su libro *Ateísmo difícil* : *¿Cómo lo feo de la vida no puede acabar con nuestra voluntad de vivir? ¿Cómo es que la actualidad omnipresente del mal no acaba siendo un perfecto antídoto contra la vida? ¿Por qué amamos tan generosamente la vida?*

La pregunta por el lugar del mal en la Creación es una cuestión de fe, tanto para el creyente como para el no creyente. Pero para el creyente la respuesta se encuentra sólo en la revelación libre de Dios.

3. La *Biblia* ante el misterio del mal.

La *Biblia* no rehuye jamás el tema del mal. El sufrimiento se encuentra en casi todas sus páginas. En una civilización técnica, como la nuestra, que tiende a reprimir y ocultar el sufrimiento, la actitud de la *Biblia* es toda una lección. Para el hombre bíblico el mal no pone en cuestión a Dios, sino que provoca la oración y a veces también la protesta. Pensemos en el caso de Job. Los hombres y las mujeres que aparecen en la *Escritura* no están preocupados por el origen del mal, sino por su superación. Al tocar el problema del mal, la *Biblia* adopta siempre el lenguaje de la esperanza.

El *Antiguo Testamento* y, especialmente el relato de la caída, nos muestra el mal como algo fuera de la intención de Dios. El mal aparece como encerrado en el misterio de la criatura. Hay un progresivo acercamiento de Dios al sufrimiento humano. Pero es en el *Nuevo Testamento* donde este acercamiento se consuma en lo insuperable: en Jesucristo mismo, el Hijo de Dios, quien participa y se implica en el mal humano. Jesús se somete voluntariamente a la realidad del mal, al sufrimiento y la muerte. ¿Es que acaso Dios si hubiera "podido" librar a su Hijo de la muerte no lo habría hecho? Si hubiera podido hacerlo -sin romper la marcha normal del mundo- seguro que lo hubiera hecho, porque lo amaba. Pero Dios no puede ir contra sí mismo. La pasión de Cristo es una necesidad cósmica. Tal como afirman los textos: *Y comenzó a enseñarles que le era necesario al Hijo del Hombre padecer mucho...y ser muerto, y resucitado después de tres días* (Mc. 8: 31). Jesús dice, en el camino de Emaús: *¿No era necesario que el Cristo padeciera estas cosas, y que entrara en su gloria?* (Lc. 24: 26).

El Maestro se presenta siempre al lado del hombre en su lucha contra el mal. Defiende al pobre y al despreciado, ayuda al enfermo y al necesitado, perdona al pecador. Delante de Jesús resulta blasfemo pensar en un Dios que manda el mal porque quiere. Al contrario, en su lucha hasta la muerte para vencerlo, Dios aparece como el anti-mal por excelencia. El mal lo encuentra ahí, inevitable, pero pone todo su corazón al lado del ser humano para superarlo. Y en el centro mismo de la "impotencia" de Dios, es decir, de la tragedia de la cruz, aparece su "potencia" definitiva: la resurrección. Dios soporta que maten a Jesús, igual que tiene que soportar el mal del mundo, si quiere la existencia de la realidad-finita, que es el hombre, y el respeto de su libertad. Pero está siempre a su lado, aunque la fuerza del dolor haga a veces aparecer como abandono lo que es sólo respeto. Tal como leemos en Marcos 15: 34: *Eloi, Eloi, ¿lama sabactani?... Dios mío, Dios mío, ¿por qué me has desamparado?*

Pero después de la muerte y de la fuerza de la resurrección, la sospecha puede hacerse certeza. A pesar del mal inevitable, Dios quiso crear el mundo por amor, porque Él sabía que la última palabra era suya: ¡Victoria sobre el mal y felicidad plena para el ser humano! La historia de la humanidad se ilumina por dentro. En la aparente fuerza del mal, está ya presente su derrota. Aquí en la tierra, el creyente sabe que el hombre, el pobre, el que llora, el perseguido, etc., son, en su realidad última, bienaventurados. En definitiva, el dilema inicial de Epicuro era falso en sus dos extremos.

En la cruz-resurrección tenemos la respuesta verdadera y definitiva: Dios quiere y puede vencer el mal. Sólo que esta respuesta tiene que creerse y verificarse en la paciencia, la acción y la fidelidad de sus hijos. Cuando Jesús dice, en el *Padrenuestro, mas líbranos del mal* quiere decir: "arráncame del mal; líbrame de mí mismo, de mi yo invasor, líbrame de mí para conducirme a ti, arráncame de mí mismo para atarme totalmente a ti, haz que no me considere ni el dios de mí mismo, ni el dios de los demás".

¡Ojalá que ésta sea también nuestra oración esperanzada!

04
Dos árboles extraños

Gn. 2: 9, 16-17

Y Jehová Dios hizo nacer de la tierra todo árbol delicioso a la vista,
y bueno para comer; también el árbol de vida en medio del huerto,
y el árbol de la ciencia del bien y del mal...
Y mandó Jehová Dios al hombre diciendo:
De todo árbol del huerto podrás comer;
mas del árbol de la ciencia del bien y del mal no comerás;
porque el día que de él comieres, ciertamente morirás.

ESQUEMA

1. ¿Quién tuvo la culpa?

    1.1. ¿Tuvo la culpa Dios?
    1.2. La culpa la tuvo la serpiente.
    1.3. La culpa la tuvo Eva.
    1.4. Los alegoristas.

2. ¿Cuál es el significado real de este relato?

    2.1. ¿Tuvo algo que ver la tentación de Adán con la de Jesús?
    2.2. El árbol de la ciencia (o del conocimiento) del bien y del mal.
    2.3. ¿Qué hay del otro árbol, el de la vida?
    2.4. El pecado de Adán es el de la humanidad.

CONTENIDO

Estos textos nos invitan a tratar un tema de botánica bíblica. Es decir, de botánica espiritual. Una materia un tanto singular. Se trata de tres versículos que nos hablan de unos vegetales muy especiales: árboles deliciosos a la vista, árboles que dan frutos buenos para comer, árboles capaces de dar vida y árboles peligrosos, incluso mortales, como éste de la ciencia o del conocimiento del bien y del mal.

1. ¿Quién tuvo la culpa?

Se trata de una pregunta que nos asalta inmediatamente: ¿Quién fue el principal responsable de aquel error cometido por la primera pareja humana? ¿Quién tuvo la culpa: Dios, Satanás, el hombre o la primera mujer?

1.1. ¿Tuvo Dios la culpa?

Cuando se les explica a los niños o a los adolescentes esta historia de los dos árboles (el de la vida y el de la ciencia del bien y del mal), podemos oír comentarios parecidos a estos: "¡Hombre... la cosa está clara, la culpa la tuvo Dios! ¡En realidad fue Él quien hizo caer en la tentación a Adán y Eva! ¡A quién se le ocurre ponerles delante de sus ojos un árbol tan tentador y prohibirles que lo tocaran! ¿Es que Dios no sabía cómo era el hombre? Y, además, ¿por qué quería Dios privar de este conocimiento a la humanidad? ¡Conocer es siempre bueno! ¡El saber no ocupa lugar! Está claro: ¡la culpa la tuvo Dios y no el hombre!".

1.2. La culpa la tuvo la serpiente.

Algunos creyentes afirman que la culpa la tuvo, en realidad, la serpiente. Aquí encontraríamos muchos otros comentarios parecidos a estos: "La serpiente sedujo a Eva, y ésta hizo lo mismo con Adán. Por lo tanto, la culpa de todo la tuvo la serpiente, el Adversario. Todos los males de este mundo se deberían siempre a Satanás, por eso, al final, el castigo divino recaerá sobre él. ¡El hombre estaría libre de culpa!". Esta segunda respuesta tiene muchos defensores en la actualidad. Nos gusta echarle la culpa de nuestros males a los demás, al Diablo, al ambiente que nos rodea, a la sociedad en la que vivimos, al Gobierno, al pastor, a los demás hermanos, etc.

1.3. La culpa la tuvo Eva.

No faltan tampoco los misóginos, aquellos que rechazan siempre a las mujeres y las culpabilizan de todo, como si Adán no hubiera podido tener otro criterio, o no pudiera resistir la tentación de Eva. En seguida tenemos la sentencia:

"¡Eva fue la instigadora de tal desobediencia. Por su culpa entró el pecado y la muerte en el mundo!".

1.4. Los alegoristas.

Por último, están también los alegoristas, aquellos para quienes el árbol no era un árbol y Adán no era, en realidad, una persona sino toda la humanidad en conjunto. Incluso existen también algunos teólogos que hablan de ficción, de fábula para mentes poco cultivadas, de explicación mitológica o de relatos no revelados que fueron inventados por el hombre para explicar la muerte y justificar así a Dios.

2. ¿Cuál es el significado real de este relato?

¿Cuál es el sentido de estos dos árboles y de la tentación? ¿Qué pretendió comunicar el autor de *Génesis* dos, mediante estos versículos?

2.1. ¿Tuvo algo que ver la tentación de Adán con la de Jesús?

De alguna manera la tentación de Adán y Eva se puede comparar a la triple tentación de Cristo en el desierto. Recordemos que en este relato de Lucas, 4: 1-15, pueden leerse las siguientes frases:

–Si eres el Hijo de Dios, di a esta piedra que se convierta en pan.

–Todo esto te daré si postrado me adorares.

–Échate de aquí abajo.

–Sí pero, escrito está, al Señor tu Dios adorarás y a Él solo servirás.

¿Cuál era el sentido de tales pruebas? No se trataba de examinar a Jesucristo. ¡Demasiado sabía el Padre cómo era su propio Hijo! Dios no tenía necesidad de exámenes para conocer a su Hijo. Más que examinar la idea aquí es "perfeccionar". Jesús alcanza su propia perfección a través de la experiencia de la tentación. Esto es lo que dice *Hebreos, 2: 10: Porque convenía a aquel por cuya causa son todas las cosas, y por quien todas las cosas subsisten, que habiendo de llevar muchos hijos a la gloria, perfeccionase por aflicciones al autor de la salvación de ellos.*

El sentido de la prueba o de la tentación es la perfección de quien la padece. Dios no permite la prueba para hacernos sufrir sino para que a través de ella crezcamos y maduremos en la fe. Todo aquello que ocurre en nuestra vida y que, en principio, puede parecernos malo o negativo, puede servir para hacernos mejores discípulos de Cristo. La *Biblia* enseña que a los que a Dios aman todo ayuda a bien. Tenemos aquí una de las grandes enseñanzas, que a veces no nos gusta recordar.

Pues bien, Dios no necesitaba tampoco examinar a la primera pareja humana. El Creador no necesita exámenes para saber quiénes somos cada uno de nosotros. Dios no necesita información. Lo que desea es que mejoremos, que nos perfeccionemos en la prueba. La tentación de Adán y Eva no es algo que le haga disfrutar a Dios, como si se tratase de aquellas viñetas de los cómics, donde alguien coloca una piel de plátano en medio de la acera para reírse de quien la pisa, resbala y cae. La tentación no está en el árbol intocable sino en el corazón del propio ser humano. Aquella primigenia tentación de Adán y Eva es:

- la eterna tendencia a la autonomía personal, a hacer lo que nos da la gana;
- la búsqueda constante de una falsa libertad;
- el deseo de convertirse en el propio dios que decide despóticamente lo que está bien y lo que está mal;
- el ansia de ser la medida de todas las cosas;
- querer ser como Dios pero viviendo de espaldas a él.

La tentación de Adán y Eva es sólo responsabilidad de ellos. Por tanto, la culpa no la tuvo Dios, ni la serpiente, sino el propio ser humano.

2.2. El árbol de la ciencia (o del conocimiento) del bien y del mal.

"Conocer" en el lenguaje bíblico significa "experimentar". Cuando un hombre y una mujer "se conocen" significa que se unen íntimamente, que se experimentan mutuamente. Comer del árbol del conocimiento del bien y del mal era experimentar en la práctica el bien y el mal. Es decir, experimentarlo todo, lo bueno y lo malo. Pero lo bueno ya lo conocían y lo experimentaban desde el primer momento de su creación. Todo a su alrededor era alegría, belleza, perfección y amor. Su ambiente era bueno, el mundo estaba bien. No conocían el mal, no lo habían experimentado porque todavía no habían tocado el árbol. Pero para seguir viviendo así, era necesario confiar en Dios y reconocer sus propios límites. Y aquí es precisamente donde fracasaron Adán y Eva. No supieron, ni quisieron, aceptar su condición humana.

Una persona puede lanzarse al vacío, si quiere, desde un acantilado. Hoy día están muy en boga los deportes llamados de riesgo, aunque, normalmente, es un riesgo relativo, ya que los que se lanzan desde un acantilado lo hacen en parapente, en ala delta o con algún artilugio que les permita disfrutar de esa sensación, pero con el menor riesgo, naturalmente. Pero, por mucho que el ser humano lo desee, o practique el vuelo, no podrá jamás convertirse en pájaro. Si algún día creyera esto, y se lanzara sin protección, se convertiría no en pájaro sino en cadáver, pues la ley de la gravedad no puede ser burlada tan fácilmente.

Adán no quiso aceptar esta realidad, ni Eva tampoco. Decidieron llamar "bien" a lo que Dios había llamado "mal". Quisieron "conocer el bien y el mal", hacer la ley por ellos mismos, convertirse en los legisladores, decidir individualmente lo que está bien y lo que está mal. En fin, asumir el papel de Dios.

Renegar de su estado de criaturas humanas para reivindicar la autonomía moral de Dios. La cosa fue grave. ¡Allí ocurrió algo más que una simple historia de manzanas para niños! Lo que hicieron nuestros primeros padres, fue una verdadera declaración de independencia de Dios. Lanzarse al vacío, como los pájaros, no hace del hombre un pájaro, sino un cadáver. Y eso fue lo que ocurrió con Adán y Eva. Se creyeron autónomos y llegaron a serlo, "experimentaron el mal". Pero al conseguirlo, tuvieron que cortar con su única fuente de vida: con Dios.

2.3. ¿Qué hay del otro árbol, el de la vida?

El hombre no había sido creado ni mortal, ni inmortal. Desde luego, inmortal no era. Sólo Dios es eterno e inmortal. Adán y Eva no debían morir, pero podían morir. Podían morir como resultado de su propia elección. La criatura sólo puede vivir por medio de su Creador, no tiene vida en sí misma. Este es precisamente el sentido del árbol de la vida. Adán podía vivir perpetuamente y obtener cada día de su comunión con Dios las fuerzas que necesitaba. Exactamente igual que Eva. Habrían sido como sarmientos injertados en la vid. Esta es la misma imagen que emplea Jesús: *Yo soy la vid, vosotros los pámpanos; el que permanece en mí, y yo en él, éste lleva mucho fruto; porque separados de mí nada podéis hacer* (Jn. 15: 5).

Aunque en este caso se refiere ya a la regeneración, a la nueva vida comunicada por Jesús a los que creen en Él, sin embargo, hay un paralelismo entre los dos pasajes. Escoger el árbol de la vida era elegir la vía de la dependencia, es decir, paradójicamente, la de la libertad. Porque la verdadera libertad consiste en asumir plenamente lo que uno es, la condición de criatura de Dios. El ser humano, por el contrario, preferirá la otra vía y morirá en ella.

La muerte no es un castigo a causa del pecado. Dios no se venga de la afrenta y del desprecio del hombre. La muerte es sólo la consecuencia inevitable de la separación entre Dios y el ser humano. El apóstol Pablo llama a la muerte "la paga o el salario del pecado", (recordemos *Romanos* 6:23: *La paga del pecado es muerte*). Al escoger la autonomía es como si hubieran talado el árbol de la vida por su misma base y pronto empezaron a padecer las consecuencias de la muerte.

2.4. El pecado de Adán es el de la humanidad.

El principio del mal en el universo es querer ser algo distinto a lo que se es. Negarse a asumir la propia condición de criatura. El pecado original de Adán de preferir la autonomía alienante a la dependencia liberadora y vivificadora es también el pecado tipo de la humanidad entera. Es el que le hace decir al apóstol Pablo: *...por cuanto todos pecaron y están destituidos de la gloria de Dios* (Ro. 3: 23).

El pecado de Adán y Eva es mi pecado y el de todo ser humano. Es el pecado del cual la humanidad sigue muriendo hoy, porque vive todavía en la ceguera de rechazar todo criterio y toda norma que viene de Dios. Vivimos en una época en la que lo más característico es ese deseo por rechazar en bloque toda moral, toda regla y toda ley; en la que, como nunca antes, se rinde culto a la autonomía y al individualismo, en la que el valor principal que todavía perdura es, sin duda, el individuo y su derecho a realizarse y ser libre.

Tiempos en los que el homosexual se considera el centro del mundo y grita que la homosexualidad es buena, exigiendo que se reconozca su derecho al matrimonio *gay*, así como a la adopción de hijos. Tiempos en los que el adicto a las drogas exige a la sociedad que sea ésta quien se las facilite gratuitamente. Tiempos en los que el hombre mujeriego reclama que se abran más prostíbulos. Tiempos en los que el marido rechaza a su esposa y anhela cambiarla por otra más joven, pero si la esposa intenta lo mismo, es capaz incluso de asesinarla. Tiempos en los que muchos padres fracasan estrepitosamente en la educación de sus hijos y demandan a los maestros y a las autoridades que sean ellos quienes les enseñen civismo, moralidad y hasta ética cristiana. Y, en fin, tiempos en los que el individuo grita: ¡primero yo, después yo y luego también yo!

Aquel primer pecado de Adán, aquel atentado a la soberanía de Dios, aquel pecado de orgullo humano, continúa siendo el mismo pecado del hombre contemporáneo. De los dos árboles que había en el huerto de Edén, el de la ciencia del bien y del mal y el de la vida, uno pertenecía exclusivamente a Dios, no era para el hombre, mientras que el otro, el de la vida, podía ser usado como medio para continuar dependiendo indefinidamente del Creador.

Sin embargo, a pesar de la caída, a pesar del orgullo y la rebeldía humana, el texto (Gn. 3: 9) dice: *Mas Jehová Dios llamó al hombre, y le dijo: ¿Dónde estás tú?* Esta es la pregunta más importante de toda la *Biblia*. Es la voz de Dios, pero también la voz de la conciencia del ser humano; es la iniciativa divina por buscar al pecador y atraerlo hacia el perdón. Allí donde Adán fracasó, triunfó Cristo, abriendo de nuevo el acceso de la criatura al Creador. Y desde la noche de los tiempos, todavía nos llega el eco de la misma pregunta: ¿Dónde estás tú? ¿Junto al árbol del conocimiento, todavía en la esclavitud de tu orgullo personal, o ante el de la vida, en la libertad que es dependencia del Altísimo?

Si en tu huerto personal cultivas el árbol del conocimiento del bien y del mal, seguramente vives intentando probarlo todo, lo bueno y también lo malo. Es probable que tu existencia gire en torno a ti mismo, que seas el centro de todas tus aspiraciones. Puede incluso que no te hayas dado cuenta que quienes conviven contigo también poseen las suyas. Este individualismo egoísta te puede llevar al narcisismo y de él sólo cosecharás desgracias personales: divorcio, división, desamor, poco respeto, indiferencia y, finalmente, soledad.

Si, por el contrario, cultivas el árbol de la vida y la dependencia de Dios, estarás siempre procurando amar a los demás como a ti mismo. Cosecharás amigos, probablemente disfrutarás de un matrimonio feliz y de una familia que te devolverá cariño y hará que te sientas valioso. Tus hijos siempre tendrán en ti una referencia fundamental para sus vidas porque sabrán que pueden contar contigo. Quienes te rodean confiarán en ti y vendrán a solicitar tu consejo u opinión. Formarás parte de la familia de la Iglesia. En fin, la generosidad te proporcionará amor, amigos, respeto y serás una persona feliz.

La pregunta milenaria sigue esperando todavía hoy una respuesta de cada ser humano: ¿Dónde estás tú? ¿Cuál de los dos árboles tienes plantado en tu jardín? La elección es enteramente tuya.

05
¿Dónde está tu hermano?

Gn. 4 : 9-10

Y Jehová dijo a Caín: ¿Dónde está Abel tu hermano?
Y él respondió: No sé. ¿Soy yo acaso el guarda de mi hermano?
Y él le dijo: ¿Qué has hecho?

ESQUEMA

1. Uno se llama Caín y el otro Abel.

2. Abel es pastor y Caín labrador.

3. Diversas interpretaciones.

     3.1. El apóstol Juan.
     3.2. Ambrosio.
     3.3. Nicolás de Lira.
     3.4. Francisco de Quevedo.
     3.5. De Vaux.

4. Dios no había rechazado a Caín.

5. Caín se deja llevar.

6. El mensaje de Abel.

CONTENIDO

Hay una cuestión que ha venido traspasando los milenios de la Historia y que todavía hoy sigue sin respuesta: *¿Dónde está Abel, tu hermano?* ¿De dónde brota la violencia que aniquila la vida humana? ¿Por qué resulta tan tristemente cierto el adagio latino: *homo homini lupus*, es decir, el hombre es un lobo para el hombre? Son preguntas inevitables que, por desgracia, estuvieron y están siempre de actualidad. El autor del *Génesis* se plantea aquí esta misma cuestión, en relación con la historia de Caín y Abel.

1. Uno se llama Caín y el otro Abel.

Ya el nombre de estos primeros hermanos es suficientemente significativo: Caín significa 'adquirido o lanza'; en cambio, Abel significa 'soplo, vacío, algo sin consistencia'. La vida de Abel fue efímera, sin descendencia y casi sin tiempo. Por eso, cuando el salmista dice en el *Salmo* 39: 6: *Ciertamente como una sombra es el hombre*, podría decirse también: "como un Abel es todo hombre". Y, cuando el *Eclesiastés* afirma: *Vanidad de vanidades*, es como si dijera "soplo de soplos, Abel de Abeles". En el *Antiguo Testamento*, Abel es pues el prototipo de un ser malogrado por la violencia.

2. Abel es pastor y Caín labrador.

En el texto se dice que Abel fue pastor y Caín labrador. Comienza así una división cargada de consecuencias. Una división de cultura que va a provocar también la división de culto. Las diferentes ofrendas van a ser colocadas sobre dos altares distintos, lo que supone ya la ruptura de la fraternidad humana. Los dos hermanos rindieron culto a Dios por separado. Esto ya fue una señal poco tranquilizadora. Cuando los hermanos desean alabar a Dios "por separado", pero no están dispuestos a hacerlo juntos, es que algo grave está ocurriendo. Quizá, que la desavenencia ha germinado ya antes en el corazón. ¡Cuántos altares diferentes sabemos construir bajo el pretexto de las denominaciones!

Cultura y culto están íntimamente unidos: el labrador ofrece frutos vegetales y el pastor ofrece animales. Pero lo más difícil de este relato, lo inesperado, aquello que sorprende e inquieta, llega con el texto: *Y miró Jehová con agrado a Abel y a su ofrenda; pero no miró con agrado a Caín y a la ofrenda suya* (v. 4-5). ¿Qué clase de discriminación era ésta? ¿Por qué reaccionó Dios de esta forma tan aparentemente injustificada?

3. Diversas interpretaciones.

Los numerosos comentaristas de este pasaje han intentado determinar la causa del rechazo de la ofrenda de Caín. ¿Qué hizo mal Caín? ¿Cuándo pecó contra Dios? ¿Antes, durante o después de la ofrenda? Veamos algunos comentarios que pueden darnos luz:

3.1. El apóstol Juan, en su primera carta, nos dice (1 Jn 3: 12): *Porque este es el mensaje que habéis oído desde el principio: Que nos amemos unos a otros. No como Caín, que era del maligno y mató a su hermano. ¿Y por qué causa lo mató? Porque sus obras eran malas y las de su hermano justas.*

3.2. Ambrosio, uno de los padres de la Iglesia, comenta: *Doble fue la culpa de Caín, primero que ofreció con retraso; segunda que ofreció de los frutos, no de las primicias.*

3.3. Nicolás de Lira dice: *Caín ofreció de los frutos peores y estropeados. Abel ofreció de los mejores animales.*

3.4. Y el propio escritor español **Quevedo** en sus versos a *Caín* escribe:

Más te debe la envidia carcomida,
Caín, que el mismo Dios que te dio vida,
pues le ofreciste a Él de tus labores,
de tus mieses y plantas las peores,
y a ella le ofreciste con tu mano
la tierna vida de tu propio hermano.

Lo cierto es que el texto de *Génesis* no explica claramente por qué Dios acepta el sacrificio de Abel y rechaza el de Caín, más bien da a entender que Dios es libre para aceptar o rechazar los sacrificios según su propio criterio porque conoce el corazón humano. Sabe que sus obras eran malas. En el libro del *Éxodo* podemos leer: *...y tendré misericordia del que tendré misericordia, y seré clemente para con el que seré clemente* (Ex. 33: 19). ¿Quien puede pedirle cuentas a Dios? Está claro que los criterios de Dios no siempre coinciden con los del hombre.

3.5. De Vaux comenta que en Israel, el preferido de los hijos era siempre el primogénito: *La regla fundamental en el Antiguo Testamento es que sólo los hijos varones tienen derecho a la herencia. Entre ellos, el mayor tiene una posición privilegiada y recibe doble parte de los bienes paternos* (De Vaux, 1985).

Pues bien, a veces Dios tiene otros planes. Planes que no siguen nuestros pensamientos, nuestras tradiciones, ni nuestras costumbres. Precisamente por ser el menor, el considerado menos digno, el segundón, Dios elige a Abel. Es curioso que esta no será la única vez que esto ocurrirá, encontramos otros ejemplos: Dios prefirió a Isaac antes que a su hermano mayor Ismael, a Jacob antes que a Esaú, a José por encima de sus hermanos mayores, a David, que llegó incluso a ser rey. Dios no mira la grandeza externa, las tradiciones humanas o los derechos de primogenitura, sino lo que hay en el corazón de los seres humanos.

Si vamos al *Nuevo Testamento*, en el libro de los Hebreos, podemos leer: *Por la fe Abel ofreció a Dios más excelente sacrificio que Caín...* Parece que la fe le llevó a ser más generoso y esta generosidad es la que Dios miró. Caín no acepta esta decisión de Dios y de ahí arrancan todos sus males. Es el mayor, tiene un nombre más ilustre que su hermano, sigue en el mismo oficio de su padre, ha nacido con ayuda del Señor, ¿por qué tiene que ser pospuesto a su hermano menor? ¿Por qué su sacrificio tiene que ir en segundo lugar? Caín se enfureció contra Dios y contra su propio hermano.

4. Dios no había rechazado a Caín.

No podemos decir que Dios hubiera rechazado a Caín, incluso le dedica más atención que a Abel. Caín seguía siendo el primogénito de la preocupación divina: *¿Por qué te has enfadado y por qué ha decaído tu semblante?* (v. 6). La cara es el espejo del alma, y el estado de ánimo se refleja en ella. Caín no puede ocultar los pensamientos, la envidia y el odio que abrigaba su alma. Y, en esta situación, Dios le da un consejo; la primera instrucción moral de la *Biblia* dada al hombre la tenemos en el versículo siete: *Si bien hicieres ¿no será enaltecido? y si no hicieres bien, el pecado está a la puerta; con todo esto, a ti será su deseo, y tú te enseñorearás de él.*

Esta enseñanza es válida para toda la humanidad: ¿quién debe dominar: la pasión desordenada o el sentido humano...? Por el pecado de la envidia diabólica se cometió el primer asesinato de la Historia. De ahí que el evangelista Juan diga que *el diablo ha sido homicida desde el principio* (Jn. 8: 44). Igualmente Santiago 1:15 afirma que *la concupiscencia* (es decir, el deseo) *concibe y da a luz el pecado, y el pecado siendo consumado, da a luz la muerte.*

5. Caín se deja llevar.

Caín se deja arrastrar por la pasión y por el deseo de venganza. Concibe el crimen porque está preñado de maldad y da a luz la muerte. Ambrosio, a quien ya hemos citado antes, lo expresó magistralmente así: *¿Qué significa 'Salgamos al campo', sino que escoge para el fratricidio un lugar donde no se engendra? ¿Pues* *dónde se iba a matar al hermano, sino donde faltan los frutos? No dice: vamos al paraíso, al huerto donde florecen los manzanos. Los fratricidas rehuyen los ambientes benignos: el ladrón rehuye el día como a testigo de cargo, el adúltero se avergüenza de la luz, el fratricida huye de la fecundidad.*

Si todos los hombres somos hermanos, todo homicidio es fratricidio. Sin llegar al homicidio, debemos reconocer que en muchas ocasiones el odio sigue estando todavía hoy a la puerta de cada uno de nuestros hogares. El odio puede nacer o manifestarse en forma de rencor, de antipatía, de desprecio, de despreo-cupación o de rivalidad. En una palabra, de no aceptar el puesto o la función del hermano. El rencor, en el fondo, puede ser la expresión de una conciencia de inferioridad. Es el intento de suprimir, de forma imaginaria, a quien no podemos eliminar en la realidad, con nuestras propias fuerzas. Ortega y Gasset escribió en 1914, en sus *Meditaciones del Quijote*: *LLeva en nuestra fantasía aquél por quien sentimos rencor, el aspecto lívido de un cadáver; lo hemos matado, aniqui-lado, con la intención.*

¿Dónde está Abel, tu hermano? ¿Dónde está Juan, Pedro, José, María, nues-tros hermanos? ¿Los hemos eliminado ya de la conciencia? ¿Amontonamos sus cadáveres en algún oscuro rincón del alma? ¿Hemos dejado de hablarles, de relacionarnos con ellos? ¿Vivimos como si de verdad estuvieran muertos?

Caín mintió descaradamente y con increíble desfachatez respondió a Dios con otra pregunta: *¿Soy yo acaso guarda de mi hermano?* Es como si dijera: "Guar-dar es oficio más bien de pastor y yo soy labrador, ¿le toca guardar a un labrador? ¿He de ser yo el que guarde al que guarda el ganado?". Caín no había querido entender que la responsabilidad ante Dios es responsabilidad por el hermano; que el hermano mayor debe cuidar del hermano menor; que es imposible amar a Dios cuando se desprecia o se abandona al hermano. Pero Dios responde: *La voz de la sangre de tu hermano clama a mí desde la tierra* (versículo 10).

La sangre derramada siempre clama al cielo y demanda justicia. Por eso los homicidas procuran "echar tierra" sobre las pruebas del delito. La voz de las fosas comunes y los enterramientos masivos de la Historia puede apagarse en los oídos humanos, pero el Dios creador sigue oyendo y a su tiempo hará jus-ticia. Según la *Biblia*, la sangre y la vida sólo pertenecen a Dios y a nadie más. Cuando el hombre asesina se entromete en la más estricta propiedad divina y rebasa con mucho sus propias atribuciones.

6. El mensaje de Abel.

En este relato Abel no pronuncia una sola palabra: trabaja, ofrenda, ca-lla y es víctima inocente. Sin embargo, su ejemplo sigue gritando desde estas páginas, prestando su voz a todas la víctimas inocentes de la historia humana, y continúa denunciando el odio, el rencor y la violencia fratricida.

En una época individualista y narcisista como la que vivimos, ¿cuál puede ser el mensaje de esta historia? ¿Qué significa hoy ser guarda del hermano? El mandamiento supremo de Jesucristo nos da una vez más la respuesta: *Amaos unos a los otros como yo os he amado*. Cuando predomina el amor, como dice *Proverbios*, *se cubren todas las faltas* (10:12), todas las discrepancias, desavenencias y rencores. ¿Por qué? Pues porque el auténtico amor no tiene envidia. El verdadero amor no puede gozarse de la injusticia, sino de aquello que es verdadero. El amor se traduce en servicio mutuo, en solidaridad, comprensión y perdón.

Como Pablo escribe a los filipenses (1:9): *Y esto pido en oración, que vuestro amor abunde aún más y más en ciencia y en todo conocimiento*. El amor entre los hermanos puede crecer cuando hay conocimiento e interés de los unos por los otros, en una palabra, cuando hay "delicadeza cristiana".

El mensaje de Abel nos exhorta a que resucitemos esos cadáveres imaginarios que hemos ido enterrando a lo largo de nuestra vida. Se nos demanda que les devolvamos a la existencia por medio de este amor que no tiene envidia; que volvamos a entablar relaciones más maduras de amistad y comprensión; que entendamos, de una vez, que somos un pueblo y que como tal hemos de responder delante de Dios y de los hombres. Las desavenencias en el seno de la Iglesia, los enfados y las rupturas de relaciones entre los hermanos, sólo contribuyen a desacreditar el reino de Dios en la Tierra. Los cristianos no estamos aquí para eso, sino para todo lo contrario, es decir, hacer de la diversidad y de la diferencia, unidad en el Señor. Nuestra misión será siempre procurar hacer de tantos altares separados, un único altar de unidad.

¿Por qué no nos decidimos a dar el primer paso, cada uno de nosotros, para acercarnos a ese hermano Abel, que hemos dejado olvidado, o incluso le hemos dado por muerto como si ya no existiera? ¿Por qué no le decimos: perdóname, quiero volver a ser tu hermano en el Señor?

06
La desnudez del padre

Gn. 9: 18-23

Y los hijos de Noé que salieron del arca fueron Sem, Cam y Jafet;
y Cam es el padre de Canaán.
Estos tres son los hijos de Noé, y de ellos fue llena toda la Tierra.
Después comenzó Noé a labrar la tierra, y plantó una viña;
y bebió del vino, y se embriagó,
y estaba descubierto en medio de su tienda.
Y Cam, padre de Canaán, vio la desnudez de su padre,
y lo dijo a sus dos hermanos que estaban afuera.
Entonces Sem y Jafet tomaron la ropa,
y la pusieron sobre sus propios hombros,
y andando hacia atrás, cubrieron la desnudez de su padre.

ESQUEMA

1. La cultura del vino.

2. El delito de Cam.

3. ¿Qué es honrar a los padres?

4. Honrar a los padres es también comprender sus debilidades.

5. Cómo debemos vivir los cristianos hoy.

6. La familia de la fe: la Iglesia.

CONTENIDO

Decía el poeta Horacio en sus *Odas* que *la virtud de los padres es una gran dote para los hijos*. Pero, desgraciadamente, también es verdad todo lo contrario. Como señaló el político español, Antonio Maura, a finales del siglo pasado, en uno de sus discursos ante el Congreso de los Diputados: *No hay infecciones de la sangre peores que las que se heredan de padres depravados*. De los padres se puede heredar lo bueno y también lo malo. Y según esta regla de tres, podría parecer que de padres bondadosos saldrían hijos afables y de padres malos, hijos malignos. Sin embargo, en la historia de Noé, parece que esto no fue así.

1. La cultura del vino.

El *Génesis* nos explica que de aquella nave que estuvo repleta de vida durante un año, el arca de Noé, salieron a tierra seca toda especie de animales y una familia humana: *Los hijos de Noé que salieron del arca fueron Sem, Cam y Jafet* (v. 18). Es como si estuviéramos de nuevo ante Adán con sus hijos Caín, Abel y Set, con los debidos cambios. Una vez más el comportamiento de los hermanos va a sellar sus destinos. Noé representa en el *Génesis* un nuevo comienzo: sus hijos son el puente trifurcado hacia "la nueva humanidad" ya que *de ellos fue llena toda la tierra* (v. 19).

Como iniciador de una nueva era, Noé va a ser el fundador de una nueva cultura y de un nuevo cultivo: el de la vid y el vino. La vid era para Israel una bendición, el más noble de los vegetales *que alegra la vida del hombre* (Sal. 104: 15), una planta grata pero también peligrosa. En la *Biblia* abundan los textos que valoran positivamente la vid y el vino, pero también hay otros que previenen contra la embriaguez o se burlan del beodo. Hasta entonces los hombres habían comido vegetales y bebido agua; en adelante comerán carne y beberán vino. Noé desconoce el peligro del vino y bebe con inocencia. ¿Por qué no ha de hacerlo? No se trata de un fruto prohibido como el de Adán. Si él lo ha plantado y Dios lo ha bendecido, es lógico que lo disfrute quien lo trabajó.

Noé se emborracha, sí, pero su embriaguez no debe ser juzgada -como hacen tantos comentaristas- desde el punto de vista moral. No es esta la intención del texto bíblico. Lo que se censura es el comportamiento de su hijo Cam, no el de Noé. Él desconocía lo que le podía ocurrir. La borrachera derriba inhibiciones y Noé se desnuda en el recinto privado de su tienda; ¿será posible también volver a la desnudez inocente del paraíso?

Ni siquiera el poder del vino puede hacerle volver al ser humano a la inocencia original del paraíso. La desnudez ya no puede ser neutral o inocente: si Adán y Eva antes del pecado no se avergonzaban, después sí se avergonzaron. La desnudez pública era infamante en Israel. Mostrar los órganos genitales en público era una deshonra absoluta. Esta era precisamente la manera que tenían los conquistadores de afrentar a los judíos indefensos, derrotados por el imperio de Babilonia. Por eso el profeta Habacuc dirá: *¡Ay del que da de beber a su prójimo! ¡Ay de ti, que le acercas tu hiel, y le embriagas para mirar su desnudez! Te has llenado de deshonra más que de honra; bebe tú también, y serás descubierto; el cáliz de la mano derecha de Jehová vendrá hasta ti, y vómito de afrenta sobre tu gloria* (Hab. 2: 15-16).

2. El delito de Cam.

¿En qué consistió el delito de Cam? ¿Fue tan grave como para justificar la terrible maldición paterna, como para ser condenado él y su descendencia a ser "siervos de siervos"? Noé quedó tendido, ebrio y desnudo en su tienda, expuesto a la curiosidad morbosa de quien entrara. El hecho es que Cam entró y vio la desnudez de su padre. Se ha especulado mucho sobre este asunto. Algunos autores han querido ver aquí algo más de lo que dice el texto: un abuso sexual del hijo con el padre. Se ha hablado incluso de incesto, sodomía o castración.

El prestigioso teólogo alemán Gerhard von Rad, basándose en la frase del v. 24: *Y despertó Noé de su embriaguez, y supo lo que le había hecho su hijo más joven*", escribe: *Es posible que el narrador haya difuminado el relato, suprimiendo algún detalle más feo que el de ver desnudo a su padre.* También en el *Levítico* (18: 27), refiriéndose a esta clase de depravaciones sexuales practicadas por los cananeos, se dice: *porque todas estas abominaciones hicieron los hombres de aquella tierra que fueron antes de vosotros, y la tierra fue contaminada.*

No obstante, como el asunto no está bien claro, es mejor respetar el texto tal como lo leemos. El error de Cam consistió en el hecho de que no solamente vio la desnudez de su padre, faltándole al respeto con su desvergüenza, sino que además divulgó el asunto entre sus hermanos, en vez de taparlo de manera discreta y respetuosa. En lugar de proteger la reputación del padre, ocultando su error, fue y publicó la situación, humillándole e intentando hacerle perder su autoridad como jefe de la familia. Este es el problema principal. Aquello que nunca debe hacer un hijo que tema a Dios, ante la equivocación involuntaria de sus padres. Tal es el tema fundamental.

3. ¿Qué es honrar a los padres?

Honrar a los padres es para el creyente una responsabilidad sagrada. Es uno de los diez mandamientos, el quinto, que podemos leer en el libro del *Éxodo* (20: 12): *Honra a tu padre y a tu madre, para que tus días se alarguen sobre la tierra*. Observemos que no se dice que honremos sólo a los padres que se lo merecen, o que nos han tratado bien. El mandamiento es general. El autor de *Proverbios* 30: 17 es aún más radical: *El ojo que escarnece* (que se burla) *a su padre y menosprecia la enseñanza de la madre, los cuervos de la cañada lo saquen y lo devoren los hijos del águila.*

El Judaísmo no podía entender que un hijo humillara a su padre. Esto era algo que repugnaba a la conciencia de todo hebreo. El delito de Cam contrasta con la conducta respetuosa de sus hermanos, Sem y Jafet. Éstos sin mirar, ni querer ver, cubren la desnudez de su padre. Cubrir, como signo de devoción, de consideración, de sumisión y, sobre todo, de comprensión de debilidades. Se trata, simplemente, de ese amor genuino entre hijos y padres.

4. Honrar a los padres es también comprender sus debilidades.

A veces, los hijos, sobre todo durante la adolescencia, tienden a ser demasiado exigentes y críticos con los padres. Después, cuando pasan los años, y aumenta la experiencia, uno aprende a ver las cosas de otra manera. A medida que se envejece, se aprecia y reconoce cada vez más a los progenitores. El respeto a los padres, además de ser uno de los mandamientos divinos, es una de las bases esenciales para la continuidad de una sociedad estable. Es lamentable ver cómo, en nuestro civilizado primer mundo, se está perdiendo el respeto a los padres y, en general, a las personas mayores. La ruptura en las relaciones paterno-filiales es una triste realidad hoy, incluso en el seno de la Iglesia de Jesucristo.

Estamos viendo como muchos padres no saben ejercer su función de padres. No aciertan a asumir su papel de responsabilidad en el hogar, bien porque están ausentes del mismo por motivos laborales, y apenas se relacionan con los hijos, o lo que es más triste, porque el egoísmo y la poca madurez les lleva a pensar exclusivamente en sus problemas personales y a desentenderse de los problemas de sus hijos. Y el resultado es casi siempre el mismo: cuando no se nutre adecuadamente la relación con los hijos, se está abonando la tierra para que germinen las actitudes filiales indignas.

Hoy los ancianos no son ya honrados por su sabiduría, como en las sociedades tradicionales; o por su seriedad, como en las sociedades burguesas; o por su fragilidad, como en las sociedades civilizadas, sino, única y exclusivamente, si han sabido permanecer juveniles de cuerpo y de espíritu. Nuestras sociedades están llenas de "descendientes de Cam" que le han dado la espalda a los ancianos.

5. Cómo debemos vivir los cristianos hoy.

Los creyentes vivimos hoy en medio de esta corriente de "descendientes de Cam". ¿Cómo podemos honrar a los padres en un mundo que sólo sabe honrar a los hijos? La Iglesia cristiana debe asumir un papel activo en la restauración de la relación familiar. La *Biblia* muestra cómo la falta de respeto dentro del hogar, tarde o temprano, produce unas consecuencias trágicas. *Proverbios* 17: 25 dice que: *El hijo necio es pesadumbre de su padre y amargura a la que lo dio a luz.* Esto es lo que hoy estamos viendo. Por eso, igual que Noé fue llamado por Dios para crear una nueva cultura en aquella tierra devastada por el diluvio, los cristianos de hoy debemos proponer también la cultura del respeto a los ancianos, la cultura "anti-camita" de honrar a los padres, a quienes debemos obediencia, cuando somos jóvenes, y apoyo, cuando nos necesitan. El hijo cristiano no debe desentenderse de sus progenitores. Tenemos que predicar que la continuidad de la sociedad depende de una correcta relación familiar.

A pesar de la actual crisis del papel del padre, la psicología afirma, desde los días de Freud, que una identificación con el padre sigue siendo necesaria para el buen desarrollo del niño hacia la madurez. La imagen que de Dios se hacen los hijos es fundamentalmente una proyección de la imagen del padre que ellos han vivido. Así como es el padre, así será el primer esbozo que de Dios tenga el niño y el adolescente. Pero, si estamos actualmente viviendo ante una profunda crisis de la figura del padre, no es extraño que ésta repercuta negativamente y provoque, a su vez, una segunda crisis en la concepción de lo divino.

Otra cuestión teológica que se plantea aquí es: ¿realmente el Dios que revela Jesucristo en el *Nuevo Testamento*, responde siempre al modelo patriarcal oriental, severo, autoritario y distanciado? ¿O se nos manifiesta una nueva idea de Dios, como Padre amoroso y bondadoso, para el que ya no existe judío, ni griego, esclavo ni libre, varón ni mujer? Quizás hoy los educadores y las familias cristianas tengamos que analizar este fenómeno con claridad, y ver que la juventud debe adquirir una concepción de Dios, más evangélica y que corresponda a un esquema de familia más democrático.

El hombre y la mujer que saben honrar a sus padres, que saben "tapar sus desnudeces" morales, están capacitados también para honrar al Dios Padre que se manifestó en Jesucristo. Pero si no se pone en práctica lo primero, es muy difícil lograr lo segundo. Tal como leemos en 1ª *Timoteo* 5: 3 y 4: *Pero si alguna viuda tiene hijos, o nietos, aprendan éstos primero a ser piadosos para con su propia familia y a recompensar a sus padres; porque esto es lo bueno y agradable delante de Dios.*

6. La familia de la fe: la Iglesia.

Recordemos también *Gálatas* 6: 10: *Así que, según tengamos oportunidad, hagamos bien a todos, y especialmente a los de la familia de la fe.* La Iglesia cristiana, o comunidad de hermanos a la que pertenecemos, es nuestra segunda familia, es decir, la familia de la fe. Cuando depositamos la fe en Cristo, Dios se convierte en nuestro padre, y nosotros somos sus hijos. De esta forma, los demás creyentes son nuestros hermanos y hermanas en la fe. La comunidad cristiana forma así nuestra familia espiritual y esta familia durará por toda la eternidad. En dicha familia, los jóvenes, es decir los hijos, deben también tapar las desnudeces de sus mayores. No sólo la desnudez física, sino también la moral y espiritual, los errores que quizás cometieron, y no utilizarlos para debilitar a la comunidad entera, o para abandonar la Iglesia. Es la misma idea de llevar unos las cargas de los otros. De esta forma, el amor cubrirá multitud de pecados y se fortalecerá el reino de Dios en la Tierra.

¡Quiera Dios que cada uno de nosotros, como hijos cristianos, sepamos demostrar siempre nuestro sincero amor a Dios, a través del respeto, la ayuda y el cariño hacia nuestros padres!

07
Vocación de viajero

Gn. 12: 1-2 (Gn. 12: 1-9 ; Sal. 90: 1-12)

Pero Jehová había dicho a Abram:
Vete de tu tierra y de tu parentela, y de la casa de tu padre,
a la tierra que te mostraré. Y haré de ti una nación grande, y te bendeciré,
y engrandeceré tu nombre, y serás bendición.

ESQUEMA

1. Abraham fue nómada.

2. Dios está con nosotros cuando caminamos.

3. Religiones de autoridad y religiones de invitación.

4. ¿Cuál es el secreto del nomadismo?

CONTENIDO

Al final de estos versículos se podría añadir: "...y Dios creó al nómada, al que iría siempre de un sitio a otro, sin tener una morada permanente". El nómada no soporta que nadie le diga : "Quédate tranquilo, acomódate, echa raíces, instálate", sino más bien: "Vete..., sal de tu tierra", como Dios le dijo a Abram, o "seguidme", como Jesús indicó a sus discípulos, o "levántate", como Jehová manifestó a Elías. En una palabra: solamente, una orden de partida.

1. Abraham fue nómada.

¡Y pensar que a nosotros nos gusta tanto todo lo contrario, es decir, vivir bien instalados! Tenemos la mentalidad de los acomodados, sufrimos el mareo del camino. Nos gusta dejar bien protegido el terreno, o la casa que hemos comprado, dar una vuelta para vigilar nuestras posesiones, gozar de la posición que hemos alcanzado. En general, nuestra aspiración es la de conservar; más aún, la de acumular. ¡Nos gusta vivir en paz el presente! ¡Que nos dejen tranquilos! Y, sin embargo, Dios se empeña en retirar de nuestros pies esa propiedad comprada a plazos, esos apoyos habituales en los que, a veces, confiamos más que en el propio Señor. Él quiere que dejemos lo que es seguro y tranquilizante, para meternos en lo incierto, en lo que todavía no es. No nos permite seguir enganchados a la situación actual, sino que exige el cambio, la superación, el desplazamiento. Dios quiere que el creyente esté tenso hacia el futuro, continuamente en camino hacia el "todavía no", a la esperanza de una vida perfecta.

Si alguna grandeza hay en el creyente, está en la decisión de emprender ese viaje de su vida. El corazón no puede sentirse saciado contemplando lo que ha amontonado, contabilizando los resultados conseguidos, sino que ha de comenzar a palpitar deprisa ante la llamada de un horizonte que se adivina en la lejanía, de un territorio todavía por explorar, de un "prosigo al blanco". El cristiano no debe pararse en la vida, ni cesar de hacer el bien, ni dimitir de sus responsabilidades, sino trabajar mientras Dios le conceda fuerzas. Nadie debería jubilarse nunca de la profesión de cristiano. Es verdad que la madurez debilita el cuerpo y las energías, pero cada etapa de la vida cristiana posee su modo peculiar de generar esperanzas e ilusiones, que pueden ayudar a otros.

2. Dios está con nosotros cuando caminamos.

Pero no nos hagamos ilusiones. El Emmanuel, el Dios-con-nosotros del que habla Mateo, sólo asegura su compañía a los que están decididos a recorrer todos los caminos del mundo. Jesús dijo, en la gran comisión, que estaría con sus discípulos *todos los días, hasta el fin del mundo*, pero sólo después de ordenarles que fueran e hicieran discípulos a todas las naciones (Mt. 28: 19-20). Él está con nosotros cuando caminamos, está con nosotros todos los días en los que nos ponemos de viaje. Se puede decir que entre Jesús y el creyente hay una complicidad itinerante. Nos acompaña y orienta si es que decidimos caminar con él. Pero si preferimos dormitar y guardar la fe sólo para nosotros o nuestro reducido grupo, puede que se aleje de nuestro lado.

Nos podemos poner de viaje sin hacer un sólo kilómetro: viviendo y dando testimonio del Evangelio cada día en nuestro ambiente más inmediato, entre nuestros conciudadanos y amigos. Ese puede ser todo nuestro mundo, en el que el Señor está particularmente interesado. Pero, en ocasiones, da la impresión de que Dios es considerado como una conquista personal y privada, y cuando se le tiene así, como una posesión adquirida, puede convertirse, permitidme la expresión, en un juguete de nuestros juegos religiosos. Existe el peligro de creer que el Señor, la Iglesia, el estudio bíblico, el grupo de jóvenes, o el culto, son exclusivamente nuestros e incluso nos sentimos celosos de compartirlos con los demás.

Pero la verdad es que con Dios no se juega, porque Él es el descubrimiento eterno y, a la vez, siempre nuevo y para todo el mundo. Y cuando crees que lo has alcanzado, se va más allá, y cuando te parece que lo tienes atrapado, que está ya contigo, se esconde para obligarte a que te adentres aún más en su voluntad, sin la protección de tus seguridades materiales, familiares, de tu grupo, ideológicas o culturales. Cuando Dios llama, arranca todas las seguridades anteriores, nos desaloja de nuestros escondites confortables para invitarnos a un viaje interminable.

La fe es viaje. Dios no hizo vivir a Abraham en la seguridad, sino en la inseguridad. No lo alimentó de certezas, sino de promesas. No le ofreció conquistas, sino bendiciones. Y la única realidad sólida que le presentó, para que pudiera apoyar los pies, fue un camino que no terminaba nunca. Abraham fue un nómada, un desarraigado; sin embargo, hay creyentes para los que tener fe significa acampar, volverse sedentarios, apoltronarse en la vida y dormitar plácidamente.

Existe quien interpreta la aventura de la fe como un protegerse, más que como un arriesgarse. No obstante, para vivir plenamente la fe hay que arriesgar, como dice un anuncio publicitario de la televisión: "hemos descubierto que, hoy, lo arriesgado es no arriesgar". Sin el riesgo de compartir la Palabra, de darse a los demás, no puede haber progreso en la vida cristiana. Para experimentar el viaje de la fe es necesario desenredarse de los rígidos esquemas en los que estamos atados, vencer el miedo y gritar quiénes somos y qué creemos. Hay que manifestar nuestro desacuerdo en algunos temas que el mundo secular acepta abiertamente, a pesar de ser contrarios a la *Biblia* y a la voluntad de Dios. Debemos arrancarnos de las pegajosas telas de araña de las costumbres inmovilistas en las que hemos sido capturados. A veces rehusamos compartir la fe por miedo a que nos ridiculicen, a que nos dejen sin respuestas o cuestionen nuestras ideas. Pero sólo si la vida se convierte, como la de Abraham, en bendición para todas las familias de la Tierra, de nuestra Tierra, más allá de cualquier particularismo o denominación, podemos afirmar que nos encontramos en el auténtico viaje de la fe.

Abraham no sabía apenas nada. El fin del viaje que le propuso Dios era un país del que sólo conocía una cosa: que el Señor quería dárselo. A pesar de eso, él caminó esperando y esperó caminando. No dijo ni una palabra, no opuso ningún "pero". Es como si su vocabulario sólo conociera un verbo: partir. *Y partió de allí, caminando y yendo hacia el Neguev.*

3. Religiones de autoridad y religiones de invitación.

El universo religioso se ha dividido siempre en dos grandes bloques: el de las religiones de autoridad y el de las religiones de invitación. Las religiones de autoridad consideran la verdad como un patrimonio o propiedad que hay que guardar y defender, incluso mediante la violencia. Ven a las personas como rebaño que hay que dominar y someter. Para conseguir su objetivo, se apoyan en el poder y tienden a condicionar a la sociedad, haciéndose cómplices con cualquier autoridad establecida. Consideran todo cambio como una amenaza a su vocación inmovilista y conservadora, y ven cualquier crítica como una falta de fidelidad. Construyen a sus fieles por fuera, mediante comportamientos, prácticas, reglamentos, normas, etc., y les adoctrinan sobre lo que se puede hacer y lo prohibido. Siempre preocupados por qué es pecado y qué no es pecado. Estas religiones de autoridad conducen fácilmente al mismo tipo de fanatismo que tenían los fariseos. Y, por supuesto, puede haber fanatismo religioso en cualquier religión, en el Islam, el Judaísmo e, incluso, en el propio Cristianismo, tanto entre católicos como entre nosotros, los protestantes evangélicos.

Por el contrario, las religiones de invitación, como el Judaísmo primitivo o el Cristianismo centrado verdaderamente en Cristo, ponen al ser humano de pie, dignifican al hombre y a la mujer creados a imagen de Dios, les convierten en persona en movimiento, en sacerdotes del Altísimo. Se dirigen a la conciencia y piden su libre y gozosa conversión. Construyen al ser humano por dentro: lo despiertan, lo animan, le abren los ojos y la boca, lo responsabilizan, lo convierten en guardián y responsable del hermano necesitado, porque el esclavo obedece normas, pero el hombre libre es responsable de sus actos delante de Dios. Le dicen lo que es y lo que puede ser, lo que está llamado a ser, más que lo que tiene que hacer. En una palabra, pregonan una fe liberadora. Mientras que la religión de autoridad es estática, repetitiva y represiva; la otra es dinámica, libre y siempre sorprendente.

Las religiones de autoridad se basan en la obediencia, pero las religiones de invitación se basan en la responsabilidad. Dios no quiere obediencia ciega, sino responsabilidad personal. Se puede obedecer sin fe, sin convicción o sin amor, como hacían tantos escribas y fariseos de la época de Jesús. Pero el discípulo de Cristo, más que a la obediencia religiosa y rutinaria, está llamado a responsabilizarse de su vida y de la de su hermano delante de Dios.

Nuestro padre en la fe, Abraham, fue un modelo inigualable de una religión de invitación. Su historia es un espejo donde tanto Israel como la Iglesia del Señor tienen que mirarse. Abraham nos descubrió que Dios es un viajero que tiene la costumbre de huir siempre hacia adelante, nunca retrocede. El país que Dios le indicaba estaba adelante, no detrás. No tengamos, pues, miedo al futuro. Al igual que Abraham, Jesús fue también un maestro itinerante que no tenía una cátedra fija. Sus lecciones se impartían a lo largo de un camino imprevisible y casi siempre ingrato.

4. ¿Cuál es el secreto del nomadismo?

Dediquemos un momento a la reflexión individual: ¿qué debemos dejar atrás en nuestra vida? ¿Errores, fracasos, malas experiencias, desavenencias estériles, rivalidades? ¿Qué caminos nuevos tenemos por delante? ¿Metas, proyectos, esperanzas, ilusiones? ¿Qué queremos hacer con nuestra vida? ¿Somos nómadas espirituales o nos hemos vuelto cómodamente sedentarios? ¿Necesitamos que se nos diga una y otra vez lo que debemos hacer o, por el contrario, hemos aprendido en qué consiste la responsabilidad cristiana?

Es lo que dice el salmista en el *Salmo* 90: 12 : *Enséñanos de tal modo a contar nuestros días, que traigamos al corazón sabiduría.* Un ejemplo típico de esta "fe nómada", que puede servirnos de inspiración, es el que nos ofrece el apóstol Pablo. Él se sintió siempre inflamado por la pasión del Evangelio de Jesucristo, que es lo que de verdad puede salvarnos de las fuerzas del mal. Lo más importante para el apóstol de los gentiles fue el anuncio de la Buena Nueva. ¿Cuál fue el secreto que le sostuvo en su nomadismo apostólico? ¡Cristo ha derrotado a la muerte, le ha quitado su poder, la ha desautorizado por completo! ¿A qué debemos temer entonces? ¿Quién nos podrá apartar de su amor? El creyente, como Pablo, tiene que creer y experimentar todo esto. Y de ese modo, vencer el miedo a confesar su fe, a hablar a los incrédulos, sean personas sencillas o profesores de universidades ateas.

Este es el secreto del nomadismo cristiano. Igual que Abraham o Pablo, o el mismo Señor Jesús, el cristiano, incluso en la más extrema debilidad, ante la prueba o el sufrimiento, debe sentir como corre ya por sus venas la fuerza de la resurrección. Pidamos al Señor que nos contagie a todos con la fuerza vital de estos padres de la fe, capaz de mover montañas y enfrentar la vida así como el futuro que nos espera.

08
La risa de Sara

Gn. 18: 13-14

Entonces Jehová dijo a Abraham:
¿Por qué se ha reído Sara diciendo:
¿Será cierto que he de dar a luz siendo ya vieja?
¿Acaso hay alguna cosa difícil para Dios?

ESQUEMA

1. Costumbres reproductivas del antiguo Israel.

    1.1. La esterilidad era algo terrible.
    1.2. Jacob y Raquel.

2. Costumbres reproductivas actuales.

    2.1. Maternidad de alquiler o subrogada.
    2.2. Agar y Bilha: ¿madres de alquiler?
    2.3. El parto postmenopáusico.

3. La risa del escepticismo humano.

4. La fe es el corazón del Evangelio.

CONTENIDO

Dios prometió un hijo a Abraham (Gn. 15: 3-5). Sin embargo, esta promesa le pareció imposible a su esposa Sarai, dada su avanzada edad. De ahí que tomara la iniciativa de ofrecer a su sierva Agar para que su esposo tuviera hijos de ella. Abraham la tomó y de tal relación nació Ismael (Gn. 16: 1-2, 4). La actitud de Sara y de Abraham fue una clara intromisión en los planes de Dios.

1. Costumbres reproductivas del antiguo Israel.

1.1. La esterilidad era algo terrible.

La esterilidad fue considerada siempre en Israel como una grave afrenta social, como una dura prueba o incluso un castigo divino. Por el contrario, los hijos se veían como recompensa y heredad de Dios, como *flechas en mano del valiente* (Sal. 127: 3-5), *retoños de olivo alrededor de la mesa* (Sal. 128: 3) o *corona de los ancianos* (Pr. 17:6). De ahí que cuando una esposa no conseguía quedarse embarazada recurriera por todos los medios a la adopción. Esto solía hacerse en Mesopotamia y en el pueblo de Israel por medio de la entrega de una concubina fértil al marido, para que éste tuviera relaciones sexuales con ella y, así, el hijo de tal unión pudiera ser reconocido como hijo legítimo de la esposa oficial.

1.2. Jacob y Raquel.

Otra situación similar a la de Sarai es la ocurrida entre Jacob y Raquel: *Viendo Raquel que no daba hijos a Jacob, tuvo envidia de su hermana, y decía a Jacob: Dame hijos, o si no, me muero. Y Jacob se enojó contra Raquel, y dijo: ¿Soy yo acaso Dios, que te impidió el fruto de tu vientre? Y ella dijo: He aquí mi sierva Bilha; llégate a ella, y dará a luz sobre mis rodillas; y yo también tendré hijos de ella. Así le dio a Bilha su sierva por mujer; y Jacob se llegó a ella. Y concibió Bilha, y dio a luz un hijo a Jacob. Dijo entonces Raquel: Me juzgó Dios, y también oyó mi voz, y me dio un hijo. Por tanto llamó su nombre Dan* ("Él juzgó") (Gn. 30: 1-6).

El concepto de "dar a luz sobre las rodillas" se refiere al rito de adopción. Lo que se hacía era colocar al bebé recién nacido en el regazo de la mujer que deseaba adoptarlo para indicar que era como si legalmente ella lo hubiera dado a luz. A partir de ese momento es Raquel, la madre legal, quien le pone el nombre al niño, en vez de hacerlo Bilha, la madre biológica, y el pequeño pasa a ser legítimo heredero de su padre Jacob.

2. Costumbres reproductivas actuales.

Actualmente existen muchos comportamientos reproductivos que exigen una respuesta desde la ética cristiana. Hoy se practican ya técnicas como la maternidad de alquiler y el parto post-menopáusico, que crean la polémica y la división de opiniones en la sociedad.

2.1. Maternidad de alquiler o subrogada.

La ley española de reproducción asistida de 1988 prohíbe la maternidad de alquiler; las españolas tienen que irse a los Estados Unidos para contratar estos servicios. Allí se les extraen óvulos que se fecundan con esperma de sus maridos y se les implantan a las madres de alquiler. Al cabo de nueve meses vuelven para recoger a su bebé.

En una entrevista (*El País*, 09.11.97) realizada a una de estas madres de alquiler norteamericanas, llamada Karen, que era cristiana evangélica, ésta manifestó que lo hizo por motivos humanitarios: *Consulté con el pastor de mi iglesia y le pareció bien.* A la pregunta acerca de si contó a sus propios hijos que los bebés que iban gestándose en su interior no eran sus hermanos, Karen respondió: *Les explicamos que esta familia española no puede tener hijos y que Dios se los podía ofrecer a través de nosotros.*

2.2. Agar y Bilha: ¿madres de alquiler?

Pero volvamos de nuevo al *Antiguo Testamento*. ¿Podría decirse que los hijos nacidos de aquellas uniones, Ismael en el primer caso (Agar y Abraham) y Dan en el segundo (Bilha y Jacob), fueron hijos de madres de alquiler? ¿Acaso Agar y Bilha no fueron también, de alguna manera, alquiladas para ser madres y después donar a los bebés? Las diferencias entre estos acontecimientos del *Antiguo Testamento* y la práctica actual de la maternidad subrogada son obvias. En el pasado era el marido de la esposa estéril quien tenía relaciones con la mujer sustituta. Hoy tal práctica se vería como una forma de fornicación o adulterio pactado y, desde una perspectiva cristiana, sería moralmente rechazable. Sin embargo, para la moral sexual de los hebreos, en aquel período antiguo de su historia, era aceptable y normal la poligamia o el concubinato con las siervas. Ninguna de las partes implicadas, ni el marido, ni la esposa infértil o la concubina, tenían intención de romper el vínculo del matrimonio. Nadie lo veía como una forma de fornicación o adulterio. Evidentemente estas costumbres sexuales fueron evolucionando poco a poco debido al influjo de Dios, a través de sus mensajeros, hacia un nuevo entendimiento del deber moral.

Hoy, sin embargo, la maternidad de alquiler se realiza mediante inseminación artificial o fecundación "in vitro" con transferencia del embrión. ¿Puede llamarse a esto adulterio o fornicación? ¿Atenta esta práctica contra la relación existente en el matrimonio? Si en aquella remota época "veterotestamentaria" hubieran existido estos métodos, no sabemos si Sarai y Raquel los hubieran preferido.

Evidentemente, se trata de un tema delicado en el que no podemos ser dogmáticos. No obstante, desde la ética evangélica del amor, del altruismo y de la entrega al que sufre o al enfermo, no parece que la maternidad de alquiler, basada verdaderamente en el valor de crear vida por afecto, sea algo que categóricamente se deba rechazar o condenar. Sin embargo, si la madre de alquiler no está emocionalmente preparada, a la hora de desprenderse del bebé que ha llevado en sus entrañas durante tanto tiempo, pueden surgir problemas afectivos, ya que de hecho es una práctica poco natural.

2.3. El parto post menopáusico.

Durante el mes de julio del año 1994 la prensa lanzó la singular noticia de una mujer italiana que había conseguido quedarse embarazada y tener un bebé a la avanzada edad de 63 años (*El País,* 19.07.94). Desde esa fecha, otros muchos casos se han venido repitiendo. Muchos titulares se formularon en aquella época la pregunta: "¿Madre o abuela?". Al parecer se trataba de una mujer que tres años atrás había perdido a su hijo de 17 años en un accidente automovilístico. Con el fin de paliar el tremendo dolor que esta muerte le produjo, decidió volver a tener otro hijo, para lo cual recurrió a la fecundación "in vitro".

Después de múltiples trámites legales y burocráticos consiguió que le implantaran un óvulo de otra mujer, fecundado artificialmente mediante esperma de un donante. La estimulación hormonal que durante un cierto tiempo se le aplicó permitió que el embrión anidara correctamente en su útero y a los nueve meses dio a luz un niño que le fue extraído por medio de cesárea.

En la *Biblia* sólo se mencionan dos situaciones en las que al problema de esterilidad se le añade también el de la avanzada edad. Una es la de Sarai, mujer de Abraham, y otra, la esposa de Zacarías, Elisabet, que sería la madre de Juan el Bautista.

Estas dos mujeres además de ser infértiles habían alcanzado ya la edad de la menopausia. Pues bien, aquello que durante la época de los patriarcas bíblicos fue un auténtico milagro de la omnipotencia divina, hoy parece poder hacerlo también la tecnología científica.

La cuestión que se plantea en la actualidad no es si se puede, o no, hacer, sino si es éticamente conveniente hacerlo. No saber, o no querer aceptar la edad real que se tiene y pretender por todos los medios la gestación de un bebé genera muchas preguntas: ¿no constituye, ya de por sí, motivo suficiente para un adecuado tratamiento psicológico? ¿No sería más eficaz, en tales casos, el recurso al psicólogo que el embarazo post-menopáusico? Desear un niño para que ocupe el vacío dejado por el primer hijo perdido no es algo que sea necesariamente negativo, sin embargo, existe el peligro de convertir al segundo en una especie de doble sustituto del primero. ¿Sería esto deseable para la formación del hijo que se anhela e, incluso, para los propios padres? ¿Podría caerse en un exceso de cariño, o en una sobreprotección por parte de la madre, que perjudicara el normal desarrollo del pequeño? Al bebé que se concibe en tales condiciones, ¿no se le está obligando a crecer con unos padres de edad avanzada que quizás no puedan ayudarle cuando él todavía lo requiera? ¿Podría esto provocar traumas en el hijo o la hija?

Si realmente algunas personas necesitan tanto satisfacer el deseo maternal a cierta edad, ¿por qué no recurrir a la adopción de niños con problemas? ¿No sería mejor canalizar el amor materno educando a huérfanos con deficiencias físicas o psíquicas, a quienes generalmente nadie desea adoptar? Desde la perspectiva ética, esta última posibilidad parece bastante más equilibrada que el recurso apasionado a una gestación fuera del tiempo natural.

Es muy posible que la medicina consiga prolongar artificialmente o, incluso, reactivar, en las mujeres, el período de ovulación, y que esto mejore las condiciones de vida al retrasar los síntomas de la vejez. Es evidente que todo aquello que contribuya a fomentar la salud humana ha de ser bien recibido. No obstante, el recurso a métodos irreflexivos o imprudentes que atenten contra la vida y libertad de las futuras personas será siempre algo que se deberá evitar.

3. La risa del escepticismo humano.

Dejando aparte estas cuestiones bioéticas y volviendo al texto bíblico, veamos cuál fue la actitud de Sara. Dice la *Escritura* que *Se rió, pues, Sara, entre sí...* (Gn. 18: 12). La risa de Sara es la del escepticismo humano, es la risa de la incredulidad. Se trata de la burla que refleja el choque contra la dura roca de lo inverosímil o de lo poco probable. Una reacción que evidentemente demuestra falta de fe. Es el olvido de que Dios puede hacer cosas que, desde nuestro punto de vista, parecen absolutamente imposibles. Es probable que Sara pensara que aquella noticia era demasiado buena como para ser verdadera y por eso no supo decidirse a creerla. La gran objeción que Sara no acertó a remontar fue la de su edad. Estaba convencida de que era demasiado vieja para dar vida. Es como si hubiera razonado así: "He envejecido, se ha acabado mi tiempo, ya soy demasiado mayor, estoy en la edad de la jubilación, por lo tanto sólo puedo hablar de enfermedades, de dolencias y de muerte, pero ya no puedo aspirar a la vida, los niños o la alegría de vivir".

¿Cuántas veces nos sentimos tan envejecidos como Sara? ¿En cuántas ocasiones pensamos que nuestra edad es un impedimento para los planes de Dios y que somos espiritualmente estériles, que no podemos engendrar ni transmitir vida? Y nos parapetamos detrás de una muralla de justificaciones razonables para no creer lo que nos dice el Señor, y para no actuar en consecuencia. Cada vez que un mensajero divino pregunta por nosotros y toca nuestra conciencia, lanzamos una risa burlona de duda y desconfianza.

El mundo occidental fomenta la mentalidad del jubilado. Se nos hace creer que cuando se llega a una determinada edad ya no servimos para nada. Y esto es un grave error. El Evangelio no jubila a nadie. Es verdad que con la edad las fuerzas menguan y la resistencia física disminuye, sobreviniendo los achaques, sin embargo, la experiencia acumulada a lo largo de la vida puede enriquecer la familia, la Iglesia y la sociedad.

4. La fe es el corazón del Evangelio.

Cuando el ser humano se empeña en tener algo por inverosímil, se pone a veces en contradicción con las promesas del Señor. Es cierto que resulta difícil aferrarse a la Causa Primera, cuando las causas segundas parecen enteramente desfavorables. Pero también es utópico pretender racionalizar siempre los caminos que nos marca el Señor, porque "sin fe es imposible agradar a Dios". La fe es el corazón del Evangelio. Por eso la incredulidad y la desconfianza son una grave ofensa al Dios de los cielos. Es curioso comprobar que, aquí, Sara no reniega del Señor, no deja de creer en él, únicamente se ríe de su palabra, porque no puede aceptarla. ¿Es esto posible hoy? ¿Es posible creer con la mente y burlarse con la propia conducta?

En este mundo hay muchas personas que se ríen del Dios de la *Biblia*, se burlan del Cristianismo e, incluso, a veces, tratan de impedir que los creyentes pongan en práctica su fe y cumplan con la voluntad del Señor. Pero, la sabiduría de Dios puede hacer creíble lo que da risa. Leemos en 1ª de Juan 5: 4: *Porque todo lo que es nacido de Dios vence al mundo; y esta es la victoria que ha vencido al mundo, nuestra fe*. El cristiano tiene poder para vencer todas aquellas fuerzas hostiles que podrían apartarlo de la voluntad de Dios. Ese poder se llama fe. La aceptación de Jesús como Hijo de Dios es la fuente del poder cristiano, capaz de vencer todas las risas incrédulas de este mundo. ¡Quiera el Señor aumentar en cada uno de nosotros esa clase de poder!

09
La envidia

Gn. 37: 4 (37: 1-36)

Y viendo sus hermanos que su padre lo amaba más
que a todos sus hermanos,
le aborrecían, y no podían hablarle pacíficamente.

ESQUEMA

1. La envidia en nuestra lengua.

2. ¿Qué nos dice la palabra de Dios?

3. La historia de José es una historia de envidias.

4. La envidia es como la carcoma.

CONTENIDO

Fray Luis de León escribió el siguiente poema desde la cárcel en la que se hallaba prisionero:

Aquí la envidia y la mentira
me tuvieron encerrado.
Dichoso el humilde estado
del sabio que se retira
de aqueste mundo malvado,
y con pobre mesa y casa
en el campo deleitoso

con sólo Dios se compasa
y a solas su vida pasa,
ni envidiado, ni envidioso.

¿Qué es la envidia? Una buena definición sería aquella que la entiende como tristeza ante el bien del prójimo, o como dolor y pesar ante el hecho de que otros tengan lo que nosotros no tenemos. De esta forma, el envidioso se enoja porque ve en la dicha del otro un perjuicio para sí mismo. Al envidioso le perjudica el bien ajeno. La envidia es, pues, un pecado contra el mandamiento de Jesús de amar al prójimo.

1. La envidia en nuestra lengua.

Incluso nuestra forma de hablar y de expresarnos, contiene muchos giros lingüísticos, y refranes que hacen patente esta idea de la envidia. A veces, nos cuesta elogiar a alguien. Cuando decimos, por ejemplo, "hay que reconocer que Fulano es un buen médico", parece que tenemos que hacer un esfuerzo por reconocerlo, como si nos obligáramos muy a nuestro pesar a reconocer una virtud en el otro.

Igualmente usamos, en ocasiones, expresiones que significan todo lo contrario de lo que se pretende indicar: "¡Anda que es fea la niña!", cuando vemos una muchacha guapa; "Descalzo lo ha dejado su padre", si es que ha heredado muchos bienes de su familia. La intención resulta clara. Si a pesar de todo, se reconoce la valía de alguien en cualquier campo, entonces se le hace caer en otro: "Es un buen carpintero, sí, pero como persona..."; o al revés, si se trata de una buena persona, de un alma de Dios, entonces se apostilla: "si, pero como arquitecto deja mucho que desear".

La alabanza no va completa jamás, tiene que llevar siempre detrás como un lastre que la minimice. Al novelista y autor teatral español, Enrique Jardiel Poncela, de quien se sabe que era bajito, le irritaban los norteamericanos precisamente por su elevada estatura: "No hace falta ser tan alto...", murmuraba indignado, cuando pasaba junto a alguien de un metro ochenta. Otras veces se compensa el elogio con la censura de un familiar, cuando se habla bien de alguien, no falta quien diga: "El hijo no ha salido igual ¿verdad?", o "el hermano es el que no vale nada comparado con él".

Una de las formas de vengarse de la persona importante es recordar cuando todavía no lo era, y se le conocían problemas y necesidades. Este es uno de los pecados en el que han caído los seres humanos de todos los tiempos. Ya decían los antiguos filósofos, como el latino Séneca: "*Si estás libre de enemigos porque a nadie hiciste injuria, no faltarán otros que lo sean por envidia"*, o el griego Epícteto: *"La envidia es el adversario de los afortunados"*. El mismo libro de los *Proverbios* nos advierte (4: 4): *[...] todo trabajo y toda excelencia de obras despierta la envidia del hombre contra su prójimo. También esto es vanidad y aflicción de espíritu.*

2. ¿Qué nos dice la palabra de Dios?

El primer asesinato de la Historia tuvo su origen en la envidia: *Caín se levantó contra su hermano Abel y lo mató.* ¿Por qué? A causa de la envidia, se enfureció y eso provocó el primer asesinato de la Historia. Así vemos que la envidia, como nos dice Santiago, suele ser el origen de toda obra perversa: *Porque donde hay celos y contención* (envidias y rivalidades, dice la versión *Dios habla Hoy*) *allí hay perturbación y toda obra perversa* (Stg. 3: 16).

3. La historia de José es una historia de envidias.

Leemos en *Génesis* (37: 4): *Y viendo sus hermanos que su padre lo amaba más que a todos sus hermanos, le aborrecían, y no podían hablarle pacíficamente.* ¿Qué culpa tenía José de que su padre Jacob lo amara más que a los otros hermanos? En cualquier caso, ¿no era Jacob el que obraba mal? Los celos se mezclaron con la envidia y provocaron el aborrecimiento, el odio y la violencia.

Los sueños de José se hacen insoportables para sus hermanos. José sueña con unos manojos de espigas que se inclinan hacia el suyo propio que, a diferencia de los demás, sigue derecho. Luego sueña que el Sol, la Luna y once estrellas se inclinan asimismo hacia José, reconociendo su grandeza. Dice el versículo 11 de este capítulo 37: *Y sus hermanos le tenían envidia, mas su padre meditaba en esto.* No sólo había envidia, sino un oscuro sentimiento del carácter irrevocable de aquellos sueños proféticos. ¿Y si se convertían en realidad? La envidia provocará pues una rebelión contra la realidad contenida en aquellos sueños. Era una rebelión contra el carácter divino de los sueños de José. Sólo parecía haber dos posibilidades: reconocer los méritos de José, a quien Dios había concedido la capacidad de soñar proféticamente, o envidiarle aún más y deshacerse de él.

Las consecuencias de tal envidia fraternal fueron muchos años de duelo y dolor para su padre Jacob. Así como él engañó a su padre y robó la primogenitura de su hermano Esaú, ahora es engañado por sus hijos que le roban al predilecto. Hubo justicia para Jacob. Pero también se generaron grandes sufrimientos en la vida de José y sentimientos de culpabilidad entre sus hermanos.

4. La envidia es como la carcoma.

La envidia es carcoma de los huesos nos dice el libro de *Proverbios* (14: 30). ¿Cómo actúa la carcoma? Silenciosamente; su trabajo no se ve hasta que ya es demasiado tarde. La carcoma adulta es un pequeño escarabajo (del género *Anobium*) del que existen varias especies. Pueden vivir en los muebles de madera, en las vigas vegetales, aunque también existe la carcoma del pan y de otros materiales. Generalmente pone sus huevos en cualquier rendija o grieta de la madera, sus larvas se alimentan de dicho producto y escarban galerías en su interior. Se las ha llamado el "reloj de la muerte" porque son capaces de derrumbar los techos de las viviendas humanas, al debilitar las vigas. Pero hay un detalle interesante: los muebles bien pulimentados que no poseen rendijas o grietas no pueden ser atacados por la carcoma.

De la misma manera, la carcoma de la envidia no puede atacarnos si nuestras conciencias están bien pulimentadas con el pulimento del amor de Dios en nuestros corazones. Cuando se pone en práctica el mandamiento divino de *amarás a tu prójimo como a ti mismo* es como si puliéramos y barnizáramos nuestra alma contra el terrible insecto de la envidia.

¡Hermanos, no permitamos que aparezcan grietas o rendijas en nuestra alma! Cuando nos duele el bien de los demás, cuando en el fondo de nuestro ser sentimos rivalidad o celos, estamos abriendo fisuras en las que puede anidar la carcoma de la envidia. Sin embargo, Santiago (3: 13-18) nos recuerda, en la *Nueva Versión Internacional:*

¿Quién es sabio y entendido entre ustedes? que lo demuestre con su buena conducta, mediante obras hechas con la humildad que le da su sabiduría. Pero si ustedes tienen envidias amargas y rivalidades en el corazón, dejen de presumir y de faltar a la verdad. Ésa no es la sabiduría que desciende del cielo, sino que es terrenal, puramente humana y diabólica. Porque donde hay envidias y rivalidades, también hay confusión y toda clase de acciones malvadas. En cambio la sabiduría que desciende del cielo es ante todo pura, y además pacífica, bondadosa, dócil, llena de compasión y de buenos frutos, imparcial y sincera. En fin, el fruto de la justicia se siembra en paz para los que hacen la paz.

Hay cierta clase de personas que son inteligentes, brillantes, de palabra elocuente, pero cuya influencia en la Iglesia, en cualquier comisión o ministerio, produce dificultades, separa a la gente, fomenta conflictos y problemas. Tal clase de sabiduría tiene más de diabólica que de divina. Todas las fuerzas que trabajan por la división son contrarias a la voluntad de Dios y favorables a la causa del diablo.

¡Quiera el Señor apartarnos siempre de la temible carcoma de la envidia!

10
Los diez mandamientos

Ex. 20: 3-17

No tendrás dioses ajenos delante de mí...
No te harás imagen...
No tomarás el nombre de Dios en vano...
Acuérdate del día de reposo para santificarlo...
Honra a tu padre y a tu madre...
No matarás.
No cometerás adulterio.
No hurtarás.
No hablarás contra tu prójimo falso testimonio.
No codiciarás...

ESQUEMA

1. Jesús no elimina la ley sino que la sublima.

2. La vida fraterna es una comunión de santos, pero también de pecadores.

3. Los cristianos debemos honrar a los padres.

4. El cristiano debe respetar siempre la vida humana.

5. Y ¿qué hay del popular sexto mandamiento?

6. Mandamientos acerca del robo, la mentira o la codicia.

7. La congregación orquesta.

CONTENIDO

Es posible que alguien se pregunte, ¿por qué debemos los cristianos practicar los diez mandamientos, que fueron dados en el *Antiguo Testamento* al pueblo hebreo y forman parte, todavía hoy, de la religión judía? La respuesta es bien simple: porque seguir a Jesucristo implica cumplir con los mandamientos. Pero, ¿acaso la Gracia de Cristo no ha hecho inservible la ley dada a Moisés? ¿No dice Pablo que por las obras de la ley ningún ser humano será justificado delante de Dios? (Ro. 3: 20).

Es verdad que con la venida del Señor Jesús, la justicia de Dios, que había sido testificada en el *Antiguo Testamento*, por medio de la ley y los profetas, se manifestó en el *Nuevo Testamento*, por medio de la fe en Jesucristo, y que los antiguos sacrificios de animales en los altares de piedra, que intentaban justificar al hombre delante de Dios y borrar su pecado, fueron sustituidos por la fe sincera en el Maestro y, como escribe Pablo, los creyentes empezaron a ser *justificados gratuitamente por su gracia, mediante la redención que es en Cristo Jesús* (Ro. 3: 24). Todo esto es cierto; pero la fe no ha invalidado la ley. Lo dijo Pablo y lo enseñó también Jesucristo: *¿Luego por la fe invalidamos la ley? En ninguna manera, sino que confirmamos la ley* (Ro. 3: 31). La ley no es abolida. El mismo Señor Jesús lo enfatizó claramente (Mt. 5: 17-20).

1. Jesús no elimina la ley sino que la sublima.

¿Qué quiere decir esto? Pues que la vida cristiana es inseparable de los mandamientos. Aquello de "ten fe y haz lo que te dé la gana", que predicaban los gnósticos del siglo primero, no puede apoyarse en el verdadero mensaje cristiano. El Señor Jesús predicó más bien todo lo contrario: *Oísteis que fue dicho a los antiguos: No matarás; y cualquiera que matare será culpable de juicio. Pero yo os digo que cualquiera que se enoje contra su hermano, será culpable de juicio; y cualquiera que diga: Necio, a su hermano,* (le insulte) *será culpable ante el concilio; y cualquiera que le diga: Fatuo,* (le injurie gravemente) *quedará expuesto al infierno de fuego* (Mt. 5: 21-22).

Jesús no elimina la ley sino que la sublima al máximo: *Oísteis que fue dicho: No cometerás adulterio. Pero yo os digo que cualquiera que mira a una mujer para codiciarla* (con malos deseos) *ya adulteró con ella en su corazón* (Mt. 5:27-28). *Además habéis oído que fue dicho a los antiguos: No perjurarás, sino cumplirás al Señor tus juramentos. Pero yo os digo: No juréis en ninguna manera.* (Mt. 5: 33-34). De manera que Jesús recogió los diez mandamientos y desarrolló todas sus exigencias.

El decálogo se divide en dos partes muy claras. En la primera, habla acerca de las relaciones del hombre con Dios: *Amarás a Dios sobre todas las cosas, no tomarás el nombre de Dios en vano, guardarás el día de reposo.* En la segunda parte, relata las relaciones del hombre con su prójimo en los restantes mandamientos: *Honrarás a tu padre y a tu madre;* es decir, respeto a los padres; *no matarás,* refiriéndose al respeto hacia toda vida humana; *no cometerás adulterio,* el respeto al matrimonio; *no robarás,* respeto a la propiedad privada; *no dirás falso testimonio ni mentirás,* respeto a la verdad; *no desearás la mujer de tu prójimo,* respeto a tu matrimonio y al del prójimo, y, finalmente, *no codiciarás los bienes ajenos.*

Como cristianos del siglo XXI, no debemos pasar por alto ninguno de estos mandamientos de Dios. ¡Absolutamente todos y cada uno de ellos siguen estando vigentes todavía hoy! ¡El Señor quiere que respetemos a nuestros padres y cuidemos de ellos, que reconozcamos la santidad de la vida humana, que el odio o los deseos de violencia no aniden en nuestra alma, que valoremos nuestro matrimonio y el de los demás, que seamos fieles y hagamos todo lo humanamente posible por no romperlo, que no hurtemos nada que pertenezca a los demás, ni difamemos, ni mintamos, ni codiciemos nada del prójimo!

El cristiano no debe caer en ninguna de tales equivocaciones porque Dios las aborrece, al Señor le repugnan profundamente. Esta es la voluntad eterna de Dios que nos revela la *Biblia.* Pero, lo grave es que, en la misma comunidad cristiana, los creyentes estamos amenazados por el peligro de faltar a estos mandamientos de Dios, ya que para el cristiano, las relaciones con el prójimo empiezan ya dentro de la propia congregación, porque cada hermano es también un prójimo.

2. La vida fraterna es una comunión de santos, pero también de pecadores.

Santos, en el sentido de que hemos sido santificados por la sangre de Cristo, como dice Pablo, y también porque estamos "llamados a ser santos". Pecadores, por lo que todo el mundo sabe, porque en realidad seguimos pecando. Pues bien, en esta relación difícil de santos y pecadores a la vez, que es la congregación, Dios nos ha colocado para que tengamos comunión.

¿Qué debemos entender por *comunión?* Se trata de un amor que acepta lo que el otro es, lo que tiene de bueno y de malo. Y, además, para toda la vida. ¡No es que esto sea algo imposible! De hecho, este tipo de relación es frecuente entre las personas. Por ejemplo, es la relación conyugal sana, es también la amistad natural con personas que hemos elegido libremente y que tienen nuestros mismos gustos. Podemos decir que somos casi iguales, "almas gemelas". Sólo hay que esperar, al finalizar el culto del domingo, para ver cómo estas almas gemelas se buscan, para saludarse, para comunicarse, para estar en comunión, y esto es algo muy normal.

Pero vivir esta misma comunión con muchos, en el ámbito cristiano, con personas que no se han elegido y que, humanamente hablando, son extraños, cada uno con sus diferencias, con lo que tienen de bueno y de malo, con sus virtudes y pecados, ¡es algo que no le sale al ser humano espontáneamente! y que requiere un esfuerzo por nuestra parte. Convivir de manera cristiana con los demás es algo que sólo puede ser fruto de una experiencia privada con Dios. El diálogo íntimo con Jesús nos abre a la comunión con el hermano. Pero cuando no existe esta relación personal con el Señor, al menor roce se rompe la comunión y los mandamientos divinos empiezan a verse como algo orientativo, pero no como normas que se deben cumplir.

Entonces aparece ese individualismo espiritual, esa idea equivocada de creer que no necesitamos a nadie para adorar a Dios. Y puede empezar así un razonamiento equivocado: "¿No dice la *Biblia* que donde hay dos o tres reunidos en su nombre allí está el Señor? ¡Pues me quedo en mi casa y allí celebro el culto familiar! ¡Al fin y al cabo, los demás no son mejores que yo!, ¿por qué tengo que esforzarme trabajando en la iglesia?". Con estos pensamientos, matamos la relación fraternal y destruimos la comunión en el seno de las congregaciones.

Quizás sea este individualismo de creerse superior a los otros el pecado actual más frecuente y peligroso de muchas comunidades. El que hace que cuando topamos con la realidad del pecado del otro, lo primero que nos venga a la cabeza sea exorcizarlo y alejarlo de nosotros, construyendo así un muro artificial de separación para proteger una falsa santidad, un falso sentido de Cristianismo y de comunidad evangélica.

Si lo que deseamos es obedecer al Señor y seguir esforzándonos en crear comunión, en superar las divisiones, los antagonismos y las separaciones, es menester continuar dialogando con Dios y practicar la humildad y la misericordia de Jesucristo. Si hacemos esto, si ponemos en práctica la oración, el amor y el perdón, estaremos colocando a Cristo en el centro de nuestras relaciones interpersonales y, entonces, incluso desde la experiencia del mal, desde el conflicto o la discusión, nos resultará posible volver a construir la verdadera comunión. Este esfuerzo no es más que una respuesta al amor que el Señor ha tenido hacia nosotros.

El viaje que nos lleva a Dios no se hace en un tren de alta velocidad, que llega a su destino en un santiamén porque apenas para en su recorrido, sino en un tren que tiene tantas paradas como hermanos hay en la Iglesia, para que todos puedan subir y llegar juntos a su destino final.

Se cuenta que el Dux de Venecia, durante el rito de investidura, solía arrojar al mar un anillo, como signo de su matrimonio con la república marinera, que formaba su Estado. Decía que así se casaba con el mar y con todos los cangrejos que hay en él. Pues bien, el que es miembro de una congregación cristiana hace lo mismo: se casa con la comunidad y con todos los hermanos que la componen, sean amables o no. En la Iglesia estamos llamados a la unidad con todos, no sólo con los mejores o con nuestras almas gemelas, sino también con los "cangrejos". Y, lo cierto es que cangrejos hay en todas las congregaciones. Recordemos que se trata de esos crustáceos que siempre parecen empeñados en caminar hacia atrás. Por lo menos, eso les parece a los demás.

3. Los cristianos debemos honrar a los padres.

Este mandamiento del decálogo es como un interrogatorio para nuestra conciencia. ¿Estoy menospreciando a mi padre o a mi madre? ¿Los trato mal? ¿Abuso de ellos? Recordemos su importancia, ya que este es el primer mandamiento con promesa (Ex. 20: 12). En términos comunitarios, ¿cómo se porta mi congregación con los mayores? ¿Se les ignora, porque ya son viejos, o se les tiene en cuenta? ¿Se respeta y valora su experiencia? La comunidad que no tiene tiempo ni amor para con sus mayores, no está sana, tiene algún tipo de enfermedad. La Iglesia debe ser el lugar por excelencia donde los jóvenes consuelan y se preocupan de los ancianos.

4. El cristiano debe respetar siempre la vida humana.

Es muy probable que en una iglesia cristiana no haya nadie que tenga las manos manchadas de sangre por haber matado a alguien. Pero, ¿hasta dónde debe llegar ese respeto a los demás? ¿Existe, en algún rincón oscuro de mi alma, el deseo de que al otro las cosas le vayan mal? ¿Tengo resentimientos contra alguna persona y me niego a perdonarla? ¿No soy capaz de orar por quienes me han tratado mal injustamente? ¿He dejado de saludar a algún hermano? ¿Disfruto burlándome de alguien o hablando mal de otras personas? Todo esto tiene que ver también con el quinto mandamiento, que dice: *no matarás.*

Las relaciones comunitarias son como una red de pesca, donde cada nudo es un miembro del grupo, y cuando se interrumpe la comunicación entre dos miembros es como si se rompiese un hilo de la red, produciéndose un agujero que la puede hacer inútil para pescar. Por eso es tan importante que los miembros de la congregación sean personas capaces de tejer y destejer pacientemente las relaciones deterioradas, y de rellenar los posibles vacíos de comunicación. Necesitamos expertos en este arte de remendar las redes.

5. Y ¿qué hay del popular sexto mandamiento?

Este *no cometerás adulterio*, que con tanta frecuencia le hace sonreír al individuo contemporáneo, es un mandamiento que sigue estando vigente hoy. Seamos sinceros con nosotros mismos, y examinemos nuestras actitudes. ¿Me gusta recrearme en aquello que no le gusta a Dios? ¿Sexo fuera del matrimonio, pornografía, chistes obscenos, relación con amigos o amigas que me hacen caer en ciertas aberraciones morales? ¿Soy fiel a mi esposa o a mi esposo? ¿Qué ejemplo estamos dando a los hijos respecto a nuestras relaciones conyugales?

6. Mandamientos acerca del robo, la mentira o la codicia.

En cuanto a los mandamientos relacionados con estos temas, también hay una infinidad de preguntas que nos podríamos hacer: ¿estoy, de alguna manera, apropiándome de lo que no es mío? ¿He hecho trampas en los negocios o en los estudios? ¿He inventado, de otros, cosas o palabras que no han hecho o dicho? ¿Tengo envidia de alguien? ¿Codicio sus bienes o sus talentos? Cuando alguno de estos "gusanos" carcome nuestra alma, se genera una violencia sutil de ingratitud, que se lamenta siempre de lo pobre que es la congregación, o de los defectos y problemas que tiene, y los creyentes nos convertimos en "cangrejos protestones". ¡Como aquel judío que, después de salvarse atravesando el Mar Rojo sin ni siquiera mojarse los pies, fue a protestar a Moisés porque la humedad le había producido reuma!

7. La congregación orquesta.

Una congregación cristiana es como una orquesta. En ella hay de todo: violines que tocan armónicamente; preciosos instrumentos de metal que suenan de vez en cuando; otros son de madera; en una esquina, alguien sostiene una pequeña cortina de tubos metálicos, que nadie sabe muy bien para qué sirve; y hasta un enorme tambor, que esperamos que cuando suene no nos ensordezca; el señorial piano de cola que parece mucho más importante que los demás, etc.

Pues bien, la Iglesia es algo parecido. Hay dormilones, gruñones, puntuales y perezosos. Algunos se pasan de buenos, gente que a todo se adapta, personas complacientes de quienes todos abusan. Pero también entusiastas, simples, deprimidos, explosivos que se irritan de golpe pero pronto se arrepienten, desordenados que dejan las cosas en cualquier sitio, el que se enfada por todo aquello que se sale de la norma y se enfurece tanto que se coloca él mismo fuera de la norma.

Pero lo más importante es que cada uno entienda que el verdadero problema no está en el gruñón, ni en el lento, ni en el que siempre busca polémica, sino en cómo se sitúa él en esta orquesta singular, en cómo logra ponerse en "sin-tonía" o en "sin-patía" con los demás instrumentos, sin prevalecer sobre ninguno, ni acallar el sonido de nadie, sin presumir de solista o de maestro de orquesta, si ese no es su papel, sin enfadarse demasiado con el que desafina o entra a destiempo, o el que toca demasiado suave o demasiado fuerte. Lo bonito de esta particular orquesta es que todos aprenden a adaptarse a los demás, a sus capacidades y errores; que unos instrumentos complementan a otros, si es preciso improvisando y sin ajustarse estrictamente a una difícil partitura, sólo para virtuosos, donde se supone que nadie se equivoca. Y así sucede algo maravilloso, una especie de milagro, esos instrumentos que cuando están solos, a veces, suenan mal, al unirse producen belleza y armonía.

Una Iglesia formada por gente así, puede generar una nueva humanidad. El problema eres tú y soy yo, cómo amo a la gente, cómo perdono, cuál es mi grado de estima por lo que sucede aquí dentro, cómo ayudo a los demás cuando desafinan. Es la convicción de creer que, a veces, por medio de condiciones humillantes, de notas disonantes y de la experiencia del mal, es como el misterio de Jesucristo se expande por el mundo.

Pidamos a Dios misericordia y paciencia para seguir tocando en esta singular orquesta que es la comunidad cristiana. Una Iglesia así tiene que estar formada por personas que, por encima de todas las cosas, respetan y procuran seguir fielmente todos los mandamientos del Señor.

11
La bendición sacerdotal

Nm. 6: 24-26

Jehová te bendiga y te guarde.
Jehová haga resplandecer su rostro sobre ti y tenga de ti misericordia;
Jehová alce sobre ti su rostro y ponga en ti paz.

ESQUEMA

1. ¿Qué es una bendición?

    1.1. ¿Algo mágico?
    1.2. ¿Es un gesto?
    1.3. El final del culto.
    1.4. Verdadero significado de la bendición.

2. El rostro de Dios y el nuestro.

3. La paz de Dios y la nuestra.

4. El don del tiempo.

CONTENIDO

En el libro de *Números* encontramos una petición extraordinaria. Se trata de la oración empleada por los sacerdotes cuando bendecían al pueblo de Israel, en nombre de Jehová, y alzaban sus manos a la altura del rostro, dirigidas hacia la muchedumbre. Me gustaría que estas palabras del *Antiguo Testamento* fuesen también como una bendición muy especial para cada uno de nosotros. Algunos cristianos hoy tienen también la costumbre de saludarse y despedirse con la palabra "bendición" o "bendiciones". En general, se trata de un término que denota el otorgamiento de algún don. Pero, profundicemos más en tales términos bíblicos.

1. ¿Qué es una bendición?

¿Qué significado puede tener hoy la bendición sobre nuestra vida? ¿Se trata de una especie de conjuro casi mágico capaz de afectar la existencia del ser humano o es un simple saludo sin mayor trascendencia?

1.1. ¿Algo mágico?

Para muchos, la idea de bendición puede ir asociada a algo fantástico y misterioso que tiene relación con el mundo de la superstición. Se trataría, por tanto, de una palabra que trae buena suerte o, cuanto menos, aleja la mala fortuna.

1.2. ¿Es un gesto?

La idea de bendición se refleja también en ese gesto visible de Dios, que se ha hecho tradicional en el Pantocrátor, es decir, en la representación de Cristo como Dios todopoderoso. Gesto representado mediante la mano, que con dos dedos juntos se alza sobre todo el que la observa. Icono, fijado en el arte bizantino y en el románico, que representa a Jesucristo en los ábsides o las cúpulas de tantas catedrales católicas y ortodoxas.

1.3. El final del culto.

Quizá a otros, el término "bendición" les recuerda esas palabras del pastor al final del sermón, que ponen fin a un culto más o menos entretenido o provechoso. Incluso alguno, a veces, se da prisa por marcharse entre los primeros y la bendición le cae sobre la espalda, mientras la cara ya está vuelta hacia la salida.

1.4. Verdadero significado de la bendición.

Sin embargo, la bendición ocupa un puesto de relieve en la *Biblia*. Es como una comunicación de vida por parte de Dios. Y con la vida viene el vigor, la fuerza o el éxito que traen la paz de la mente y la paz con el mundo. Donde mejor se aprecia el sentido real de la bendición es en el libro del *Génesis*. El relato de la Creación está marcado con tres bendiciones del Creador:

a. Dios bendice las aves y los peces. Es significativo que la bendición vaya acompañada de la orden, *fructificad y multiplicaos*. Lo cual demuestra que en los planes de Dios la bendición está ligada a la vida y a la fecundidad.

b. Dios bendice el día séptimo. Así, el día de descanso se convierte en fuente de vida y de crecimiento.

c. Finalmente, el Creador bendice sobre todo al ser humano creado a su imagen: *...varón y hembra los creó. Y los bendijo Dios y les dijo: Fructificad y multiplicaos; llenad la tierra, y sojuzgadla, y señoread en los peces del mar, en las aves de los cielos,* (Gn. 1: 27-28).

La bendición inicial penetra la vida en su ritmo incesante de concepción, nacimiento y muerte. Solamente Dios tiene el poder de bendecir, porque sólo Él puede dar vida. El hombre, cuando lo hace, bendice en nombre de Dios, como representante suyo, pero no es lo mismo. El "bendecir" del hombre es un mero "bien-decir", ya que nuestra palabra sólo tiene poder para invocar; pero el "bendecir" de Dios es un "bien-hacer", un auténtico "bene-ficio". Evidentemente nuestras bendiciones no son como las de Dios.

El ser humano puede engendrar vida y transmitirla, pero es incapaz de crearla a partir de la nada. Típica es la oración de bendición sobre la mesa, ya presente en el *Antiguo Testamento*, pero el israelita no bendice el pan, el vino o los frutos de la tierra. No tendría sentido una cosa así. Bendice a Dios, es decir, alaba a Dios por los dones que hay sobre la mesa. Bendecir la mesa con los alimentos que contiene es un error. Al orar delante del sustento diario lo que hacemos, en realidad, es alabar al Creador por su obra que nos permite seguir viviendo. Pero nosotros no podemos bendecir como lo hace Dios, pues no podemos crear absolutamente nada nuevo.

2. El rostro de Dios y el nuestro.

¿Cómo puede el rostro de Dios resplandecer sobre alguien o mirarlo con agrado? Se trata de un símbolo de complacencia por parte del Creador, de una actitud amigable de favor y de gracia hacia el hombre. La luz del rostro divino significa su presencia iluminadora. La faz de la divinidad brilla sobre el ser humano cuando la existencia de éste es iluminada por la palabra y por la voluntad de Dios. Descubrir su rostro quiere decir, por lo tanto, recuperar nuestro auténtico rostro, darnos cuenta que somos hijos, no esclavos. Hemos sido liberados de las cadenas de la ley para movernos en el mundo, según el código del amor. Ser hijos de Dios comporta una mentalidad de hombres libres, y esto implica un rostro que manifieste nuestra condición.

Debemos procurar renovar también nuestro propio rostro porque cada uno de nosotros, lo queramos o no, es responsable de su propia cara. No se nos ha asignado, sin más, un rostro que simplemente debemos llevar, nos guste o no, sino que se nos ofrece la posibilidad de tener una identidad personal. El rostro lo construimos poco a poco a lo largo de toda la vida; lo merecemos, no lo heredamos. Sería tonto decir: " No puedo hacer nada por cambiar, esta es mi cara y yo soy así". Alguien ha dicho que, hasta los veinte años, tenemos el rostro que Dios nos da y a partir de esa edad el que nos merecemos. Por tanto, a pesar de lo que pueda aportar la herencia genética, se podría decir que la cara depende de mí, es responsabilidad mía, soy yo su artífice. No es cuestión de disfraz, ni tampoco de cirugía plástica. Porque el rostro al que nos referimos se forma desde dentro. Muchos rostros no son verdaderos, ya que están distorsionados, porque se fabricaron, o se rehicieron, desde fuera. Sin embargo, el rostro auténtico se forma desde dentro: *Jehová haga resplandecer su rostro sobre ti.* Cuando la luz del rostro de Dios ilumina la vida de la persona, el rostro lo manifiesta, ya que la cara es el espejo del alma.

El cristiano debe ser un rostro que busque otros rostros, porque, al fin y al cabo, los encuentros que cuentan son los que se dan entre rostros. Ciertas personas, que a lo mejor están a sólo unos centímetros de distancia, resultan inalcanzables porque no arriesgan el rostro, no se exponen. Presentan una cara enmascarada, protegida, casi escondida detrás de una careta. En estos casos, es muy difícil la comunicación sincera pues lo que aparece es la desconfianza, el instinto de defensa o la hipocresía. Cuando esto ocurre, por culpa de las desavenencias, de los malos entendidos, de los errores propios o ajenos, de la incomunicación, entonces se apartan los ojos del rostro del hermano. Y esto es lo peor que nos puede ocurrir porque, con la indiferencia, borro el rostro del otro y lo ignoro como si no existiera.

No debemos permitir que esto ocurra. Es necesario que como cristiano desmantele urgentemente mi rostro agresivo y hostil contra cualquier otro rostro. Debo liberarlo de todo instinto de dominio, de posesión o de querer utilizarlo para mis propios intereses. Tenemos la obligación de restituir la transparencia, la simplicidad y la acogida. Hay que echar mano del diálogo, de la conversación, del intercambio de ideas y opiniones, del sometimiento a la Palabra de Dios y de la concordia. Porque un futuro de paz no puede ser más que una auténtica "comunión de rostros".

3. La paz de Dios y la nuestra.

Jehová alce sobre ti su rostro y ponga en ti paz. Los rabinos judíos decían que "la paz es el sello de todas las bendiciones". Los cristianos también estamos llamados por el Evangelio a ser pacificadores. Pero, ¿qué es tener la paz de Dios? ¿Qué es promover la paz? Pues es actuar de tal manera que los seres humanos se digan "sí" los unos a los otros. La paz es el "sí" de la aceptación de cada ser humano como hermano, como prójimo; mientras que la guerra es el "no" del rechazo, de la exclusión del semejante, incluso a veces con la ayuda de las armas.

En ocasiones se cae en el error de pensar que la paz es un asunto del que sólo deben ocuparse los grandes de la tierra: políticos, jefes de Estado o militares. O que la paz sólo tiene que ver con vaciar arsenales atómicos, desmontar misiles, destruir armas nucleares o realizar complejos acuerdos diplomáticos. Pero no es así; no podemos delegar la paz en los poderosos. La paz es una cosa demasiado seria para dejarla en manos de los jefes. La paz necesita del trabajo de los pequeños individuos, de los ingenuos, de los "don-nadie", de las personas que no cuentan. La paz nos debe movilizar a todos sin distinciones. Cada ser humano puede ser declarado "útil" para las operaciones de paz. Cada uno de nosotros debe salir a campo abierto y afrontar al enemigo a golpe de perdón, tolerancia, comprensión, respeto, paciencia, bondad, confianza y estímulo.

Se trata de hacer callar los sentimientos y los deseos de venganza, de no dejarse alistar para batallas polémicas, de mantenerse a distancia del chisme y las murmuraciones, de evitar las trampas de la mezquindad y del egoísmo. Promover la paz, es también cortar las alambradas de los prejuicios. Ya lo decía Einstein amargamente: *Vivimos en una época en la que es más fácil romper un átomo que un prejuicio*; cortar igualmente la alambrada de las discriminaciones de todo género, y unir los hilos del diálogo, del entendimiento, con lo diferente o lo lejano. Es inútil quejarse constantemente de que en el mundo no hay paz, lo importante es reconocer, más bien, que quizás falte un pequeño trozo de paz: el tuyo o el mío. Porque ser pacificador es precisamente esto: estar dispuesto a decir "sí" a aquel rostro que nos provoca instintivamente el deseo de decir "no".

En la tradición judía, la bendición tiene su equivalente en el saludo. En este caso, bendecir significa saludar. "El Señor esté contigo" es una fórmula bastante frecuente, pero el "saludo-bendición" más habitual es "shalom", paz. Se trata de una buena manera de actuar. Cuando nos relacionemos, coloquemos el saludo en una perspectiva de paz. ¡Te deseo la paz, pero yo, por mi parte, me comprometo a ser persona de paz para ti! ¡El Señor se fije en ti y ponga en ti paz!, también a través de mí.

4. El don del tiempo.

Y pondrán mi nombre sobre los hijos de Israel y yo los bendeciré. Cuando el sacerdote ponía el nombre de Jehová sobre Israel estaba reconociendo que el pueblo pertenecía a Dios, y que quién tenía el nombre de Dios sobre Él podía estar seguro de ser bendecido.

La bendición es una palabra que quiere decir esto: todo viene de Dios y todo debe volver a él. Lo cual significa que el tiempo no nos pertenece, ya que es un don que recibimos cada día, de parte de Dios. La vida nos es dada, no es propiedad nuestra. Simplemente nosotros la recibimos continuamente de las manos de Dios; y si el tiempo es un don, no nos es lícito perderlo o emplearlo en vanidades o rellenarlo de vacío, malgastándolo a nuestro capricho, debemos reconocer y aceptar su valor. Esto implica que lo utilicemos para cosas dignas del ser humano.

Igual que el pan, también el tiempo ha de compartirse. En vez de perderlo o utilizarlo de forma egoísta, es necesario que aprendamos a hacer de él un verdadero don. Hay gente a nuestro alrededor que espera no tanto cosas, cuanto un poco de nuestro tiempo, de nuestra atención. En ocasiones, con la prisa y la indiferencia, robamos ese tiempo a que tiene derecho el prójimo. Porque el tiempo no es mío sino que es también del hermano. Cuando con demasiada prisa me justifico y digo: "no tengo tiempo", olvido una cosa: puedo no tener "mi" tiempo, pero queda un tiempo que no es sólo mío y que pertenece al otro, y este tiempo se lo debo dar, se lo debo restituir.

¡Que el Señor nos siga comunicando vida, nos siga bendiciendo, que su rostro ilumine nuestra existencia y renueve el nuestro, para que nunca apartemos los ojos del rostro del hermano y haya, así, "comunión de rostros"! ¡Que por medio de su paz nos haga auténticos pacificadores y aprendamos a compartir el tiempo con los demás!

12
Anchura de corazón

1 R. 4: 29 (29-34)

Y Dios dio a Salomón sabiduría y prudencia muy grandes
y anchura de corazón como la arena que está a la orilla del mar.

Sal. 119: 32 (2 Co. 6: 11)

Por el camino de tus mandamientos correré,
cuando ensanches mi corazón.

ESQUEMA

1. Anchura de corazón como amplitud de mente.

2. El corazón se ensancha cuando se libera de temores.

3. El corazón se ensancha cuando aprende a amar.

CONTENIDO

¿Qué significa pedirle a Dios que ensanche nuestro corazón? ¿Qué es tener anchura de corazón o decir, como Pablo, que su corazón se ha ensanchado? Pocas palabras han recibido tantos significados como la palabra "corazón". En nuestra cultura existen infinidad de dichos o refranes referentes a este término. Pongamos algunos ejemplos:

- "Abrir uno su corazón" significa sincerarse, intimar con alguien.

- "Me lo dice el corazón", es decir, lo presiento, creo que algo va a ocurrir, o dicho de otra forma, "tener una corazonada".
- "Me partió el corazón" es sentir compasión o lástima.
- "Se me clavó en el corazón" es ofenderse, dolerse por algo.
- "No tener corazón" es ser insensible, cruel, lo mismo que tener "un corazón de piedra".
- En cambio, tener "un corazón de oro" significa ser bondadoso, benevolente, o tener ánimo favorable; lo mismo que "ser todo corazón".
- Tener "el corazón en la mano" es ser franco, sincero. En cambio, si tenemos "el corazón en un puño" significa que estamos en un estado de angustia o aflicción.

El corazón, se considera en nuestra cultura como la sede de los sentimientos, del sufrimiento, la alegría o el deseo. Sin embargo, en la *Biblia*, el concepto de "anchura de corazón" o "ensanchar el corazón" tiene varios significados diferentes que no suelen coincidir totalmente con nuestra mentalidad occidental.

1. Anchura de corazón como amplitud de mente.

La *Nueva Versión Internacional de la Biblia* traduce este texto de forma que nos acerca más a su verdadero significado: *Dios le dio a Salomón sabiduría e inteligencia extraordinarias; sus conocimientos eran tan vastos como la arena que está a la orilla del mar.* Podemos decir pues que anchura de corazón sería lo mismo que tener conocimientos muy amplios. Este concepto no debe extrañarnos, ya que si en nuestra cultura el corazón es el órgano de los sentimientos o la emotividad, para los hebreos no era así, para ellos en el corazón residía el pensamiento. En el *Antiguo Testamento* "corazón" significa "mente". De esta forma, Dios concedió a Salomón "anchura de corazón", es decir, sabiduría, amplitud de mente y vastos conocimientos, ya que poseía una inteligencia superdotada.

Si repasamos los textos anteriormente leídos (1 R. 4: 30, 32, 34), vemos que Salomón era filósofo, moralista, poeta, botánico y zoólogo. Efectivamente, sus intereses eran muy variados, le gustaba observar la naturaleza que le rodeaba y conocerla incluso en sus mínimos detalles. También tenía fama de buen conocedor del comportamiento humano. El antropólogo norteamericano Ashley Montagu decía que *El hombre tiene una obligación moral: la de ser inteligente.* Dios quiere que desarrollemos al máximo los talentos que se nos concedieron. Los creyentes estamos llamados a desarrollar nuestros conocimientos y sabiduría. Si las personas inteligentes tienen la obligación moral de instruir a las ignorantes, ¡cuánto más los cristianos! Debemos valorar y fomentar el estudio entre nuestros jóvenes y adolescentes. Porque cuanto más preparados estén, mejor podrán servir en la extensión del reino de Dios en la Tierra.

2. El corazón se ensancha cuando se libera de temores.

Al contrastar diferentes traducciones de la *Biblia*, con el fin de aclarar el significado de este concepto, encontramos lo siguiente: la tradicional versión *Reina-Valera* del 60, dice así: *Por el camino de tus mandamientos correré, cuando ensanches mi corazón*. Parece que el salmista le pone una condición a Dios. Sin embargo, la *Nueva Versión Internacional* ofrece una perspectiva diferente, ya que afirma: *Corro por el camino de tus mandamientos, porque has ampliado mi modo de pensar*. Por tanto, no es una condición que pone el salmista, sino una consecuencia. Por su parte, la versión *Dios habla hoy* lo traduce así: *Me apresuro a cumplir tus mandamientos, porque llenas de alegría (ensanchas) mi corazón*.

"Ensanchar el corazón" tiene pues el significado de verse libre de apuros y problemas para servir mejor a Dios, llenarse de optimismo, gozo y alegría. El famoso novelista ruso, Máximo Gorki, escribió: *Un hombre alegre es siempre amable*. El creyente a quien Dios le ha ensanchado el corazón, lo ha llenado de alegría, no tiene más remedio que ser amable, que es lo mismo que dar amor. ¿Acaso no sentimos alegría el domingo, a la hora del culto, cuando nos reunimos como Iglesia, cuando nos saludamos fraternalmente, cantamos, oramos, reconocemos a los visitantes, etc.? ¿No se os ensancha el corazón, cuando veis la escuela dominical llena de niños, jóvenes y adultos estudiando la Palabra de Dios? ¿Es que no se os llena de alegría el corazón? Esta alegría debe llevarnos a cumplir con la voluntad del Señor, es decir, con sus mandamientos. Ser amables con las personas y dar testimonio de nuestra fe cristiana.

La alegría que el Señor pone en nuestro corazón, el optimismo de ser cristianos, hijos suyos, ovejas de su rebaño, es lo que el salmista llama "anchura de corazón". Y esta anchura de corazón debe ser el motor de nuestra responsabilidad cristiana.

3. El corazón se ensancha cuando aprende a amar.

¿Qué significa en la lectura de la segunda carta a los corintios que "nuestro corazón se ha ensanchado"? Pablo mostró un gran amor a los corintios al darles a conocer los aspectos más íntimos de su propia persona. Su corazón se había abierto, de par en par, para sus hermanos. El apóstol había arriesgado la vida por ellos (2 Co. 6: 3-10), con el fin de llevarles el Evangelio. Sin embargo, los corintios se mostraban mezquinos, lo trataban con recelo y desconfianza, dando más crédito a sus enemigos que a él mismo.

Se ha especulado ampliamente acerca de quienes podían ser estos enemigos de Pablo. Una de las últimas hipótesis afirma que se trataba de misioneros de Palestina, que habían llegado a Corinto, y se consideraban a sí mismos como superhombres, personajes celestes descendientes directos de Abraham, hebreos por excelencia convencidos de poseer una sabiduría superior, gracias al don particular que habían recibido del Espíritu. Creían que ellos no tenían por qué sufrir o sacrificarse por el Evangelio y que sus éxitos y sus riquezas eran la prueba de su poder como misioneros. Por eso, Pablo dice que él *se goza en las debilidades, en afrentas, en necesidades, en persecuciones, en angustias* (2 Co. 12: 5-13). El apóstol de los gentiles ataca a estos hombres orgullosos y hace especial hincapié en la propia muerte y en los sufrimientos de Jesucristo.

Cuando Pablo dice: *nuestro corazón se ha ensanchado,* tenemos que tener en cuenta que para los griegos, la palabra "corazón" *(splagchna)* representaba las vísceras superiores, como el corazón, el hígado y los pulmones. Era, por tanto, como para nosotros hoy, la sede de los sentimientos y las emociones. Lo que quiere indicar Pablo en este pasaje es: "Mi corazón sigue abierto hacia vosotros, os sigo amando aunque vosotros no me correspondáis".

Juan Crisóstomo decía que de la misma manera que el calor hace que todos los materiales se expandan, el calor del amor agranda también el corazón del hombre. Lo cierto es que Pablo sigue creyendo que la medida de una persona es la de su corazón. Los seres humanos que no saben perdonar, que no saben amar ni aciertan a ensanchar su corazón, padecen la peor de las enfermedades cardíacas. Lo que puede observarse en esta actitud del apóstol es que, a pesar de los recelos, de la murmuración, la mezquindad y la desconfianza, Pablo sabe ensanchar su corazón y nos da, así, ejemplo de un genuino comportamiento cristiano.

En resumen, puede afirmarse que el concepto "anchura de corazón" posee en la *Biblia* tres significados principales:

1. *Sabiduría* como la que Dios concedió a Salomón (1 R. 4).
2. *Alegría* como la que sentía el salmista al andar en los caminos del Señor (Sal. 119).
3. *Amor,* como el que Pablo tenía por los corintios.

¡Ojalá cada uno de nosotros aprendamos también a ensanchar nuestro corazón!

13
Religión y búsqueda de sentido

Job 14:1-14 (Pr. 4; Mt. 13: 34-35; Ro. 1: 21-25)

Si el hombre muriere, ¿volverá a vivir?
Todos los días de mi edad esperaré,
hasta que venga mi liberación.

ESQUEMA

1. ¿Tiene sentido la vida humana?

2. El invento de la religión.

3. El Cristianismo es una religión distinta.

4. Jesús como parábola viva.

CONTENIDO

El premio Nobel de literatura, Gabriel García Márquez, escribió un relato sobre cierto muchacho argentino que, en el año 1982, volvía a casa, después de participar en la guerra de las Malvinas. Había sobrevivido a los desastres de esa guerra. Cuando llegó a Buenos Aires, llamó por teléfono a su madre y le dijo que estaba ansioso por llegar pronto a casa, pero le pidió permiso para llevar consigo a un amigo que había sido mutilado por la guerra. Su amigo había perdido un brazo, una pierna y quedado ciego como tantos otros: *Es una ruina humana mamá -le dijo- pero no tiene familia ni lugar a donde ir*. La madre, muy feliz por oír hablar a su hijo, le respondió que volviera a casa cuanto antes, pero que, por favor, no llevara a su amigo, porque después de todo lo que ya había sufrido, no era capaz de aguantar más dolor, de soportar y cuidar a aquel hombre mutilado y sufriente, durante el resto de su vida. El muchacho colgó el teléfono y se suicidó. El amigo mutilado del que hablaba, no era un amigo, era él mismo.

Cuando leí por primera vez este relato de García Márquez, entendí por fin la famosa frase del libro de Albert Camus: *El mito de Sísifo: Sólo hay una cuestión verdaderamente importante para la filosofía: la cuestión del suicidio.*

1. ¿Tiene sentido la vida humana?

Los animales no se preguntan por estas cuestiones; no pueden; ellos viven siguiendo sus instintos naturales: nacen, comen, beben, se reproducen y mueren. No hay preguntas en ellos; no hay cuestiones existenciales; no hay decisiones dolorosas que hacer; su vida parece mucho más fácil que la nuestra. Quizás sea por eso, por lo que algunas personas les envidian o pretenden vivir sin pensar nunca en estas cosas, como hacen los animales.

Sin embargo, es menester realizar un gran esfuerzo para vivir así. Porque el hombre es un buscador nato del sentido de la vida. Es en los casos de emergencia cuando se plantea la cuestión del sentido de la vida. Ante la enfermedad, ante el sufrimiento, frente a la muerte, el hombre de todas las culturas, de todas las épocas, se ha preguntado: ¿por qué? Y en la medida en que ha encontrado sentido a las cosas, ha empezado a contarlo a los demás. Así han nacido los cuentos, las leyendas, los mitos, las culturas y la mayoría de las religiones. En el fondo, la mayor parte de los relatos que los hombres se cuentan entre sí han nacido del temor humano, del miedo a la muerte o al sin sentido de la vida. Y es que el hombre no puede vivir sin encontrar un mensaje en el mundo; no es capaz de vivir en la nada; vivir sin un sentido es imposible. Es lo que la filosofía llama el *horror vacui*: el vacío existencial nos da horror.

Para poder sobrevivir necesitamos que nuestra vida o nuestro trabajo tengan un sentido y necesitamos contar ese sentido a los demás. Por eso hacer narraciones, escribirlas y contarlas a otros ha sido la lucha permanente del hombre contra la experiencia del sin sentido y del absurdo, porque en el momento en que se reconoce que la vida no tiene sentido, entonces la única salida que queda es el suicidio. Y, dramáticamente, parece que Camus tuviera razón.

Por fortuna, pocas personas llegan a esta situación, incluso aunque no se encuentre algo que dé sentido a la existencia. El hombre y la mujer quieren vivir a pesar de que su vida no parezca tener una finalidad clara, o se viva en la desgracia. Ya decía don Miguel de Unamuno que *Los hombres desgraciados prefieren su desgracia a la no-existencia*.

Otra característica típicamente humana es la tendencia a la religiosidad. El ser humano ha sido llamado "un animal religioso". Como dijo el escritor Kafka: *No es posible que el hombre no crea*. Porque creer es conocer de alguna manera el sentido de la vida.

2. El invento de la religión.

Los tres sociólogos más influyentes en el estudio de las religiones han sido Marx, Durkheim y Weber. Ninguno de ellos era creyente y, además, los tres estaban convencidos de que la "ilusión religiosa", como ellos la llamaban, desaparecería poco a poco de la sociedad moderna. Uno de los principales argumentos que usaron, en contra de la religión, fue, precisamente, el de la existencia de tantas religiones repartidas por toda la Tierra. El hecho de ser cristiano, judío, musulmán o budista dependía, según ellos, del lugar dónde se había nacido. Esto hacía inviable la validez de cualquiera de tales creencias.

Marx estaba convencido de que todas las creencias religiosas no eran más que el producto de la autoalienación del ser humano. Su famosa frase *la religión es el opio del pueblo* pretende reflejar precisamente eso. Durkheim, por su parte, investigó mucho más que Marx el tema religioso y, aunque estuvo de acuerdo en que la religión tradicional desaparecería, llegó a la conclusión de que sería sustituida por alguna otra forma de religiosidad humanista, que no supo concretar muy bien. Posiblemente la política o cualquier tipo de religión civil que exaltase la libertad, la igualdad y la cooperación social, vendría a llenar el hueco dejado por las religiones clásicas.

Max Weber fue, sin duda, quien realizó el estudio más exhaustivo de las religiones alrededor del mundo, llegando a la conclusión de que tales creencias eran capaces de provocar grandes cambios sociales. El puritanismo protestante había sido, en su opinión, la fuente del capitalismo occidental, ya que el éxito material era entendido como signo de aprobación divina. Comparando las naciones protestantes con las católicas concluyó que éstas no habían prosperado tanto porque interpretaban el trabajo manual como un castigo y no como don de Dios.

Pues bien, el argumento fundamental de estos tres grandes sociólogos acerca de que la existencia de tantas religiones echaría por tierra su veracidad, demostrando que todas eran falsas, no deja de ser una afirmación subjetiva imposible de demostrar en la realidad.

3. El Cristianismo es una religión distinta.

El apóstol Pablo escribiendo a los romanos les dice: *Pues habiendo conocido a Dios, no le glorificaron como a Dios, ni le dieron gracias, sino que se envanecieron en sus razonamientos, y su necio corazón fue entenebrecido. Profesando ser sabios se hicieron necios, y cambiaron la gloria del Dios incorruptible en semejanza de imagen de hombre corruptible, de aves, de cuadrúpedos y de reptiles. [...] ya que cambiaron la verdad de Dios por la mentira, honrando y dando culto a las criaturas antes que al Creador, el cual es bendito por los siglos. Amén.* (Ro. 1: 21-25).

Pablo se refiere aquí a todos los paganos de la Historia que, aunque muchos de ellos en su intuición natural abrigaban la idea de un Dios Creador del universo, se negaron a adorarle y prefirieron volverse a la idolatría más burda. Se construyeron ídolos con apariencia humana y de diversos animales para rendirles culto. Fabricaron sus propias religiones politeístas e infundieron a sus dioses las mismas deplorables pasiones que anidan en el alma humana. El vacío de Dios les motivó, por consiguiente, la invención de tanta religiosidad hueca, incapaz de saciar la sed espiritual del hombre. Por eso existen tantas religiones diferentes en el mundo.

Sin embargo, no es imposible incluir de forma coherente el verdadero Cristianismo, el de Cristo, en ese mismo conjunto religioso, porque no se trata de una "religión" en el sentido que habitualmente se le da a este término, sino de una "relación" personal con Jesucristo. Las religiones son esfuerzos humanos por aferrarse al ropaje divino o por conectar con el sentido oculto del cosmos. No obstante, el Evangelio enseña que la condición humana, por sí misma, es incapaz de alcanzar a Dios y que requiere, por tanto, que sea él quien le tienda la mano. El individuo, por más religioso que sea, no puede salvarse a sí mismo, sino que necesita que el Creador se haga hombre, entre en la Historia y venga a salvarlo personalmente a través de Jesús.

Muchas religiones empezaron siendo meros sistemas filosóficos o de conducta moral, como la mayoría de las creencias tradicionales de Oriente, y acabaron convirtiéndose en religiones, aunque ni Buda, ni Confucio o Zoroastro se propusieron nunca que lo fueran. A diferencia de estas, el Cristianismo no es un sistema filosófico-moral, no es un catecismo de normas éticas, sino el plan de Dios para el ser humano. Es imposible comprender esto si no se cree y se experimenta, de ahí que muchos sociólogos no pueden entender la experiencia religiosa, porque no la viven, aunque opinen sobre ella.

Otra característica de la mayoría de las religiosidades es lo que podría llamarse su "endemismo", es decir, su adaptación exclusiva a la región o nación donde existen, aunque, durante la segunda mitad del siglo XX, algunas de estas religiones orientales han sido trasladadas al mundo occidental, casi como una amalgama religiosa o una moda exótica, para muchos. Lo cierto es que tales exportaciones tarde o temprano suelen fracasar, a no ser que arriben con las inmigraciones de los creyentes oriundos que las profesan. Esto significa que no se trata de religiones universales o transportables como la fe cristiana, sino que son creencias que han nacido en una sociedad con una idiosincrasia determinada y desempeñan ahí una función concreta, pero al ser trasladadas a otras culturas pierden gran parte de su significado original.

Sin embargo, el Evangelio de Cristo no está limitado por las fronteras geográficas o políticas, sino que es capaz de arraigar en el corazón de toda persona, sea de la etnia que sea, pertenezca a cualquier civilización o habite en el continente que habite. Tal es la universalidad y originalidad del Cristianismo.

Los sociólogos ateos o agnósticos tienen razón cuando acusan a la religión, y concretamente al Cristianismo, de muchas agresiones y guerras provocadas a lo largo de la Historia por el fanatismo de los hombres. Es verdad, por ejemplo, que los esfuerzos colonialistas europeos por someter a otras culturas se llevaron a cabo en nombre de las religiones cristianas. Aunque, probablemente, la mayoría de los misioneros que intentaron convertir a los pueblos paganos eran sinceros con sus propias creencias, arriesgando y, en muchos casos, perdiendo su vida, lo cierto es que destruyeron aquellas culturas tradicionales para imponer la suya europea.

También es verdad que casi todas las confesiones cristianas toleraron la esclavitud en América y en otras partes del mundo hasta el siglo XIX. Pero, al mismo tiempo, es menester reconocer que los ideales religiosos han desempañado papeles muy positivos para la sociedad; han servido para revolucionar y cambiar ciertas ideas sociales injustas que eran aceptadas por todo el mundo. Muchos líderes cristianos, por ejemplo, se opusieron a la esclavitud y a la discriminación racial, realizando una función clave para abolirlas. Participaron en la lucha por los derechos civiles durante los años sesenta en los Estados Unidos. La lista de comportamientos beneficiosos para la sociedad llevados a cabo por hombres y mujeres de fe es larga y conduce a la conclusión de que el sentimiento religioso ha desempeñado un papel ambivalente, con un lado positivo y otro trágicamente negativo.

Esto es cierto y así se debe reconocer. Pero aunque sea posible acusar a los cristianos de ciertos hechos, a Cristo no se le puede acusar de nada. Los hombres se equivocan a menudo, fracasan en su fidelidad, traicionan su fe y sus principios; sin embargo, Jesús permaneció fiel hasta la muerte en la cruz. Nadie puede culparlo absolutamente de nada. Esta es la grandiosa singularidad del Maestro. Mientras todas la religiones humanas intentar señalar la

verdad y el camino para hallarla durante esta vida, Jesucristo afirmó claramente que él era "el camino, la verdad y la vida". Ningún otro líder humano
ha sido capaz de decir esto. De ahí que la fe cristiana no pueda equipararse
con las demás religiones.

4. Jesús como parábola viva.

Los relatos, leyendas y mitos de todos los líderes religiosos de la Historia
son composiciones literarias más o menos bellas; sin embargo, las parábolas que
contó Jesús, a parte de su originalidad y estilo, llevan el sello de la veracidad y
la autenticidad que el Maestro les estampó con su sangre y con su resurrección.
Jesucristo no sólo narró historias, no sólo "dijo" parábolas, sino que "fue" la parábola viva de Dios. Él pudo predicar en parábolas porque era "la Parábola", el
mensaje de Dios al hombre. Y este mensaje nos dice que el suicidio es la mayor
equivocación que puede cometer el ser humano, porque la vida tiene sentido, y
ese sentido está en Cristo Jesús.

Él dijo: *De cierto, de cierto os digo: El que cree en mí, tiene vida eterna* (Jn. 6:
47). Estas palabras no son invento del hombre, sino la promesa veraz de Dios,
capaz de dar sentido a nuestra vida. No se trata de una religión inventada por
el hombre, sino de disfrutar de una relación personal con Jesús, el unigénito
Hijo de Dios.

14
Dios sonríe

Sal. 2:4

El que mora en los cielos se reirá.

Jon. 4:4

¿Haces bien en enojarte tanto?

ESQUEMA

1. La gran rebelión.

2. La sonrisa de Dios.

3. El buen humor como don cristiano.

CONTENIDO

El salmo número dos es el primero de los salmos reales o mesiánicos, llamados así porque destacan o alaban las virtudes de algún rey de Israel. En él se describe una acción histórica dramática. La subida de un rey al trono de Israel, tal vez del propio David, había despertado las envidias y amenazas de los reyes vecinos. Rebelarse contra la persona del rey, el ungido de Dios, era en aquella época como rebelarse contra Dios mismo. Salta a la vista, en seguida, que lo que se dice de este rey puede aplicarse perfectamente al Mesías: "el ungido de Jehová", "mi hijo eres tú", "te daré por herencia las naciones, y como posesión tuya los confines de la tierra", etc. Desde la perspectiva del *Nuevo Testamento*, el rey ungido es el Señor Jesucristo. Por tanto, es posible afirmar que este salmo tiene carácter de testimonio profético.

1. La gran rebelión.

Este mismo complot universal del que se nos habla aquí se produjo tan pronto como Jesús, el rey de los judíos, hizo su aparición en el mundo. Inmediatamente se aliaron Jerusalén y Roma, así como el Sanedrín y Pilato, para condenar al ungido de Dios. Cristo seguiría siendo piedra de tropiezo para los judíos y locura para los grecorromanos. Algunos personajes importantes de la Historia, como Saulo de Tarso, Herodes Antipas o los emperadores romanos, Nerón, Domiciano y Diocleciano, ilustran, por desgracia, la furia y la saña con la que se atacó desde el principio al Cristianismo.

En el fondo, la rebelión contra Dios y Jesucristo siempre ha tenido el mismo móvil: el deseo de emancipación moral, querer salir de la patria potestad de Dios, de la sujeción moral y espiritual del Padre. Es decir, abandonar definitivamente la tutela de Dios. El hombre caído ha sentido siempre un especial afán por romper las ligaduras divinas y por echar lejos sus ataduras.

No obstante, el salmista se sigue preguntando: *¿por qué se amotinan las gentes y los pueblos piensan cosas vanas?* La razón de la rebeldía humana no es intelectual, sino moral. No es el cerebro el que se subleva, sino el corazón. ¿Qué mal ha hecho Dios a los hombres para que lo aborrezcan? Es la pregunta que Jehová hace a Israel en *Miqueas 6:3*: *Pueblo mío ¿qué te he hecho, o en qué te he molestado? Responde contra mí.* Igualmente en *Isaías 5:4*: *¿Qué más se podía haber hecho a mi viña que yo no haya hecho en ella? ¿Cómo, esperando yo que diese uvas, ha dado agrazones?* Los agrazones son esos racimillos que no maduran nunca. Jeremías se lamenta de la misma forma (2:5): *¿Qué maldad hallaron en mí vuestros padres, que se alejaron de mí, y se fueron tras la vanidad y se hicieron vanos?* No hay respuesta válida por parte del ser humano que sea moralmente justificable.

En el Evangelio tenemos la única explicación dada por los judíos cuando Jesús les pregunta: *Muchas buenas obras os he mostrado de mi Padre, ¿por cuál de ellas me apedreáis?... No te queremos apedrear por ninguna obra buena sino... porque tú te haces Dios* (Jn. 10: 31-33). Es porque Cristo se hace igual a Dios y porque Dios es Dios, Soberano y Señor, que los hombres se rebelan contra él.

En nuestro tiempo muchos poderes humanos se unen y adoptan una actitud anticristiana: políticos, sociólogos, filósofos, educadores, dirigentes de los medios de comunicación, etc., todos parecen confabulados para atacar de un modo u otro el mensaje cristiano. Pese a las apariencias, la *Biblia* nos dice que los que piensan así no triunfarán, pues *piensan cosas vanas*. Este será siempre el resultado de toda oposición a Dios.

2. La sonrisa de Dios.

Se ha escrito poco acerca de la risa o la sonrisa de Dios. Podríamos decir que no existe una teología de la sonrisa divina, a pesar del fenómeno carismático de la bendición de Toronto. Sin embargo, el teólogo Karl Rahner escribe: *Dios sonríe en el cielo de todas las oscuras complicaciones de una historia que es cruel, sanguinaria, loca y vulgar. Pero Dios se ríe con calma. Y con ello afirma que incluso la más pequeña sonrisa pura y delicada, que brota de no importa dónde, desde un corazón recto, ante cualquier tontería de este mundo, refleja una imagen y un rayo de Dios. Es una señal del Dios vencedor.* La sonrisa de Dios es el adorno de su amor o la manifestación de que él nos ama. Por eso es capaz de sonreír.

Donde más evidente resulta esto es en el *Libro de Jonás*. Se trata de una pequeña obra maestra de humorismo bíblico. La mezquindad, la ruindad, la estrechez mental del profeta, frente a la grandeza y generosidad de Dios, hacen brotar la chispa del humorismo. El testarudo profeta, accede a la orden de Dios y decide recorrer Nínive gritando: *Dentro de cuarenta días Nínive será destruida* (Jon. 3: 4). Jonás se siente satisfecho porque ha realizado perfectamente bien su trabajo. Se diría que incluso ha disfrutado anunciando la desgracia que esperaba a los desventurados ninivitas. Y ahora ya puede sentarse, cómodamente, debajo de su techo de ramas y prepararse para presenciar el inminente holocausto de aquellas gentes.

La teología de Jonás es perfectamente ortodoxa y correcta: "Dios ha dicho que dentro de cuarenta días Nínive será destruida y él no puede mentir". Sin embargo, la mente de los ninivitas empieza a cavilar de otra manera. La palabra de Dios atravesó sus corazones como un puñal certero y se inició el arrepentimiento. La rebeldía inicial dio paso a la conversión sincera: *Conviértase cada uno de su mala vida y quizás Dios se compadezca y no perezcamos.* Y en efecto, así ocurrió: *Vio Dios su conversión y arrepentimiento, se compadeció y no destruyó la ciudad* (3:10).

Lo más chocante de la historia es sin duda la actitud de Jonás. Se puso a orar pero no para darle gracias a Dios por haber cumplido bien con su misión. No, ni mucho menos. Se presenta ante Dios con una especie de pataleo infantil, porque se había suspendido el espectáculo: *Jonás sintió un disgusto enorme, y estaba irritado y oró al Señor y le dijo: ¿No es esto lo que me temía, estando aún en mi tierra?* Esta respuesta de Jonás es una de las mayores pinceladas humorísticas de toda la *Biblia*. Es como si dijese: "¡Sabía que esto iba a ocurrir! ¡Primero te pones serio y después te dejas conmover por estos miserables pecadores. Y claro, ellos lo saben y se aprovechan de tu bondad! ¡Y yo hago el ridículo!". En vez de enloquecer de alegría, de aplaudir a Dios porque ama a todos los hombres, incluso a los que parecían irrecuperables, Jonás exclama: *¡Ahora Señor, quítame la vida; más vale morir que vivir!* No es capaz de captar el humor de Dios porque no puede comprender la profundidad y seriedad del amor divino.

Por último, a Jonás le da un fuerte dolor de cabeza, tanto, que Dios hace que le crezca una calabacera para proporcionarle sombra y aliviarle de ese sufrimiento. Pero Dios continúa sirviéndose de la sonrisa y de sus inigualables golpes humorísticos. Aparece un gusano que corroe la planta y sobreviene el "recio viento solano" que pone en peligro su vida. *El que mora en los cielos se reirá:* solamente aquél que ama de verdad puede sonreír ante las mezquindades humanas. Porque el amor siempre vencerá.

3. El buen humor como don cristiano.

No sé si teológicamente es muy correcto hablar del humorismo como carisma o como don cristiano, pero desde la óptica de la Iglesia de Jesucristo, sí me atrevería a reivindicar una nueva y necesaria diaconía de la sonrisa. Hay ya tantas personas que se encargan de regalar a sus hermanos solamente dolores, heridas, amarguras, desilusiones y problemas, que me parece urgente y necesario restablecer el equilibrio y la concordia. Es decir, que haya alguien que se encargue de hacer olvidar a los demás los sufrimientos que les causan sus semejantes.

No existe servicio más hermoso que el de disminuir las tensiones, suavizar las aristas, limar asperezas, infundir valor en la lucha diaria, o sea, predisponer a la sonrisa: *Bienaventurados los pacificadores, porque ellos serán llamados hijos de Dios.* (Mt. 5: 9). La diaconía de la sonrisa sería un reflejo de aquel Dios que ha venido a la Tierra para traernos la alegría: *Has amado la justicia y aborrecido la maldad; por tanto, te ungió Dios, el Dios tuyo, con óleo de alegría más que a tus compañeros* (Sal. 45: 7). La *epístola a los Hebreos* (1: 9) nos recuerda este mismo texto enseñándonos que ese "ungido con óleo de alegría" es Jesucristo mismo.

Por mucho que los hombres se amotinen contra Dios, nunca podrán borrar la benévola sonrisa paciente que hay en su rostro, y todos nosotros, como hijos suyos, estamos llamados a ese ministerio, a esa singular diaconía de la sonrisa.

15
La revelación natural y la bíblica

Sal. 19: 1

Los cielos cuentan la gloria de Dios,
el firmamento proclama la obra de sus manos.

Sal. 19: 7

La ley del Señor es perfecta: infunde nuevo aliento.
El mandato del Señor es digno de confianza: da sabiduría al sencillo.

ESQUEMA

1. La creación de Dios.

    1.1. Lo infinitamente pequeño.

    1.2. Lo infinitamente grande.

    1.3. La Ciencia no puede matar a Dios.

    1.4. El orden y la continuidad.

    1.5. Un astro rey llamado Sol.

2. La ley de Dios.

    2.1. La arrogancia de la perfección.

    2.2. El deseo de agradar a Dios.

    2.3. Las huellas de Dios.

CONTENIDO

Tanto desde el punto de vista poético, como desde el religioso, el *salmo* 19, es una auténtica joya. Podemos considerarlo dividido en dos partes principales. La primera, dedicada a la presencia, gloria y potencia de Dios, proclamadas por la creación (1-6). La segunda parte habla del encuentro con Dios, a través de su ley (7-14). El salmista dice que poseemos dos fuentes básicas de información acerca de la divinidad: la creación y su palabra. El célebre escritor Víctor Hugo, decía: *Produce una inmensa tristeza pensar que la Naturaleza habla, mientras el género humano, no escucha.* No obstante, sería posible preguntarse: ¿cómo nos habla la naturaleza?

1. La creación de Dios.

Los cielos cuentan la obra de Dios, y el firmamento anuncia la obra de sus manos (v. 1). El firmamento es como un inmenso púlpito silencioso, pero extraordinariamente elocuente. Los cielos son predicadores mudos, a los que no les hace falta hablar para contar la grandeza del Creador. Y aquí es donde resulta oportuna la frase de Pablo: *Las cosas invisibles de él (Dios), su eterno poder y deidad, se hacen claramente visibles desde la creación del mundo, siendo entendidas por medio de las cosas hechas, de modo que no tienen excusa* (Ro. 1: 20). En todos los tiempos, las mentes más sencillas se han extasiado al contemplar la grandeza del universo. Es difícil mirar las estrellas en una noche de verano y no pensar en su Hacedor. Máxime cuando se las observa a través de las lentes de potentes telescopios astronómicos.

Sin embargo, la arrogancia del hombre es capaz de menospreciar este mensaje del firmamento. Es famosa la frase del pensador francés, Augusto Compte: *Los cielos proclaman la gloria del astrónomo* que refleja claramente el cientifismo ateo. Pero, ¿es que acaso ha creado algo el astrónomo? ¿No es él mismo un mero observador? A pesar del positivismo ateo modernista, millones de criaturas son capaces de escuchar el singular sermón que diariamente predican los cielos.

1.1. Lo infinitamente pequeño.

Los conocimientos científicos actuales no descartan la existencia de Dios, sino que más bien conducen a ella, o por lo menos la posibilitan. Hoy sabemos, por ejemplo, que una simple gota de agua está formada por miles de millones de moléculas idénticas. Cada una de las cuales mide la minúscula cantidad de diez elevado a menos nueve metros. Es decir, la diez mil millonésima parte de un metro. Como es sabido, las moléculas están formadas por átomos, los átomos, por un núcleo central y múltiples electrones que giran a su alrededor a la velocidad de la luz. Pero el núcleo, a su vez, está constituido por protones, neutrones y otras muchas partículas, que como los pequeñísimos *quarks*, sólo miden diez elevado a menos dieciocho metros. O sea, que si el átomo fuera como un globo de 200 metros de diámetro (el doble de lo que mide un campo de fútbol) su núcleo de protones y neutrones sería más pequeño que la cabeza de un alfiler.

¿Qué es entonces la materia? ¿Puro vacío? Sabemos que hay un inmenso vacío entre las partículas elementales. Si todos los átomos que componen el cuerpo de una persona se juntaran hasta tocarse, esta sería invisible, porque tendría sólo unas milésimas de milímetro.

1.2. Lo infinitamente grande.

Todo esto, que es verdad para lo infinitamente pequeño, puede aplicarse también a lo infinitamente grande. La Física cuántica nos lleva de la mano a la Cosmología. Si miramos las estrellas, ¿qué encontramos? Una vez más el vacío intergaláctico. Millones o miles de millones de años-luz separan unas estrellas de otras. Los físicos piensan ahora que las partículas elementales del átomo son en realidad "campos" o "fuerzas inmateriales". Se cree que el tejido que forma las cosas no es material, sino abstracto. Podríamos decir que la materia es "casi nada". El corazón de lo real es "humo matemático". ¿Qué hay debajo de esa "nada", en cuya superficie reposa el "ser"? ¿Existe alguna relación entre materia y espíritu?

1.3. La Ciencia no puede matar a Dios.

Jean Guitton, el famoso filósofo francés que fue miembro de la Academia Francesa y alumno de Bergson, dice en su libro *Dios y la ciencia: Mi razón me obliga a decir que lo desconocido que se esconde detrás del cosmos es una inteligencia calculante, racional, que regula, que dirige, que anima el cosmos, y que hace que ese cosmos no sea caos, sino orden*. Y continúa un poco más adelante: *Hoy deseo dar la razón a Bergson y a Theilhard; como ellos, estoy tentado de creer que la materia está hecha de espíritu y que, por lo tanto, nos conduce directamente a la contemplación de Dios.*

A principios de siglo, en la época moderna, la mayoría de los hombres de ciencia, estaban convencidos de que la investigación científica y tecnológica mataría a Dios. Actualmente, podemos decir que eso no ha sido así, sino todo lo contrario. Hoy, como ayer, los cielos siguen contando la Gloria de Dios y el firmamento continúa anunciando la obra de sus manos.

1.4. El orden y la continuidad.

En la Creación hay continuidad, ritmo y orden. Podemos fiarnos de la periodicidad del día y la noche y la de las estaciones. Esta especial predicación de la naturaleza no se expresa mediante palabras, sin embargo, su lenguaje es tan claro y tiene una voz tan alta, que alcanza hasta los límites del orbe.

El ser humano ha aprendido, gracias a ese orden, a guiarse y orientarse por medio de las estrellas. Sin embargo, la actividad humana está alterando las estaciones y el clima. El orden y la continuidad de nuestro mundo se resienten de tanta contaminación generada por la industria y los medios de comunicación.

1.5. Un astro rey llamado Sol.

El salmista habla del astro rey para referirse al Sol y algunos eruditos han creído ver, en estos versículos, imágenes mitológicas de otros pueblos orientales, acerca del mito del Sol. No obstante, debemos tener en cuenta que el escritor bíblico está utilizando un lenguaje poético, no científico. Cuando nos referimos a los puntos cardinales, en nuestra propia lengua, solemos decir: "El Sol sale por el Este, y se pone por el Oeste", sin embargo, sabemos que no es el Sol el que se mueve sino la Tierra.

En la *Biblia*, la contemplación de la naturaleza no se efectúa con la mirada del científico, sino con los ojos de la fe. El salmista dice lo mismo que *Génesis* 1: 17, a saber, que los astros no son dioses, ni siquiera el Sol, sino que son creación de Dios. Se pretende enseñar fundamentalmente que no hay que adorarlos. La intención aquí es descartar toda idea de politeísmo y toda creencia astrológica, como la que tenían los pueblos vecinos de Israel. Por el contrario, los cielos son testigos de la grandeza de Dios. El Sol, la Luna y las estrellas son obra de Dios ya que *les puso Dios en la expansión de los cielos para alumbrar sobre la Tierra*.

Por desgracia, el indiferente a este mensaje se muestra, a pesar de todo, sordo y ciego ante la revelación de la naturaleza. A eso se refiere precisamente el dicho popular, al señalar que no hay peor sordo que el que no quiere oír. En nuestra vida cotidiana, hay poco tiempo para pararse y contemplar el firmamento. El hombre y la mujer actuales tienen una prisa agobiante y están perdiendo la capacidad de admiración ante la belleza del mundo natural. Miles de personas se dirigen en su tiempo de ocio a las playas y quizás se tuestan bajo un ardiente Sol, pero están tan acostumbradas a él, que ni siquiera reparan en su majestuosidad y belleza. Quizá, alguna vez, casualmente, les sorprende, por unos segundos, una puesta de sol y perciben algo de su grandiosidad. Pero, lo cierto es que, frente a esta insensibilidad e indiferencia, no basta la belleza de la Creación para el conocimiento de Dios. Sólo quien conoce la ley o la palabra de Dios puede decir que ha encontrado al Dios vivo.

2. La ley de Dios.

Solamente quien está familiarizado con la ley divina puede comprender después el lenguaje concreto de la creación. De manera que el Dios de la ley conduce al Dios de la Creación. El mensaje de los cielos es insuficiente para darnos un conocimiento más profundo acerca del carácter de Dios. Como escribió Lord Bacon: *Está escrito: Los cielos cuentan la gloria de Dios, pero no está escrito: Los cielos cuentan la voluntad de Dios.* Ya que la voluntad del Sumo Hacedor sólo se expresa a través de su ley.

Quizá al llegar a este punto, alguien se pregunte: ¿cómo es posible que la ley sea el lugar de encuentro con Dios? La ley implica obediencia y el hombre ha aborrecido siempre esa palabra. Sin embargo, en la conciencia del pueblo judío estaba arraigada la convicción de que Yahvé está cercano siempre a través de la ley. Por ejemplo, esto se aprecia bien en las palabras que Moisés dirigió al pueblo del éxodo, cuando estaba próximo a la tierra prometida:

Mirad, yo os he enseñado estatutos y decretos, como Jehová mi Dios me mandó, para que hagáis así en medio de la tierra en la cual entráis para tomar posesión de ella. Guardadlos, pues, y ponedlos por obra; porque ésta es vuestra sabiduría y vuestra inteligencia ante los ojos de los pueblos, los cuales oirán todos estos estatutos, y dirán: Ciertamente pueblo sabio y entendido, nación grande es esta. Porque ¿qué nación grande hay que tenga dioses tan cercanos a ellos como lo está Jehová nuestro Dios en todo cuanto le pedimos? Y ¿qué nación grande hay que tenga estatutos y juicios justos como es toda esta ley que yo pongo hoy delante de vosotros? (Dt. 4: 5-8).

Dios se acerca al hombre por medio de su ley justa. No hay que olvidar que la ley aún no había sufrido los ultrajes de los doctores, ni de los moralistas. Todavía no era ese yugo insoportable, hecho de prescripciones externas, del que nos libraría Cristo. La ley, en ese momento, era una guía y una luz que conducía hacia el Señor. La ley de la que nos habla el salmo es una ley al servicio del hombre cuya finalidad era la realización plena de su destino. Se trata de una ley escrita en el corazón, tal como sugiere el profeta Jeremías: *Meteré mi ley en su pecho, la escribiré en sus corazones* (Jer. 31: 33).

Karl Barth, el gran teólogo protestante, escribió: *Una ley externa es siempre molesta y sofocante y ante ella nos entran ganas de huir. Nos repite siempre el mismo estribillo: "debes". Y nosotros respondemos: no puedo, no soy capaz, no tengo ganas. En cambio, la ley escrita en el corazón nos dice: "puedes". Entonces la obediencia pedida por Dios, no es un cumplimiento del deber, sino que obedecer significa: poder obedecer en libertad y con responsabilidad.* No somos esclavos de la ley, somos libres, porque Cristo nos hizo libres. Para quien lleva la palabra de Dios escrita en el corazón, la voluntad del Señor no es una pesada carga, sino la mayor de las libertades. Es por la ley, es decir, por medio de la palabra, que podemos encontrar a Dios. Es leyendo la *Biblia* como podemos conocerle personalmente. Aquello que se aprende en los mensajes, conferencias, clases de escuela dominical, etc., está muy bien, todo contribuye a nuestro crecimiento personal, pero la lectura privada de la Palabra es indispensable para conocerle y saber su voluntad.

2.1. La arrogancia de la perfección.

Sin embargo, no podemos contentarnos sólo con la observancia de la ley. El hecho de que guardemos todos los mandamientos divinos no nos libra, por ejemplo, del pecado de la arrogancia. De esto previene el versículo 13: *Preserva también a tu siervo de las soberbias (o arrogancia); que no se enseñoreen de mí.* No existe mayor contradicción que la de una persona soberbia que se crea religiosa. ¿Puede un cristiano ser arrogante? Dice el libro de *Números* 15: 30-31: *Mas la persona que hace algo con soberbia, (o sea, sobreponiendo su propia voluntad a la de Dios), ultraja a Jehová; esa persona será cortada de en medio de su pueblo. Por cuanto tuvo en poco la palabra de Jehová y menospreció su mandamiento.* Si se tiene la revelación natural y además se conoce la ley de Dios, ¡cómo es posible ser arrogantes! ¡Cómo puede el ser humano hacer su voluntad dándole la espalda a Dios!

2.2. El deseo de agradar a Dios.

Cuando se comprende la doble revelación, se sabe escuchar la voz de los cielos y se cree sinceramente que la ley de Dios es perfecta, entonces se puede concluir con el salmista: *Sean gratos los dichos de mi boca y la meditación de mi corazón delante de ti, oh, Señor, roca mía, y redentor mío* (v. 14).

Después de que Fritz Kreisler, el gran violinista, terminara uno de sus admirables conciertos, una joven se acercó y le dijo: "Señor Kreisler, daría mi vida por tocar el violín como lo hace usted". El músico la miró sonriente y le respondió solemnemente: "Mi querida señorita, eso es exactamente lo que yo di. Ofrecí toda mi vida al arte." Vivir un estilo de vida cristiano es algo muy parecido a ser un prestigioso violinista, ya que se requiere toda una vida de práctica. Un constante esfuerzo por mejorar y permanecer fieles a la Palabra para finalmente oír a Dios decir: "Bien, buen siervo y fiel".

2.3. Las huellas de Dios.

"Padre", dijo el niño levantando la cabeza del libro que leía, "¿cómo sabes que Dios existe?" "¿Por qué haces esta pregunta? ¿Acaso dudas de la existencia de Dios?", replicó el padre. "Bueno", contestó el chico, "uno de mis profesores me dijo que no podemos estar seguros de que haya Dios". "¿Recuerdas, hijo mío, la historia de Robinson Crusoe cuando se asustó porque vio huellas de pisadas humanas que no eran suyas en la isla? ¿Había visto Crusoe a esas personas? No, lo que había visto era la marca de una pisada en la arena y sabía que no podía ser suya. Sabía que aquel que había pisado la arena no podía estar lejos, porque la marea no había

avanzado y la huella no se había borrado. Aunque no había visto a ningún ser humano, sabía que debía estar por allí cerca; pues de la misma manera, la existencia de Dios, como origen y causa de la naturaleza, tiene muchísimas y más fuertes pruebas que el hallazgo de una simple pisada en la arena. Si la huella de un pie descalzo en la playa es una prueba absoluta de la existencia y presencia de un ser humano, ¿qué hemos de suponer cuando vemos "huellas del calzado del Señor", como las llama Bunyan, que cubren el ancho mundo de un extremo a otro? Vemos sobre montes y valles el rastro de Dios. Vemos mil plantas, árboles y flores, y esto sólo puede haberlo hecho Dios." (Vila, 1992 (2): 19).

16
El Dios personal

Sal. 139: 1-2

Señor, tú me examinas, tú me conoces.
Sabes cuándo me siento y cuándo me levanto;
aún a la distancia me lees el pensamiento.

Sal. 139: 23-24

Examíname, oh Dios, y conoce mi corazón;
pruébame y conoce mis pensamientos;
y ve si hay en mí camino de perversidad,
y guíame en el camino eterno.

ESQUEMA

1. El Dios omnisciente (1-6).

2. El Dios omnipresente (7-12).

3. El Dios omnieficiente (13-18).

4. Una doble oración (19-24).

CONTENIDO

Se trata de uno de los salmos más notables y bellos, por la profundidad de su contenido, que recuerda algunos pensamientos de Job así como del libro de *Eclesiastés*.

1. El Dios omnisciente (1-6).

El verbo *hagar*, que se traduce por "examinar", significa literalmente "cavar". Se usaba para la excavación en busca de metales preciosos (Job 28: 3), así como para todo acto de investigación o exploración minuciosa. El salmista se refiere a la indagación de lo que hay en la mente de la persona, en lo más oculto de sus pensamientos. Dios sabe desde lo más cotidiano: "mi sentarme y mi levantarme", hasta lo más íntimo de "mis pensamientos". Por eso conoce incluso nuestras palabras antes de ser pronunciadas. Nuestros actos, expresiones, pensamientos y la vida entera está completamente desnuda delante Dios. La mirada divina observa todo lo bueno, pero también lo pecaminoso que hay en nuestra vida. Como señala el *Salmo* 130: 3: *Dios, si mirases a los pecados ¿quién, oh Señor, podrá mantenerse?* Nadie puede escapar al examen divino puesto que Él lo sabe todo.

Esto, que podría parecer terrorífico, es, sin embargo, maravilloso para el salmista. El ser mismo de Dios, sus atributos, son tan "altos que no los podemos comprender". Nuestra mente finita, ¿cómo abarcará al Infinito? La razón humana, ¿cómo comprenderá al Santo? Las especulaciones de los hombres temporales, ¿cómo podrán apreciar correctamente la grandeza del Eterno? Por tanto, ante Dios sólo cabe una actitud de adoración reverente.

2. El Dios omnipresente (7-12).

Es inútil huir de Dios. Es imposible escapar a la realidad de su presencia. El Creador ocupa todos los espacios posibles. Tanto la dimensión vertical de la omnipresencia divina, desde la altura de los cielos a las profundidades del abismo, como la dimensión horizontal, desde el oriente hasta el extremo del occidente, absolutamente todo está empapado de su presencia. Algunos pueblos paganos creían que el cielo y el hades pertenecían a dioses diferentes. En el reino de uno se podía hallar refugio y protección contra el otro. Pero esto no funciona con el Dios verdadero. Ni siquiera las tinieblas sirven para esconderse de Dios.

Aunque haya momentos y situaciones en la vida humana, en los que se actúa con torpeza y el error o el pecado brotan de nuestro comportamiento, en esos instantes de ofuscación en los que creemos estar solos, porque aparentemente nadie nos ve, ahí se encuentra Dios observando lo que hacemos, con su visión capaz de atravesar cualquier tipo de oscuridad. Él tiene siempre delante nuestro pasado, presente y futuro, nada puede apartar de su mente la visión de nuestra maldad; nada, excepto la sangre de Cristo, si es que por la fe hemos sido rescatados a través de ella. Esta es la maravillosa redención que Dios proveyó para el ser humano.

3. El Dios omnieficiente (13-18).

El Dios omnisciente y omnipresente es también el Dios *omnieficiente*. El hacedor de todas las cosas. El artesano de todo lo que existe, incluido el propio ser humano. En el versículo 13, el salmista explica que fue Dios quién lo formó en el vientre de su madre. Allí fue tejido su cuerpo de forma admirable. Células, tejidos, órganos, todo fue dispuesto con sabiduría y arte. El pensamiento del salmista trasciende los límites de la embriología para remontarse a la esfera de la teología. Por encima de todo el desarrollo embrionario está la acción divina.

Durante la época moderna, sin embargo, en el mismo proceso que el salmista veía a Dios, muchos científicos creyeron ver todo lo contrario: la ausencia de Dios. Algunos naturalistas del siglo XIX, influidos por la famosa teoría de la evolución de las especies, pensaron que el desarrollo del embrión en el útero materno pasaba por etapas que reflejaban los hipotéticos cambios evolutivos que, según Darwin, se habrían producido en el transcurso de la evolución. A semejante pretensión se le llamó la "ley biogenética de Haeckel" y se la definió con esta difícil frase: "la ontogenia es una recapitulación de la filogenia". Es decir, que los cambios del embrión en el vientre de la madre (ontogenia), recordarían a los hipotéticos cambios evolutivos sufridos por su especie a lo largo de las eras (filogenia).

Pues bien, hoy la ciencia reconoce que esta ley es falsa. Los embriones se modifican en función de sus necesidades fisiológicas y no, como se pretendía, porque estén rebobinando la película de la evolución de su especie. De la misma manera, la mente del salmista no puede dar cabida al agnosticismo. Resulta mucho más difícil creer que la formación del cuerpo humano sea el resultado de un mecanismo biológico ciego, que reconocer la presencia y el diseño de Dios en todo el proceso del desarrollo embrionario del cuerpo humano.

Según el versículo 16, la omnisciencia divina conoce anticipadamente los días del hombre y los enmarca en el cuadro de sus propósitos. De modo que, a medida que se va desarrollando el curso de la vida, en cada etapa acontece lo que Dios tenía previsto. Esta idea aparece también en Pablo (Gal. 1: 15): *Pero cuando agradó a Dios, que me apartó desde el vientre de mi madre y me llamó por su Gracia, revelar a su Hijo en mí, para que yo le predicase entre los gentiles.* Tal pensamiento nos sitúa frente a la presciencia divina. Dios lo sabe todo.

¡Qué hermosa es la segunda frase del versículo 18: ¡*Despierto y aún estoy contigo!* ¿Quiere decir el salmista que, meditando en lo maravilloso de la acción de Dios, se quedaba dormido y que al despertarse, los mismos pensamientos llenaban todavía su mente? Este es el secreto de la auténtica relación personal con Dios. Él se hace, así, cotidiano, doméstico, conoce los aspectos íntimos de nuestra existencia porque vive a nuestro lado.

4. Una doble oración (19-24).

De pronto, el poeta desvía bruscamente el curso de su meditación y se centra en sus enemigos. Le resultan intolerables, puesto que también son enemigos de Dios. Acaba de extasiarse contemplando los prodigios del Todopoderoso e inmediatamente descubre que hay hombres que se atreven a deshonrar su nombre. ¡Cómo puede ser esto! Su razonamiento es precipitado: ¡tales individuos deben ser raídos de la tierra! En estas frases el salmista demuestra no conocer suficientemente la grandeza del amor de Dios. Nos recuerda otro pasaje del Evangelio, en el que Jacobo y Juan dijeron *¡que baje fuego y los consuma!* Pero Dios no está de acuerdo. Él permite a sus enemigos seguir viviendo porque "sus pensamientos no son nuestros pensamientos". La paciencia y la compasión de Dios trasciende todas las pautas humanas: *Vosotros no sabéis de qué Espíritu sois, porque el Hijo del Hombre no ha venido para perder las almas de los hombres, sino para salvarlas.*

Cuando el salmista le pide a Dios que lo examine es porque está convencido de que merece la aprobación de Dios. Nadie está dispuesto a examinarse si sabe que va a suspender. El salmista está decidido a actuar de tal modo que su vida merezca la aprobación divina. "Guíame en el camino eterno" que es el camino justo. Pero para poder andar en ese camino hay que pagar un precio: la renuncia a todo camino de perversidad, mentira, injusticia, orgullo, ambiciones malsanas e indiferencia espiritual. Sin embargo, vale la pena pagar lo que cuesta.

El camino eterno es el camino de Dios, en el que el creyente halla *plenitud de gozo, delicias a su diestra para siempre,* (Sal. 16: 11). Y al final del trayecto de la vida terrena, el camino se prolonga en el más allá. Tal como se ilustra en la experiencia de Enoc: *Caminó pues Enoc con Dios, y desapareció porque le llevó Dios.* ¡Que esa sea también la experiencia de cada uno de nosotros!

17
Fidelidad conyugal

Pr. 5:15-16

Bebe el agua de tu misma cisterna,
y los raudales de tu propio pozo.
¿Se derramarán tus fuentes por las calles,
y tus corrientes de aguas por las plazas?

ESQUEMA

1. ¿Qué tiene que ver el agua con el amor?

2. La esposa como cisterna del deleite.

3. Profundidad del verdadero amor.

4. Amores derramados.

5. El egoísmo del amor.

6. La fuente de la alegría.

> 6.1. *Sea bendito tu manantial (v. 18 a.).*
> 6.2. *Alégrate con la mujer de tu juventud (v. 18 b.).*
> 6.3. Las caricias en el amor.

7. El pecado de la infidelidad.

CONTENIDO

Se ha dicho que la felicidad es una puerta cerrada. Para abrirla hay muchas llaves: la del dinero, la del poder, la del placer, la llave de la salud y otras muchas más que pudieran pensarse. Pero la llave más segura para abrir la puerta de la felicidad es, sin duda, la llave del amor. Así lo expresaba el rey Salomón, hijo de David, hace unos tres mil años: *Bebe el agua de tu misma cisterna, y los raudales de tu propio pozo. ¿Se derramarán tus fuentes por las calles, y tus corrientes de aguas por las plazas? Sean para ti solo, y no para los extraños contigo. Sea bendito tu manantial, y alégrate con la mujer de tu juventud, como cierva amada y graciosa gacela. Sus caricias te satisfagan en todo tiempo, y en su amor recréate siempre. ¿Y por qué, hijo mío, andarás ciego con la mujer ajena, y abrazarás el seno de la extraña? Porque los caminos del hombre están ante los ojos de Jehová, y él considera todas sus veredas* (Pr. 5: 15-21).

Hay un contenido profundo y rico de sabiduría oriental en este texto. Salomón dice que el hombre puede alcanzar la felicidad depositando todo su amor en la compañera que eligió para toda la vida, en los días de su juventud. El discurso va dirigido al hombre, pero los ejemplos son igualmente aplicables a la mujer. Lo que Salomón dice al novio vale también para la novia y tiene una aplicación concreta en el matrimonio.

1. ¿Qué tiene que ver el agua con el amor?

En Palestina y en todo el Próximo Oriente, el agua era, y sigue siendo todavía hoy, un bien sumamente escaso. La gente del desierto sabe perfectamente a qué tribu pertenece cada pozo o cisterna. De ahí que los pleitos y contiendas entre pastores, casi siempre, se originaran por el uso o el abuso del agua. La *Biblia* nos relata varios ejemplos de este comportamiento. Vemos como los pastores de Abraham disputan con los de Lot (Gn. 13); Isaac tiene problemas para hacer valer sus derechos en pozos que él mismo había perforado (Gn. 26); los siervos de Abimelec usurpan un pozo cavado por Abraham (Gn. 21: 25); etc. En el mundo bíblico el agua era muy estimada, protegida y cuidada. Por eso, en esta imagen de *Proverbios*, el agua simboliza la importancia del amor.

2. La esposa como cisterna del deleite.

Bebe el agua de tu misma cisterna (v. 15). La cisterna era un depósito subterráneo donde se recogía el agua de la lluvia o de algún manantial. Normalmente tenía las paredes impermeabilizadas. Por tanto, el texto nos dice que saciemos el amor, la sed de placer y las ansias de felicidad con la mujer de nuestra juventud.

La mujer es como la cisterna, el precioso aljibe del deleite capaz de satisfacer la apetencia sexual y emotiva del marido. El corazón de la novia y el del novio deben ser cisternas llenas de amor, para que éste nunca falte en los tiempos difíciles de la sequía sentimental, que probablemente llegarán a lo largo de la vida en común. La pareja debe recoger y guardar todos los motivos que contribuyen a fortalecer el amor, por muy pequeños e insignificantes que parezcan, para que la cisterna no se seque jamás. Esto exige un trabajo continuo por parte de ambos cónyuges.

3. Profundidad del verdadero amor.

El pozo es distinto de la cisterna. Pozo es un hoyo que se cava en el terreno hasta encontrar el venero del agua, es decir, el nivel freático. En Gabaón, al oeste de Jerusalén, los arqueólogos descubrieron recientemente un ancho pozo de cuarenta metros de profundidad. Sigue siendo un misterio cómo pudieron los ingenieros israelitas de aquella época descubrir aguas tan profundas antes de emprender los considerables trabajos de perforación. Pues bien, lo que afirma el autor de este texto, es que para encontrar los auténticos valores del amor conyugal, hay que cavar muy hondo en el pozo de cada matrimonio, casi tanto como hacían los hebreos en la antigüedad.

Sin embargo, en nuestros días vemos muchos matrimonios que se celebraron con ilusión, pero no han sabido cavar tales pozos de amor en sus corazones. Se conformaron con un amor de superficie y éste se desvaneció como el rocío de la mañana. Sócrates decía: *No penséis mal de los que aman mal; pensad simplemente que están equivocados.* Para corregir los errores del amor hay que cavar hondo en los sentimientos de los esposos. Y esto requiere voluntad, renuncia y constancia.

4. Amores derramados.

¿Se derramarán tus fuentes por las calles y tus corrientes de aguas por las plazas? (v. 16). ¿Cómo se puede despilfarrar agua cuando hay personas que se mueren de sed? Marbella es un ejemplo de ciudad española donde ocurre algo parecido a esto. Se trata de una de las ciudades europeas que más agua despilfarra en piscinas, campos de golf, jardines, etc. Pero sus pozos están vacíos, el subsuelo se ha secado y hay que canalizar el agua para transportarla desde otros lugares. Sólo de esta forma es posible disponer del agua que se necesita. ¡Cuántos matrimonios rotos, cuántas parejas y familias destrozadas hay en nuestros días, porque no se ha sabido canalizar y aprovechar el amor!

5. El egoísmo del amor.

Sean para ti solo, y no para los extraños contigo (v. 17). Una persona egoísta que sólo piensa en sí misma, resulta detestable. Pero en el amor, hay que ser egoísta hasta cierto punto. Mejor dicho, en el amor conyugal, debe haber un egoísmo de dos. Hace falta mucho acopio de amor para amarse toda la vida, y mucho más para amarse todos los días de la vida. Por eso es menester acaparar amor. La *Biblia* dice que Adán tenía a Dios y vivía en el paraíso, pero para él, su verdadero paraíso estaba donde estaba Eva. Si la mujer es cisterna y pozo de deleite para el marido, el marido es el manantial del que brotan abundantes acequias.

En el texto leído, cisterna, pozo, manantial y acequias, componen un paisaje poético, bucólico e íntimo: un huerto recogido y exclusivo, que es "para ti sólo, sin extraños", del que el agua no ha de salir, ni perderse por las calles, sino un espacio en el que se da una relación amorosa exclusiva, en el que la fidelidad inquebrantable sellan el gozo y la fecundidad del amor. Tal como dice el autor del *Cantar de los Cantares*: *¡Mi amado es mío y yo soy suya!*

6. La fuente de la alegría.

6.1. Sea bendito tu manantial (v. 18 a).

"Bendito", además de su conocida connotación religiosa, significa también "alabar, ensalzar o enaltecer". Pero el amor no se enaltece sólo a base de palabras. Las palabras no siempre satisfacen, no es suficiente decir cuánto se ama al otro. Hacen falta también otros gestos sinceros que lo demuestren de forma práctica y continuada.

6.2. Alégrate con la mujer de tu juventud (v. 18 b).

El amor es inseparable de la alegría. Algunas veces, desgraciadamente, parece que esto no es así y oímos expresiones como: "Me voy con los amigos para alegrarme un poco" o "salgo con mis amigas para disfrutar un rato". Y es probable que esta sea la experiencia real para tales personas. Alguien ha escrito que, en el matrimonio, por cada minuto de alegría, hay cinco horas de problemas, enfados, amargura, discusión y tensión. ¿Por qué es esto así? ¿Por qué reír con otros y no con la persona amada?

6.3. Las caricias en el amor.

Sus caricias te satisfagan en todo tiempo y en su amor recréate siempre (v. 19). Las caricias son demostraciones de afecto. Rozar con las manos suavemente el cuerpo de la persona amada es fuente de satisfacción y placer. Pero en el amor no sólo se acaricia con las manos, también se acaricia con las palabras, con la mirada, con el sentimiento y, en ocasiones, hasta con el silencio. El amor necesita tantas caricias como los niños.

Hoy se suele decir que el amor es pura química. Pero, en realidad, la química está al servicio del sentimiento. Salomón lo sabía bien, por eso aconseja al hombre que se alegre en el amor de su mujer, y que la mujer se recree en el amor del hombre. Cuando no se sabe acariciar y cuidar el amor, es frecuente oír decir: "he perdido la alegría en mi matrimonio". Y esto ocurre porque no se entiende que el matrimonio no es un título que se cuelga en la pared y ya sirve para siempre, sino que constantemente hay que ponerlo al día, trabajarlo y mimarlo para que sea saludable. Hay que estar reciclándolo constantemente.

Vivimos en un mundo cambiante, lleno de circunstancias cambiantes. De la misma manera que cualquier institución o profesión debe hoy renovarse continuamente, también la relación entre los esposos debe renovarse de día en día. El matrimonio no es una bella escultura que ponemos en cualquier lugar de la casa, sino que se parece más a una planta que hay que cuidar a diario (regarla, protegerla del frío o del calor, podarla, abonarla, etc.); e incluso hasta a las frías esculturas de mármol hay que quitarles de vez en cuando el polvo que se acumula sobre ellas. ¡Cuánto más conviene cuidar una relación tan fundamental como esta que se da entre el hombre y la mujer!

7. El pecado de la infidelidad.

¿Y por qué, hijo mío, andarás ciego con la mujer ajena y abrazarás el seno de la extraña? (v. 20). Este texto no necesita comentarios. Se explica claramente por sí mismo, y está a la orden del día. La infidelidad conyugal ha sido, y sigue siendo, la principal causa de divorcio. Salomón, sin embargo, creía que la fidelidad amorosa es posible y deseable. Por eso advierte que la vida humana y el matrimonio están bajo la atenta mirada de Dios. *Los ojos del altísimo son mil veces más brillantes que el Sol y penetran hasta lo más escondido.* Aún siendo creyentes, resulta difícil alcanzar este ideal en la escala del amor. Pero si no se es creyente, lo difícil se convierte casi en imposible. No obstante, cuando la pareja está unida por la misma fe en Dios, por la misma esperanza eterna, saben que su amor es capaz de superar todas las barreras, incluso la de la muerte, ya que como afirma el *Cantar de los Cantares* (8: 6): *Fuerte como la muerte es el amor.*

18
Matrimonio y *Biblia*

Pr. 18: 22

El que halla esposa halla el bien,
y alcanza la benevolencia de Jehová.

ESQUEMA

1. La *Biblia* tiene un alto concepto del matrimonio.

   1.1. El matrimonio como institución.
   1.2. El matrimonio es para la felicidad.
   1.3. Los hijos son una bendición.

2. Quien halla esposa, halla el bien.

3. ¿Por qué es bueno el matrimonio?

   3.1. La unión nos completa.
   3.2. Hallar cónyuge es un triunfo.
   3.3. Dios quiere el matrimonio.

CONTENIDO

Las bodas son siempre ocasiones felices, y eso es algo relativamente fácil de comprobar. Basta con mirar los ojos de los novios, es suficiente con echar un vistazo a las hermosas flores que adornan el local donde se celebra la boda, escuchar la música que se interpreta para la ocasión o, simplemente, fijarse en la sonrisa de cada uno de quienes han sido invitados a la celebración.

El matrimonio es realmente una ocasión feliz porque es un acto central en la vida de las personas y en la concepción de la misma sociedad humana. Además es una celebración entrañable porque se fundamenta en el amor, y el amor es la única fuerza del universo capaz de producir auténtica felicidad.

1. La *Biblia* tiene un alto concepto del matrimonio.

En nuestros días la idea del matrimonio se ha desprestigiado. Hay algunos que lo rechazan mientras otros lo tienen en poca estima. Desde luego, cada cual cuenta la historia según le ha ido a él o ella. Sin embargo, las *Sagradas Escrituras* nos dicen algunas cosas buenas acerca del matrimonio.

1.1. El matrimonio como institución.

El matrimonio como institución para la sociedad humana es de origen divino. Dios lo instituyó, a través de Adán y Eva, en el mismo huerto del Edén:

Dijo entonces Adán: Esto es ahora hueso de mis huesos y carne de mi carne; esta será llamada varona, porque del varón fue formada. Por tanto, dejará el hombre a su padre y a su madre, y se unirá a su mujer, y serán una sola carne (Gn. 2: 23-24).

1.2. El matrimonio es para la felicidad.

El matrimonio según la *Biblia* es para satisfacción y gozo de la pareja formada por un hombre y una mujer. La sexualidad antes que nada es "unitiva" y no procreadora. Esto es lo que se desprende de textos como Ecl. 9: 9: *Goza de la vida con la mujer que amas, todos los días de la vida ... que te son dados debajo del sol.* Lo prioritario de la sexualidad es la comunión de los que se aman, pero que lo unitivo termine o no en lo procreador depende del propio matrimonio. Son ellos los que tienen que decidir si su relación por amor tiene que ser una relación fecunda o no. Esto no lo debe decidir la Iglesia, ni ninguna jerarquía religiosa. Para que la paternidad sea verdaderamente responsable, ha de ser libre y no puede venir dictada de fuera, sino sólo por los cónyuges implicados.

1.3. Los hijos son una bendición.

Por supuesto que el matrimonio es también necesario para la propagación y la continuidad del género humano. Por eso el primer libro de la *Biblia* explica: *Y los bendijo Dios y les dijo: Fructificad y multiplicaos; llenad la tierra y sojuzgadla* (Gn. 1: 28). Los hijos son siempre una gran bendición, desde la perspectiva de la revelación escritural.

2. Quien halla esposa, halla el bien.

El que halla esposa halla el bien, y alcanza la benevolencia de Dios (Pr. 18: 22).
Pero, para hallar hay que buscar. El matrimonio debe ser el resultado de una
búsqueda inteligente. Este texto implica que por ahí, en algún lugar, se encuentra nuestra "media naranja". Hay una mujer para cada hombre y un hombre
para cada mujer, pero hay que salir a buscar con diligencia y empeño, pero
también con inteligencia. Quien se queda siempre sólo en su casa, sentado
ante el televisor, o haciendo puzzles, ¡cómo va a encontrar esposa o esposo! No
significa esto que la búsqueda se convierta en un hecho ansioso o desesperado,
pero sí ha de ser algo activo.

Si en todas las otras facetas de la vida nos esforzamos por actuar con sabiduría, cuánto más en una elección tan especial y trascendente como es la de una
compañera o compañero para el resto de la vida. El matrimonio es una de las
facetas más importantes de la existencia humana. ¿Habéis pensado cómo nos
preparamos para buscar un buen trabajo, cómo se suele buscar con diligencia
una buena vivienda, o hasta un buen auto, incluso cómo hemos preparado la
fiesta de la boda? Pues, si todo esto lo hacemos con interés y previsión, cuánto
más debemos hacerlo con la elección de la persona con la que tendremos que
convivir durante toda nuestra vida.

El cristiano debe buscar en oración la voluntad del Señor para saber reconocer
a la persona que será la auténtica ayuda idónea; esa mujer o ese hombre que Dios
tiene reservado para cada uno de nosotros. Y esto debe hacerse con inteligencia,
pero buscando siempre la dirección de Dios.

3. ¿Por qué es bueno el matrimonio?

Este versículo de *Proverbios* afirma que un buen matrimonio es como una
bendición divina. Pero, ¿por qué?. Veamos algunas razones:

3.1. La unión nos completa.

Según la *Escritura*, cuando el hombre halla esposa está completo y cuando la
mujer halla esposo está también completa. Una de las maneras en que el hombre se realiza como varón es cuando llega a ser esposo y padre de familia. Lo
mismo le ocurre a la mujer, cuando se convierte en esposa y madre de familia.
Desgraciadamente, hoy, muchas personas anteponen sus intereses profesionales a su familia. El triunfo en el mundo laboral, de uno de los dos esposos, se
valora a veces más que el buen funcionamiento de la propia familia. El tiempo
de dedicación al cónyuge y a los hijos se relega, en ocasiones, hasta que algunos
hogares se convierten en una especie de casas-hotel, donde únicamente se va

a dormir, de vez en cuando a comer, y donde sus moradores se relacionan de forma superficial. Esto es un grave error que puede acabar por destruir la propia familia. Hay que tener muy presente que el tiempo dedicado a la familia, todo aquello que se ha vivido juntos compartiendo experiencias, es el más precioso y fructífero de la vida. Los padres cristianos deben reflexionar seriamente acerca de cuánto tiempo dedican a la construcción y cuidado de su familia.

3.2. Hallar cónyuge es un triunfo.

Hoy día, hallar un buen esposo o una buena esposa es un gran triunfo. Una victoria del compañerismo sobre la soledad, del orden sobre el desorden, de lo completo sobre lo incompleto. Dios quiso que la entidad humana fundamental de la sociedad estuviera constituida por una parte masculina y otra femenina. No puede existir matrimonio si no se da la unión física, emotiva y espiritual de un hombre y una mujer. De ahí la importancia de que toda elección sea hecha desde la reflexión personal y la oración que busca ante todo descubrir la voluntad de Dios para nuestra vida.

3.3. Dios quiere el matrimonio.

El matrimonio es una bendición porque está en el centro de la voluntad de Dios. El instinto sexual y la necesidad de compañerismo son fibras muy profundas de nuestra naturaleza humana. Por eso la *Biblia* nos habla muy claramente sobre este tema al afirmar: *Honroso sea en todos el matrimonio y el lecho sin mancilla* (He. 13: 4). También en el *Antiguo Testamento* se explica el plan de Dios para el hombre y la mujer: *Y dijo Dios: no es bueno que el hombre esté solo; le haré ayuda idónea para él* (Gn. 2:18). Si esto es así, si el matrimonio es la expresión de la voluntad y de la benevolencia de Dios para el ser humano, cuando los dos esposos son creyentes, cuando ambos cónyuges no sólo tienen comunión entre ellos sino también con Dios, a través de Jesucristo, cuando la fe los une, entonces, la felicidad y las expectativas del matrimonio se agrandan considerablemente. El mejor lazo de unión que puede haber en una pareja de cristianos es Jesucristo. Y así como Él bendijo con su presencia las bodas de Caná de Galilea, así también Él desea bendecir con su constante presencia nuestro matrimonio y nuestro nuevo hogar.

Nosotros, como Iglesia, os deseamos toda la bendición del cielo y toda la felicidad de la tierra. Que cada año y cada mes, cada día y cada hora de la vida que llevéis juntos, experimentéis y recordéis que: *El que halla esposa (o esposo) halla el bien, y alcanza la benevolencia de Dios.*

19
¿Como instruir al niño hoy?

Pr. 22: 6.

Instruye al niño en su camino,
y aún cuando fuere viejo no se apartará de él.

ESQUEMA

1. Cambio de valores.

    1.1. Valores de crítica de la sociedad.

    1.2. Valores hedonistas.

    1.3. Valores individualistas.

2. Implicaciones para los cristianos.

    2.1. Enseñar a confiar en la vida.

    2.2. Enseñar el valor del propio esfuerzo.

    2.3. Educar los sentimientos.

    2.4. Enseñar autocontrol.

    2.5. Abonar el terreno para que germine la fe.

    2.6. Inculcar las tres virtudes cristianas.

CONTENIDO

Víctor Hugo escribió en su magistral novela, *Los miserables*, que *el porvenir está en manos de los maestros de escuela*, refiriéndose a que el futuro de una nación depende de la educación que reciben sus ciudadanos. Sin embargo, no sólo son los maestros quienes educan, como señalaba un contemporáneo de Víctor Hugo, el filósofo norteamericano Ralph Waldo Emerson: *Vosotros mandáis a vuestros hijos al maestro, pero son los niños de la escuela quienes los educan.* Hoy podríamos decir que, aparte del maestro y los compañeros, existen en nuestra sociedad muchas más entidades, a veces demasiadas, que aspiran a enseñar, instruir y dirigir a jóvenes, adolescentes o niños. Unas, con toda la intención de hacerlo, y otras casi sin proponérselo, como la televisión, el cine, los grupos musicales, los juegos de ordenador, las revistas y los cómics, la literatura, ciertas declaraciones y comportamientos de determinados deportistas, y hasta intervenciones de futurólogos o adivinos de turno.

No sólo asistimos a la proliferación de grupos que contribuyen a adoctrinar, sino también a una confusión de valores y contravalores que se mezclan entre sí, desorientando y deformando muchas conciencias infantiles o inmaduras.

1. Cambio de valores.

Hasta los años 60 del pasado siglo XX, predominaban todavía en la sociedad unas orientaciones individuales, que respondían a lo que podría llamarse el autoesfuerzo o autocontrol, es decir, valores como la disciplina, la obediencia, el rendimiento, el orden, el cumplimiento del deber, la fidelidad, la aplicación en el estudio, la moderación, el autodominio, la puntualidad, la adaptación, la docilidad y la sobriedad. Sin embargo, a partir de esas fechas, entre 1965 y 1975, se produjo una disminución de todos estos valores y un incremento de los valores llamados del auto-desarrollo personal, o sea, valores de "crítica a la sociedad".

1.1. Valores de crítica de la sociedad.

Emancipación con respecto a las autoridades, trato igualitario, igualdad, democratización de todas las relaciones, participación y autonomía del individuo.

1.2. Valores hedonistas.

Hay una tendencia al placer, a la aventura, a la variedad, al suspense, a la vivencia de necesidades emocionales o de "segregar adrenalina" en los deportes de alto riesgo.

1.3. Valores individualistas.

La creatividad, la espontaneidad, la autorrealización, la desvinculación, la personalidad o la subjetividad.

2. Implicaciones para los cristianos.

¿Cómo debemos educar hoy desde la fe? ¿Qué valores deben transmitir a sus hijos las familias cristianas, la propia Iglesia y sus instituciones educativas? Existen muchos valores y actitudes que los creyentes debemos seguir transmitiendo a nuestros jóvenes, adolescentes y niños, precisamente en estos tiempos de crisis o pérdida de ideales. Podemos agruparlos en cinco puntos concretos.

2.1. Enseñar a confiar en la vida.

Confiar en la vida es esperar que el futuro sea bueno si uno se esfuerza por mejorar. Es también sentirse seguros en la comunidad a la que pertenecen, en la familia y la Iglesia. Sin embargo, hoy no se quiere pensar en el pasado, ni en el futuro, únicamente en el momento presente. De ahí que se viva al día y se busquen las satisfacciones inmediatas. No se confía en los demás, ni en el mañana, ni en el trabajo o las instituciones, la política o la religión. No obstante, los niños necesitan aprender una actitud positiva para con su existencia, porque saber que la vida tiene valor y que el mundo posee sentido les da una certeza emocional. Esta confianza en la vida, les proporcionará la fuerza y el valor necesario para enfrentarse a las malas experiencias, las dudas, los miedos y los problemas.

Para los creyentes, semejante actitud básica se concreta ante todo en la confianza en Dios. El cristiano ve el mundo y la vida de manera positiva porque cree en un Creador personal que lo ha hecho todo bueno y que ama su obra. Es lo que expresa el salmista al decir: *En ti, oh Señor, he confiado; no sea yo confundido jamás* (Sal. 31: 1). *¡No me defraudes jamás!*, dice la versión *Dios habla hoy*. En una época en la que predomina el sentimiento de "eclipse de Dios", en la que el miedo, el desánimo, la duda, la mentalidad negativa, los impulsos de destrucción, la negación de todo fundamento y el nihilismo están a la orden del día, la confianza en la vida debe ser el primer fin de la educación, si no queremos que nuestros hijos se emponzoñen de indolencia y desánimo.

¿Y cómo podemos inculcarles esta confianza? Conviviendo con ellos, dedicándoles tiempo, dándoles una interpretación positiva del mundo, valorando sus éxitos, fomentando su autoestima, cultivando el diálogo en la medida en que la edad lo permita, corrigiendo los comportamientos desviados o las expresiones de desánimo. Desde luego, lo más importante será siempre la actitud personal frente a la vida. Los padres o los educadores, no podrán nunca inculcar ideas positivas, si ellos mismos están desanimados y envueltos en zozobras. De poco sirve, a la larga, que los padres sigan observando unos hábitos cristianos externos que no responden a su convicción personal. Cuando se ha desvanecido la fe en Dios y en la vida eterna, resulta muy difícil comunicarle sentido a la vida de los hijos.

2.2. Enseñar el valor del propio esfuerzo.

Esto es lo que podría llamarse también la laboriosidad. El libro de *Proverbios* (6: 6-8) lo expresa con una ilustración casi infantil: *Ve a la hormiga, oh perezoso, mira sus caminos y sé sabio; la cual no teniendo capitán, ni gobernador, ni señor, prepara en el verano su comida, y recoge en el tiempo de la siega su mantenimiento;* y en *Proverbios* (30:26): *Los conejos, pueblo nada esforzado, y ponen su casa en la piedra*. Se trata de saber hacer bien las cosas, de ser eficientes, aprender a ser esforzados, sufridos, constantes, pacientes, cuidadosos, ordenados y responsables. En nuestros días y en el mundo occidental, casi están de moda los defectos opuestos: el miedo al trabajo, las pocas ganas de conseguir cosas, la pereza, la búsqueda constante de la comodidad, la pasividad, la tendencia a que a uno le hagan las cosas, la mentalidad del "play boy", ir de fiesta en fiesta y nunca trabajar, el parasitismo o el vivir a costa de los demás, de los padres, hermanos o tíos.

De ahí la necesidad de que los padres y educadores creyentes sepamos exigir a los niños que sean activos en el juego y en el trabajo, que realicen todas las tareas, que produzcan algo con sus propias manos, que construyan cosas, que ejecuten servicios, que tengan juguetes adecuados, limitarles el uso de la televisión y de los demás juegos pasivos, enseñarles a colaborar en los trabajos domésticos, acostumbrarlos a ser autosuficientes, a bastarse a sí mismos, y, sobre todo, que los propios padres sean un ejemplo vivo de la alegría y la satisfacción que se siente al hacer bien las cosas, o al ayudar en algo.

2.3. Educar los sentimientos.

Es lo que podría llamarse educación emocional o el cultivo del corazón. Se trata de enseñarles a establecer vínculos con todo aquello que dará sentido a su vida. Las relaciones con los familiares, parientes y amigos, con las personas que nos sirven de modelo, con la comunidad de aquellos que comparten nuestra misma fe, en la Iglesia, y sobre todo, con Dios, enseñándoles el valor de la oración personal, así como la capacidad para recogerse interiormente.

Tal apertura a los demás, el tacto personal, la cortesía y disposición a hacer que los otros sean felices es lo que les proporcionará un techo psicológico, un hogar espiritual. Pero el cultivo del corazón supone también formar actitudes como el sentimiento de admiración por todo lo bueno y bello que hay en el mundo. Despertar en ellos esa sensibilidad que hizo decir al salmista: *Cuando veo tus cielos, obra de tus dedos, la Luna y las estrellas que tú formaste, digo: ¿qué es el hombre para que tengas de él memoria?* (Sal. 8:3-4) o *los cielos cuentan la gloria de*

Dios, y el firmamento anuncia la obra de sus manos (Sal. 19: 1). ¿Cuántas horas habría pasado el salmista, durante las noches cálidas de Palestina, mirando al cielo?

No obstante, durante esta época posmoderna, estamos asistiendo a la multiplicación de las criaturas que viven psicológicamente sin hogar, que subsisten con miedo ante el mundo y ante la vida, que padecen una sensación de vacío existencial, de falta de alegría, de aburrimiento y negativismo. Y esto les genera ansias por poseer, envidia, odio hacia todo y hacia todos, así como un gusto por destruir, principalmente aquello que no les pertenece, desde cabinas telefónicas hasta viviendas habitadas por inmigrantes. ¿Y todo esto por qué? Porque no se les ha sabido formar, porque no se les ha inculcado el fin primordial de toda educación, no se les ha cultivado el corazón, ni se ha despertado en ellos una actitud positiva para con su propia existencia.

2.4. Enseñar autocontrol.

El *Nuevo Testamento* indica que uno de los frutos del espíritu es la templanza (Gá. 5: 23), es decir, el dominio propio, el equilibrio personal en el uso de los bienes materiales, los deseos y los placeres. La moderación y la sobriedad, en todos los ámbitos de la vida, es el consejo que da Pablo a Tito (2: 12): *...enseñándonos que,... vivamos en este siglo sobria, justa y piadosamente.* Este debe ser también un aspecto importante en la educación de nuestros días, porque estamos viendo como muchas personas, especialmente adolescentes y jóvenes, se abandonan a sí mismos, su voluntad flojea y empiezan a consentírselo todo; y esta falta de dominio y autocontrol lleva, en muchos casos, a la drogadicción. Esa nefasta meca del Hedonismo, ya anunciada por Haldous Huxley en su novela *Un mundo feliz.* En el fondo existe una incapacidad para soportar nada, miedo a la responsabilidad y una excesiva valoración del yo frente a la infravaloración de los demás.

La *Biblia* dice que el ser humano es por naturaleza impulsivo, codicioso y egoísta, por lo que necesita ser educado, disciplinado y controlado. De ahí la necesidad de que los padres y educadores cristianos deban despertar en los pequeños la autodisciplina.

2.5. Abonar el terreno para que germine la fe.

¿Puede el ser humano aprender a creer y mantener esa fe a lo largo de su vida? La experiencia muestra que sí, que eso es factible. La *Biblia* nos lo enseña claramente, en el libro de los *Proverbios* (22: 6): *Instruye al niño en su camino, y aún cuando fuere viejo no se apartará de él.* O lo que es similar, *si se endereza el vástago, recto será el árbol.* Sin embargo, lo que hoy día abunda no es la fe cristiana, sino la falta de fe, la pérdida de la misma y la incapacidad de creer. En la actualidad reina la confusión, el desconcierto y la inseguridad, incluso entre los propios creyentes. ¿Cómo podemos, desde esta situación, enseñar las virtudes cristianas a las jóvenes generaciones? ¿Cómo es posible seguir hablándoles de Jesucristo en medio de la cultura materialista y enseñarles a creer en él?

La educación racional de la fe cristiana sólo puede tener éxito hoy si coinciden dos condiciones: el estilo de vida de los padres y la voluntad de creer de los hijos. El testimonio de las personas con las que uno convive afectivamente parece ser una condición necesaria para adquirir y conservar la fe en Jesucristo, pero, a la vez, no se puede ser cristiano, ni hacerse cristiano, ni ayudar a otro a hacerse cristiano, sin saber o querer distinguir el bien del mal, sin tener conciencia de pecado, sin conocerse a uno mismo, sin arrepentimiento, sin querer cambiar de vida. Quien dice que quiere los fines de la educación cristiana, pero no está dispuesto a cambiar su estilo de vida, quiere la flor, pero sin la raíz o el tallo; es decir, la quiere en vano. Hay muchos padres que no creen, pero llevan sus hijos a escuelas religiosas, para que estos aprendan, por lo menos, a saber lo que es bueno. Tal comportamiento está casi siempre condenado al fracaso.

2.6. Inculcar las tres virtudes cristianas.

Veamos finalmente cuáles son las tres virtudes cristianas que debemos continuar transmitiendo a nuestros hijos:

a. La fe: *Sin fe es imposible agradar a Dios; porque es necesario que e que se acerca a Dios crea que existe y que recompensa a quienes le buscan* (He. 11:6).

b. La esperanza: *Pero nosotros esperamos, según sus promesas, cielos nuevos y tierra nueva, en los cuales mora la justicia* (2 P. 3: 13).

c. El amor: *Jesús le dijo: Amarás al Señor tu Dios con todo tu corazón, y con toda tu alma, y con toda tu mente. Este es el primero y grande mandamiento. Y el segundo es semejante: Amarás a tu prójimo como a ti mismo* (Mt. 22: 37-39).

Los creyentes debemos seguir enseñando, en la era de la globalización, la confianza en la vida, el esfuerzo personal, el cultivo del corazón, el autocontrol y la fe en Jesucristo. ¿Cómo? Mediante el ejemplo de vidas comprometidas que constriñan a nuestros hijos a imitarnos.

20
Cántico de bodas

Cnt. 8: 6

Ponme como un sello sobre tu corazón, como una marca sobre tu brazo. Porque fuerte es como la muerte el amor.

Cnt. 8:7

Las muchas aguas no podrán apagar el amor, ni lo ahogarán los ríos.

ESQUEMA

1. La novia que sube del desierto.

2. El error de divinizar el amor.

3. El amor es más que química.

4. El amor humano a la luz de la *Biblia*.

CONTENIDO

Estas palabras fueron escritas hace más de tres mil años. Corresponden al séptimo y último cántico del libro *Cántico de bodas*. ¿Es posible que todavía hoy, este viejo texto, tenga algo que enseñarnos en una boda del siglo XXI?

1. La novia que sube del desierto.

¿Quién es ésta que sube del desierto recostada sobre su amado? (v. 8: 5a). El último capítulo del *Cantar de los Cantares* representa la celebración de la unión de los

enamorados. Es la fiesta del amor humano; representa el gozo y la alegría de los esposos. Al mismo tiempo, lleva implícita una crítica contra las creencias mitológicas y paganas de la época.

En aquellos tiempos, en las tierras de Oriente Medio, solían celebrarse los cultos (o misterios) de la diosa Istar. Esta diosa se convertiría, con el correr del tiempo, en la diosa romana Venus, que, como es sabido, era la diosa de la belleza y del amor. En la mitología sumeria se la representaba subiendo de los infiernos, con un dios (Tammuz) que le servía de amante durante un tiempo, y al que devolvía al infierno cuando se cansaba de él; esto ocurría cada seis meses. Semejante comportamiento aseguraba en aquella cultura pagana la fecundidad de la Naturaleza. El desierto representaba para los paganos la zona infernal, el vacío o la desolación más absolutos.

Al utilizar este lenguaje similar y decir que la novia *sube del desierto recostada sobre su amado*, pero para festejar la alegría de los esposos, los creyentes israelitas desmitificaban a los dioses paganos. Si para los sumerios el amor verdadero era patrimonio de sus divinidades, el autor de este cántico aplica a los seres humanos, y tan sólo a ellos, las cuestiones del amor sentimental y erótico. De esta forma, las mismas palabras y conceptos que los paganos dedicaban a sus dioses, el autor del *Cantar* los coloca en boca de una joven pastora de Sulam (o Sunem, de ahí la palabra "sulamita"), pero con distinto significado.

Los seres humanos pueden amar fielmente y no tienen por qué ser marionetas en manos de los dioses, ni comportarse como ellos, como imponen las modas religiosas, las mitologías paganas o el mítico poder del destino.

2. El error de divinizar el amor.

No hay por qué divinizar el amor o la sexualidad. El amor no es divino, como creían los antiguos, sino tan sólo un sentimiento que el único Dios del universo puso en el corazón del ser humano. El amor no es Dios, sino todo lo contrario: Dios es amor. Los mitos se deshacían pero el amor descubría su verdadera dimensión. Los hebreos encontraban su inspiración para el amor humano, en el modelo del verdadero amor divino: el amor del Dios de la Alianza, el que sostuvo a su pueblo en el éxodo y en el exilio y el que mantiene su fidelidad eternamente.

En el presente cántico, la amada, lejos de rechazar y abandonar a su amado, como la diosa Istar, va en su búsqueda para encontrar juntos la realización de un amor perenne. Un amor a la imagen del amor del Dios de la *Biblia*. ¡Qué testimonio y qué desafío debía suponer para los paganos escuchar estas canciones nupciales! Desamparados por mitologías que no traían consolación, desesperados al comprobar que sus dioses no eran mejores que ellos mismos, los idólatras eran enfrentados al gozo de los creyentes bíblicos. Parafraseando las palabras de la novia, es como si ella dijera: "Al ver nuestra alegría, las gentes se preguntan: ¿quién son estos? Al ver mi felicidad, exclaman: ¿quién es esta que se atreve todavía a creer en el amor humano?".

Las mismas preguntas, tristemente, continúan escuchándose tres mil años después: "¿Quiénes son estos que aún se atreven a casarse, que siguen creyendo en el amor y se prometen fidelidad hasta la muerte?"

3. El amor es más que química.

Igual que en aquella época había diferentes mitologías acerca del amor, hoy día existen otras, igualmente falsas. Actualmente está de moda decir que el amor es pura química. Se concibe la relación de pareja como mera atracción bioquímica hormonal. Esos miligramos de progesterona femenina y de testosterona masculina que corren por las venas serían como los duendes del amor. Según tal planteamiento materialista del amor, es normal aceptar que cuando el nivel hormonal disminuye desaparezca también la atracción y se deshaga el matrimonio. La química falla, dicen. Para esta mitología moderna del amor, para este neopaganismo moderno, la cima de toda relación amorosa es únicamente el placer sexual. Y se erige así el placer en un valor absoluto, casi en la diosa Istar de la sociedad contemporánea.

En este tiempo, la llamada educación sexual se ha vulgarizado. Muchos de los maestros que explican sexualidad a los niños y adolescentes, enseñan una mal entendida libertad sexual. Al parecer, todo sería lícito mientras proporcione placer. Si algo gusta, no puede estar mal. No hay valoraciones éticas. Muchas charlas y cursos de educación sexual se han convertido en mera información acerca de los órganos sexuales y sus funciones, pero no profundizan de verdad en el significado del amor. No instruyen acerca de las dimensiones del afecto en el matrimonio. ¿Sabrán esos niños reconocer el amor, con su misterio, importancia y encanto, cuando les salga al paso? ¿Será verdad que el amor humano es sólo pura química?

El amor y la sexualidad del hombre con la mujer no deben reducirse únicamente a lo bioquímico o a lo biológico. La relación amorosa se adentra también en el terreno de lo psíquico y sube a lo espiritual, impregnando la existencia entera. Hay una relación causa-efecto entre los fenómenos hormonales y el comportamiento de los enamorados. De modo que el amor es también psiquismo y espiritualidad. Pero esta otra realidad fundamental del amor no siempre se tiene suficientemente en cuenta.

4. El amor humano a la luz de la *Biblia*.

Recordemos el texto leído en el *Cantar de los Cantares* de Salomón: *Ponme como un sello sobre tu corazón, como una marca sobre tu brazo; porque fuerte es como la muerte el amor; ... sus brasas, brasas de fuego, fuerte llama. Las muchas aguas no podrán apagar el amor. Ni lo ahogarán los ríos.* (v. 8: 6-7). Esta es la clase de amor que propone la *Biblia*. El tipo de amor que anhelaba la novia del *Cantar*. Un amor verdadero cuya llama no pueda ser extinguida por las turbulencias de la vida.

Sin embargo, no es la clase de amor que vemos en nuestros días. Nuestra civilización secularista y hedonista camina más por las sendas del paganismo antiguo que por los caminos de la revelación bíblica. Vivimos tiempos de confusión, de crisis de valores, en los que las criaturas buscan desesperada o inconscientemente algo que dé sentido a su existencia. Algunos creen que este algo tal vez pueda ser el amor, por eso se tiende a divinizarlo y mitificarlo.

La experiencia nos demuestra que el amor humano, en sí mismo, difícilmente dispone de la energía suficiente para mantener unidas a las personas. ¿Dónde se puede encontrar ese amor, como el de la sulamita, que sea "sello sobre el corazón" y "marca sobre el brazo"? ¿Cómo podemos gozar de un amor que sea fuerte como la muerte y que nos abrase como el fuego? Las *Escrituras* enseñan que sólo el amor de Dios puede mantener la llama de nuestro amor humano; sin el soplo divino, nuestras ascuas corren el peligro de extinguirse.

Una relación entre los esposos puede ser seria, responsable y hermosa, en la medida en la que se inspire en el amor de Cristo por su Iglesia. Esta es una relación ambivalente, ya que tiene dos caras inseparables, como las monedas. Jesucristo nos amó, se alegró con los hombres y mujeres, pero también sufrió hasta la muerte con ellos. Estas son las dos verdaderas caras del amor.

Amar es aceptar al otro tal como es. El amor es alegría, pero también dolor. No existe una cosa sin otra. Hay que saber aceptar que la felicidad es sólo una parte del amor y que el sufrimiento es inseparable de ella. Tal es el misterio del amor: su grandeza y su dificultad. Convivir en la alegría es muy fácil, lo difícil es continuar amándose cuando surgen los problemas y las dificultades propias de toda relación humana. No obstante, para el matrimonio cristiano que ha puesto su confianza en Cristo, y que sabe depositar todas sus cargas en él, que acierta a amarse como Jesús amó a la humanidad, la vida conyugal no deja de presentar dificultades, pero todas se resuelven positivamente en el amor, el perdón mutuo y la reconciliación diaria. Si el modelo es siempre Jesucristo, en el hogar triunfará el verdadero amor. ¡Ojalá podamos disfrutar toda la vida de ese amor inspirado en el de Cristo por la Iglesia!

21
El ángel del Señor

Mt. 1: 20 (18-25)

*Y pensando él en esto, he aquí un ángel del Señor
le apareció en sueños y le dijo:
José, hijo de David, no temas recibir a María tu mujer,
porque lo que en ella es engendrado, del Espíritu Santo es.*

ESQUEMA

1. La idea de los seres angélicos deja perplejo al hombre de hoy.

2. Los ángeles han estado siempre de actualidad.

3. Exageraciones en el tema de los ángeles.

4. La *Biblia* y los ángeles.

5. ¿Hay que temer al Espíritu imprevisible de Dios?

6. José y María renunciaron a sus planes.

CONTENIDO

Durante la época de Navidad y Adviento solemos hablar, como es lógico, acerca del nacimiento de Jesús; se predica sobre la buena disposición de María, acerca de José y su fidelidad, la misteriosa actitud de los magos y el egoísmo de Herodes, sobre la estrella que les guió; también acerca de los regalos: oro, incienso y mirra; así como de la paz característica del tiempo navideño, etc. Pero, pocas veces se habla sobre los ángeles.

En los textos que relatan el nacimiento de Jesús, el Evangelio nos habla en varias ocasiones de los ángeles: el ángel del Señor que se apareció en sueños a José y le dio instrucciones precisas, o el ángel Gabriel que entró donde estaba María y le dijo: *María, no temas, porque has hallado gracia delante de Dios. Y ahora concebirás en tu vientre, y darás a luz un hijo, y llamarás su nombre Jesús* (Lc. 1: 30-31). Igualmente, se habla del ángel que se apareció a los pastores que guardaban su rebaño y les anunció el nacimiento del Salvador: *No temáis; porque he aquí os doy nuevas de gran gozo, que será para todo el pueblo: que os ha nacido hoy, en la ciudad de David, un Salvador, que es Cristo el Señor* (Lc. 2: 10-11).

¿Qué se piensa hoy acerca de los ángeles? ¿Tenemos que creer necesariamente en ellos? ¿Forman parte de la doctrina evangélica o pertenecen al mundo de la imaginación o de la mitología precristiana, como enseñan algunos?

1. La idea de los seres angélicos deja perplejo al hombre de hoy.

Incluso en los ambientes religiosos, la representación de los ángeles juega un papel secundario. Para muchos adultos, los ángeles pertenecen al mundo de la fe infantil, con sus nacimientos de juguete, típicos de la Navidad, y muy cercano todo ello al mundo de la fábula, casi como el mito de Papá Noel o Santa Claus. Tan pronto como se deja atrás esa fe infantil, gracias a la que podemos recordar las imágenes de los ángeles que vimos de pequeños, se abandona la idea de que los ángeles existan realmente.

En esta incredulidad de muchas personas puede influir también el hecho de que la figura de los ángeles va unida a la antigua imagen que se tenía del mundo. Si se pensaba que Dios habitaba en el cielo, como en un piso superior, podíamos preguntarnos: ¿cómo puede venir a la tierra e influir en ella? Una posible respuesta podría ser esta: pues por medio de los ángeles, que recorrerían ese abismo entre el cielo y la tierra. Sin embargo, al desaparecer aquella antigua imagen del mundo, ¿no habría también que considerar superada la creencia en los ángeles?

Muchas personas que aceptan un Dios personal consideran superflua la fe en los ángeles porque la omnipotencia, omnipresencia y *omnieficiencia* de Dios harían inútil la existencia de seres angélicos.

2. Los ángeles han estado siempre de actualidad.

Los pintores y escultores empezaron a representar ángeles, a partir del siglo IV de nuestra Era, como jóvenes alados con vestiduras blancas. Es curioso reconocer, sin embargo, que en el arte paleocristiano, que vemos en las antiguas catacumbas romanas, los ángeles no llevaban alas. Más adelante, algunos pintores flamencos del siglo XV los imaginaron vestidos con ricas túnicas de colores; recuérdese la famosa *Anunciación* de Fray Angélico. Con Rafael, los ángeles alcanzaron una belleza casi pagana; aunque, más tarde, su figura se aniñó y, así, en los cielos del Barroco predominaron las cabezas infantiles, con dos pequeñas alitas a los lados. Incluso en el Barroco de Latinoamérica aparecen ángeles vestidos de militares (o de hidalgos), portando armas de fuego en las manos o blandiendo temibles espadas contra los casi indefensos indios.

Asimismo, el gran maestro español Goya pintó "ángelas", como las de la Iglesia de San Antonio de la Florida en Madrid. No obstante, sólo un cantante de la talla de Machín pudo darse cuenta de que los artistas de la imagen se habían olvidado de pintar "angelitos negros". Recientemente, el séptimo arte se ha abierto también a la *angelología* con películas como: *Autopista hacia el cielo*, *El ángel*, *El cielo puede esperar*, *Ghost*, *La mujer del predicador* y tantas otras. Muchos cristianos evangélicos se han apuntado también a la moda de los ángeles e, incluso, algunos predicadores afirman que Dios les ha concedido un ángel de la guarda personal con el que hablan, y que les indica lo que deben hacer en cada situación concreta.

3. Exageraciones en el tema de los ángeles.

Los judíos los concebían como espíritus constituidos por una sustancia ígnea y etérea que desprendía una luz resplandeciente. Pensaban que habían sido creados el segundo o el quinto día de la creación. No bebían, ni comían, ni engendraban hijos. Eran considerados inmortales, aunque podían ser aniquilados por Dios. Su conocimiento del futuro lo poseían porque habían fisgoneado en los planes divinos. Los ángeles se habrían opuesto a la creación del hombre, a la entrega de la ley, y habrían atacado a Moisés cuando subía al Sinaí, ya que eran celosos y no querían compartir su posición con ninguna otra criatura.

Los judíos creían que había millones y millones de ángeles, cada uno con sus funciones correspondientes. Veamos algunos ejemplos: doscientos ángeles controlaban el movimiento de las estrellas; uno controlaba la sucesión de los años, meses y días; otro se ocupaba del mar; había ángeles de la escarcha, el rocío, la nieve, el granizo, el trueno y el rayo; los ángeles escribas registraban en un libro cada palabra dicha por el mortal; y, en fin, los rabinos solían decir que cada hoja de hierba tenía su propio ángel.

Evidentemente con una *angelología* tan desarrollada existía el peligro de que, en la creencia popular, los ángeles se interpusieran entre Dios y los hombres.

Por eso el autor de *Hebreos* se ve obligado a reivindicar la importancia de Cristo por encima de los ángeles: *Pues, ¿a cuál de los ángeles dijo Dios jamás: Siéntate a mi diestra, hasta que ponga a tus enemigos por estrado de tus pies?* (He. 1: 13). Era necesario demostrar que el Hijo fue siempre muy superior a los ángeles y que, quien conoce al Hijo, no necesita de ningún ángel mediador.

También la Iglesia Católica contribuyó a la exageración. Recordemos la siguiente anécdota: cuando los turcos estaban a punto de tomar Constantinopla, en el siglo XV, un concilio reunido en la ciudad se ocupaba de discutir el problema teológico del sexo de los ángeles. Este hecho pasó a la Historia como ejemplo de lo que conocemos como "discusión bizantina", es decir, un debate fuera de lugar, absurdo y que no tiene en cuenta los problemas reales e importantes.

4. La *Biblia* y los ángeles.

La palabra "ángel" en las *Escrituras* significa "mensajero", aunque hay que tener en cuenta que, a veces, este término se aplica también a ciertos seres humanos, tal como puede verse, por ejemplo, en el *Evangelio* de Lucas (7: 24) en relación a los llamados "mensajeros de Juan". Pero, de manera general, los ángeles son seres sobrenaturales que actúan como mensajeros de Dios para realizar su voluntad. Observemos que esto ocurre siempre en momentos cruciales de la historia de la salvación. Así vemos en el *Antiguo Testamento* numerosos pasajes en los que intervienen ángeles:

- Abraham habla con ciertos ángeles que tienen el aspecto de tres varones, en el encinar de Mamre. Estos seres le anuncian que su anciana esposa, Sara, tendrá un hijo (Gn. 18).

- El Ángel de Jehová se le aparece a Moisés en el monte Horeb, cuando recibe el llamamiento de parte del Señor, mientras estaba apacentando las ovejas, y adopta el aspecto de una llama de fuego que ardía en medio de la zarza (Éx. 3).

- El salmista escribe también: *Pues a sus ángeles mandará acerca de ti; que te guarden en todos tus caminos* (Sal. 91: 11).

El *Nuevo Testamento* nos presenta asimismo muchas situaciones en las que aparecen los ángeles. Vemos su actuación en numerosas ocasiones, alrededor de la vida del Señor Jesús:

- Los ángeles predicen y anuncian, como hemos leído, el nacimiento de Cristo.

- Le protegen en su infancia, recordemos la huída a Egipto narrada en Mateo (2: 13).

- Asisten a Jesús en la tentación (*el diablo le dejó y vinieron ángeles y le servían*).

- Le confortan en Getsemaní.
- Remueven la piedra del sepulcro.
- Anuncian la resurrección.

Vemos ángeles que aparecen en ocasiones de necesidad alrededor de los apóstoles:

- Libran al apóstol Pedro de la cárcel en la que lo había encerrado Herodes.
- Un ángel del Señor habla a Felipe y le indica el camino a seguir (Hch. 8: 26).
- Otro ángel conforta a Pablo, antes de que este se presentase ante el César (Hch. 27: 24).

Cuando se acaba el período de la revelación especial de Dios al ser humano, el servicio extraordinario de los ángeles cesa también durante un tiempo para recomenzar con el regreso del Señor Jesús.

Si bien es verdad que los ángeles no aparecen en el mundo de nuestra experiencia y que, por tanto, su existencia no se puede demostrar objetivamente, no podemos por esto deducir que no existen, ya que ni la *Biblia*, ni el propio Jesús, prescinden del testimonio de los ángeles. El mensaje bíblico sobre ellos hace un servicio a la fe cristiana, porque le recuerda la grandeza y profundidad de la Creación de Dios. Este mundo en el que nos movemos, visible y experimentable, no es toda la Creación. El Creador ha llamado a la existencia a mundos y a criaturas que están más allá de la realidad accesible al ser humano. Según la *Escritura*, pues, los ángeles son mensajeros de Dios en el mundo, que realizan su voluntad y están al servicio del pueblo de Dios. Hemos visto muchas de las ocasiones en que los ángeles han acudido en auxilio de los hombres. Tal como afirma la epístola a los Hebreos: *Ciertamente de los ángeles dice: [...] ¿no son todos espíritus ministradores, enviados para servicio a favor de los que serán herederos de la salvación?* (He. 1: 7 y 14).

Pero los ángeles están a las órdenes de Dios, no a las nuestras; de ahí que el cristiano no deba poner su fe y sus esperanzas en los ángeles, como hacían los gnósticos, aquellos espiritualistas de los primeros siglos del Cristianismo con quienes el apóstol Pablo se las tuvo que ver. La esperanza del creyente debe estar solamente en el Dios vivo que se ha revelado en Jesucristo. La doctrina de los ángeles es hermosa, pero no carece de peligros, como el de colocar mediadores entre Dios y el ser humano. La fe cristiana no tiene necesidad de ningún intermediario ya que el acceso al Padre es directo a través del Hijo: *Porque hay un solo Dios, y un solo mediador entre Dios y los hombres, Jesucristo hombre* (1 Ti. 2: 5).

Mateo explica cómo el ángel del Señor se apareció en sueños a José y le cambió todas sus perspectivas de vida. Lo primero que dicen siempre los mensajeros de Dios, antes de dar la noticia que traen, es: "no temas", "no temáis", ¿por qué? Los seres humanos siempre hemos tenido miedo a los anuncios que pueden cambiar nuestros planes. Y además, somos muy dados a fabricar ídolos y a transmitir supersticiones.

5. ¿Hay que temer al Espíritu imprevisible de Dios?

Quizás a nosotros nos baste, como a José, un sueño, para comprender que el proyecto de Dios, algunas veces, destroza nuestros planes y nuestras programaciones rígidas o demasiado sensatas. Es posible que, como María, seamos capaces de acoger unas palabras que no comprendemos, unos sucesos que escapan a nuestro control, unos acontecimientos que, a primera vista, nos resultan injustos, como puede ser ese dolor que no parece tener explicación humana o la pérdida traumática de un ser muy querido.

Puede que nuestra obediencia sea según la carne y, por tanto, rechacemos los signos que Dios desea ofrecernos para emprender otro camino diferente. Cabe la posibilidad de que nos empeñemos en realizar nuestros propios ideales y no queramos escuchar ese mensaje de Dios que resuena en nuestra conciencia. Pero, quizás, después de haber invocado tantas veces el nombre de Dios, consigamos no tener miedo a su Espíritu imprevisible y, en ocasiones, desconcertante. En una palabra, tenemos que aprender docilidad. Sólo si obedecemos la voz del Señor podremos ser "justos como José", en la lógica y la perspectiva de la fe.

6. José y María renunciaron a sus planes.

Fue necesario que José y María renunciaran a su programa de vida familiar, para acoger sin reservas el proyecto y la promesa de Dios. La gran enseñanza del texto es que ellos renunciaron a sus propias ideas de futuro para abrirse al proyecto de Dios. No debió ser nada fácil, desde luego.

Los seres humanos entendemos casi siempre el futuro como una simple prolongación del presente, quizás con alguna mejora más; y ahí proyectamos nuestros deseos irrealizados o nuestras frustraciones. Pero el proyecto de Dios, contemplado desde la fe, no es una simple proyección del presente, sino una dimensión nueva en la que intervienen elementos sorprendentes e inesperados, que provocan un cambio radical. El proyecto de Dios para nuestras vidas está bajo el signo de la plenitud, de lo imposible hecho posible, es el signo de la imprevisibilidad del Espíritu Santo.

La Iglesia se hace signo del poder del Espíritu cuando acepta el cambio y no intenta encuadrar al Espíritu en los programas y tácticas humanas, es decir, cuando se abre a la diversidad y a la originalidad provocada por Dios. La Iglesia es obediente y responsable cuando manifiesta el poder sorprendente del Espíritu, o sea, cuando vive de la fe como José y María, aceptando el riesgo de lo imprevisible y de las pocas posibilidades humanas. Paradójicamente, el estar abiertos a lo nuevo que viene de Dios y a lo inesperado, es el puntal que asegura la solidez de la Iglesia.

¡Quiera Dios que aprendamos a no tener miedo de sus mensajes, ni de sus mensajeros, aunque éstos puedan cambiar radicalmente nuestros planes!

22
El magnetismo personal de Jesús

Mateo 4: 24-25 (12-25)

Y se difundió su fama por toda Siria;
y le trajeron todos los que tenían dolencias,
los afligidos por diversas enfermedades y tormentos,
los endemoniados, lunáticos y paralíticos; y los sanó.
Y le siguió mucha gente de Galilea, de Decápolis, de Jerusalén,
de Judea y del otro lado del Jordán.

ESQUEMA

1. Jesús tenía compasión de la gente.

2. Jesús satisfacía las necesidades de la gente.

3. Jesús enseñaba de forma práctica e interesante.

4. Jesús sigue atrayendo hoy.

CONTENIDO

El mundo de la política y de los medios de comunicación social nos tiene acostumbrados, sobre todo en época de elecciones, a espectaculares batallas dialécticas, en las que se derrochan toda clase de esfuerzos por captar mayor audiencia y atraer el voto de las multitudes. Cada campaña electoral supone todo un despliegue de recursos: promesas, ofertas, compromisos y pactos, con el único fin de alcanzar más votantes que el rival. Se trata de convencerlos de la propia ideología o de que el candidato, "don fulano de tal", es el que de verdad conviene al país. En el fondo, lo que se persigue siempre es seducir e interesar a la muchedumbre en el propio proyecto político o personal.

Es evidente que el Señor Jesús nunca empleó las tácticas que hoy usan los políticos en nuestras sociedades democráticas. No obstante, salvando las lógicas distancias, también en el *Nuevo Testamento* encontramos ciertos fenómenos en los que se aprecia un seguimiento multitudinario del Maestro. Veamos algunos textos. Leemos en *Mateo* (4: 24-25): *se difundió su fama por toda Siria..., y le siguió mucha gente de Galilea, de Decápolis, de Jerusalén, de Judea y del otro lado del Jordán*; y en *Marcos* (12: 37): *... Y gran multitud del pueblo le oía de buena gana*; en *Lucas* (8: 42): *la multitud le oprimía*, cuando Jesús se dirige a casa de Jairo; y también en *Mateo* (14: 14 y 21): *Y saliendo Jesús, vio una gran multitud, y tuvo compasión de ellos... y los que comieron fueron como cinco mil hombres*, es decir, que con las mujeres y los niños, se calcula que serían unas quince mil personas, lo cual, teniendo en cuenta la época, era una auténtica aglomeración.

¿Qué características tenía Jesús para atraer así a las multitudes? ¿Por qué le seguía la gente? ¿En qué consistía esa especial cualidad magnética del ministerio de Jesucristo? ¿Acaso les prometía que iba a rebajar los impuestos o que subiría las pensiones de los jubilados o de las rentas más bajas? Ni siquiera les aseguró que les liberaría del yugo del Imperio romano, que era lo que muchos esperaban del Mesías. No, el Evangelio no dice nada de eso, únicamente menciona algunas cosas que eran habituales en el Maestro. Vamos a estudiar tres razones principales:

1. Jesús tenía compasión de la gente.

Es decir, la amaba de todo corazón. Según *Mateo* (9: 35-36): [...] *recorría Jesús todas las ciudades y aldeas, enseñando en las sinagogas de ellos, y predicando el Evangelio del reino, y sanando toda enfermedad y toda dolencia en el pueblo. Y al ver las multitudes, tuvo compasión de ellas; porque estaban desamparadas y dispersas como ovejas que no tienen pastor.*

Jesús de Nazaret amaba a los seres humanos, incluso a los marginados de la sociedad, a quienes los líderes religiosos llamaban "los perdidos", y le gustaba pasar tiempo con ellos. Disfrutaba más de la compañía de los humildes que le buscaban, que de los propios teólogos y gobernantes. Acudía a las fiestas de los proscritos y pecadores, por eso le llamaban, *el amigo de los pecadores* (Lc. 7: 34).

No obstante, hoy, igual que ayer, la mayoría de la gente busca estar cerca de personas influyentes, fotografiarse con ellas, aparentar amistad con los grandes de este mundo. Este comportamiento suele darse incluso entre los propios creyentes. Sin embargo, ¿cuántas personas nos llaman a nosotros, como llamaban a Jesús, amigos de los transgresores, es decir, de aquellos que la gente tiene por culpables, marginales, menesterosos, solitarios, etc.? Seguramente hoy podríamos dar muchas razones para justificar nuestra falta de relación con tales individuos: que vivimos en otra época, que puede resultar peligroso, que el Evangelio es también para los más acomodados, y muchas más por el estilo.

Pero, lo cierto es que la gente que seguía a Jesús notaba que a él le encantaba estar con ellos. Incluso los niños querían estar cerca de Cristo. ¿Por qué? ¿Qué clase de persona era? Los pequeños tienen un olfato especial para distinguir a los adultos que los aceptan sinceramente. Seguro que todos conocemos a personas que poseen este don especial y, frecuentemente, están rodeados de niños.

Pues bien, ¡si queremos difundir el Evangelio de Jesucristo, si deseamos que la Iglesia crezca, que la gente acuda, oiga la Palabra, entienda, se arrepienta de sus errores y acepte al Señor como Salvador personal, tenemos que aprender a amar a los incrédulos como lo hizo Jesús! El mandamiento de amar aparece más de cincuenta veces en el *Nuevo Testamento*. Si no amamos de verdad a la gente, ni tenemos verdadero interés por ella, por sus necesidades físicas y espirituales, todo lo que hagamos por atraerla a Cristo se verá notablemente dificultado por este desafecto.

El Evangelio es aquí muy claro y muy radical. El apóstol Juan dice que: *el que no ama, no ha conocido a Dios, porque Dios es amor* (1 Jn. 4: 8). ¿Qué es lo que puede atraer hoy de una Iglesia cristiana evangélica? ¿La teología protestante ortodoxa que se predica desde el púlpito? ¿Un edificio espléndido, cómodo, espacioso y con buen estacionamiento para vehículos? ¿Un programa repleto de actividades de todo tipo para cualquier edad? Estas cosas son muy positivas y pueden ayudar, ¿qué duda cabe? Pero el espíritu de amor, de respeto y aceptación a los no creyentes que se respira en una congregación es una de las principales razones para que una Iglesia crezca y sea bendecida por el Espíritu Santo.

Es cierto que hay algunas congregaciones en las que sus miembros se aman los unos a los otros y, entre ellos, existe una gran comunión, pero no crecen. ¿Por qué? El amor está canalizado hacia los de dentro y se han convertido en auténticos clubes privados, casi "guettos" evangélicos. No atraen a los no creyentes porque no los aman. A veces, incluso, hasta los miran con recelo, cuando alguien asiste casualmente al culto. Los desconocidos resultan sospechosos por la amenaza que representan.

Muchas de estas iglesias no crecen porque no quieren crecer. Hay pequeños síntomas que dicen mucho: ¿cómo tratamos a las visitas? ¿Las ignoramos? ¿Nos molestan o, por el contrario, les damos la bienvenida, les saludamos e intentamos demostrarles nuestra alegría por su asistencia?. Rick Warren, el famoso pastor y escritor norteamericano, autor de libros que han sido de mucha ayuda e inspiración para el pueblo evangélico en el mundo, escribe: *El amor atrae a la gente como un poderoso imán. La falta de amor empuja a la gente hacia afuera.* Desde luego, el clima apropiado para el crecimiento de una iglesia es, sin duda, una atmósfera de aceptación y amor.

2. Jesús satisfacía las necesidades de la gente.

Leemos en *Mateo* (15:30): *se le acercó mucha gente que traía consigo a cojos, ciegos, mudos, mancos, y otros muchos enfermos; y los pusieron a los pies de Jesús, y los sanó; de manera que la multitud se maravillaba... y glorificaban al Dios de Israel.*

El Maestro satisfacía no sólo las necesidades espirituales y emocionales, sino también las físicas y materiales. Su manera de relacionarse con las personas era siempre positiva. Lo primero que decía, no era: "¡eres un miserable, arrepiéntete de tus pecados!", sino: "¿qué quieres que te haga? ¿Qué necesitas? ¿Por qué vienes a mí?". Y, en la mayoría de las ocasiones, la gente pedía sólo una cosa, frecuentemente, la sanación física, pero obtenía dos beneficios a la vez: la salud física y la espiritual.

Quizás hoy, también, una de las formas en que la Iglesia podría captar la atención de los inconversos sería ofrecerles algo que no pudieran conseguir en ninguna otra parte. ¿Cómo satisfacer las necesidades de las criaturas en el nombre de Cristo? ¿De qué manera puede hacerse de la Iglesia un lugar donde los heridos, los deprimidos, los frustrados, los confundidos puedan encontrar amor, aceptación, ayuda, esperanza, perdón, guía y aliento? En esto debemos pensar los creyentes. La Iglesia no está sólo para satisfacer las necesidades espirituales de la gente, sino "todas" sus necesidades. Santiago reprendió a los cristianos que creían que un sermón o un versículo de la *Biblia* era siempre la mejor solución a cualquier necesidad: *Y si un hermano o una hermana están desnudos, y tienen necesidad del mantenimiento de cada día, y alguno de vosotros les dice: Id en paz, calentaos y saciaos, pero no les dais las cosas que son necesarias para el cuerpo, ¿de qué aprovecha?* (Stg. 2: 15-16).

En el momento en que cubrimos las necesidades humanas, sean cuales sean, estamos siendo de verdad "hacedores de la Palabra" y no tan sólo oidores. El pastor Rick Warren, a quien ya hemos citado antes, en su libro *Una iglesia con propósito,* se refiere a una congregación norteamericana que descubrió cierta necesidad que tenían algunas parejas jóvenes de su ciudad. Ni más ni menos que enseñar a los niños pequeños a ir solitos al baño y librarse ellos mismos de sus pañales. Aunque esto pueda provocar la risa, lo cierto es que los miembros de dicha iglesia se pusieron manos a la obra y organizaron una serie de conferencias, con el título "Eduque a los preescolares". En seguida encontraron un versículo lema: *Proverbios* (22: 6): *Instruye al niño en su camino.* Docenas de parejas fueron alcanzadas para Cristo a través de esta actividad. Si nos paramos a pensar en las necesidades que tiene la gente hoy, y que pueden ser utilizadas como puertas abiertas para la evangelización, las posibilidades se hacen casi ilimitadas. Cada vez que se satisface la necesidad de alguien, es como si la Iglesia destapara un frasco de perfume que se extiende por toda la comunidad, y que puede atraer a más personas al conocimiento de la verdad.

3. Jesús enseñaba de forma práctica e interesante.

Todo esto habló Jesús por parábolas a la gente, y sin parábolas no les hablaba (Mt. 13: 34). Detrás de la aparente simplicidad de las imágenes que el Maestro utilizaba se escondían siempre penetrantes enseñanzas. La experiencia que Jesús adquirió en su infancia, al permanecer en contacto con el mundo natural, con las gentes humildes o poderosas que le rodeaban, con el mundo de la creación, etc., le resultó crucial a la hora de construir esas obras de arte que son las parábolas. De ahí que tales relatos sigan constituyendo un medio poderoso de evangelización y exhortación para el hombre contemporáneo.

Hoy, más que nunca, vivimos en un mundo de imágenes. Nos comunicamos mediante ellas. Nos sirven de distracción. Nos educan y han entrado a formar parte de la historia de la humanidad. Por todo ello, las parábolas son relatos que continúan evocando imágenes reales en las mentes de los hombres, y que se adecuan perfectamente a la mentalidad virtual que predomina hoy. Cada vez gustan más las películas realizadas mediante computadoras que muestran imágenes aparentes. Es como si la realidad estuviera dando paso a la apariencia virtual. Pues bien, la predicación cristiana del tercer milenio debe tener esto en cuenta, a la hora de presentar el mensaje genuino de Cristo.

Aburrir a la gente con la *Biblia* en la mano es el peor de los errores que se puede permitir el predicador cristiano. Y aquí todos los que nos subimos al púlpito debemos aceptar la crítica constructiva de parte de nuestros hermanos. Cuando se enseña la palabra de Dios de manera monótona, pesada o soporífera, es decir, de algún modo que la hace poco interesante, los no creyentes no piensan que el pastor es aburrido; desgraciadamente muchos creen que las cosas de Dios son aburridas, que la *Biblia* es un libro imposible de comprender, o que los cultos de los evangélicos son algo propio de otras épocas, sin relevancia para el hombre de hoy. Desgraciadamente, tenemos que reconocer, con pesar, que muchos mensajes alejan más de lo que atraen.

¿Por qué razón algunos creyentes no tienen la costumbre de invitar a sus amigos, vecinos, compañeros de trabajo o familiares no creyentes al culto? Sería bueno hacer una encuesta sobre este asunto. Desde luego las respuestas pueden ser muy variadas, quizás muchas veces llenas de excusas, pero reflexionemos en algunas de las explicaciones que hemos oído o que nosotros mismos hemos podido dar: timidez o vergüenza por nuestra parte; pensar que ellos no entenderían el lenguaje, o que los mensajes no están a su altura, ya que los evangélicos utilizamos unos términos muy especiales y complejos para la mentalidad actual; el predicador no distingue bien entre edificación y evangelización, por lo que quizá el sermón no resulta apropiado para el invitado neófito; el templo no es el más adecuado, hace frío (o calor) y, además, los asientos son incómodos; a los visitantes no les gustaría el estilo musical de la alabanza ya que es demasiado clásico, o demasiado moderno, o se pasa mucho tiempo de pie; quizás se sentirían violentos cuando se les pasara la ofrenda, y se daría la imagen negativa y estereotipada de que los cristianos siempre están pidiendo; conocerían a la gente con la que nos relacionamos los domingos en la iglesia y podrían pensar que también somos como ellos en otros aspectos, etc. Son muchas las "razones" que se podrían dar para intentar justificar esa actitud de no invitar a la gente.

Pero, pensemos sinceramente ¿qué hace falta para que yo me atreva a traer al culto a mis amistades? ¿Qué aspectos formales habría que retocar o modificar? Algunas cosas que son barreras para nosotros pueden ser simplemente prejuicios personales, pero otras, quizás, podemos planteárnoslas como comunidad, con el fin de mejorarlas o adecuarlas a la idiosincrasia de hoy. Vale la pena pensar en estas cuestiones y dedicarles el tiempo que merecen. En algunos ambientes, las técnicas de visitación casa por casa con el fin de evangelizar están más que superadas. En España, los testigos de Jehová y otros grupos las siguen utilizando, pero la gente los esquiva con la ayuda del portero automático. Aunque, por otro lado, conviene tener en cuenta que el número de personas solitarias está aumentando en las grandes ciudades, así como la cantidad de ancianos que buscan y necesitan compañía o calor humano.

Los cristianos de hoy estamos obligados a hacer de nuestros cultos auténticas fiestas de alegría abiertas a todo el mundo, lugares agradables de encuentro donde se alabe a Dios y se dé un testimonio sincero y elocuente de lo que él puede hacer en la vida de cada persona. Pero debemos hacerlo de forma sabia, digna y elegante. Hay que sentirse satisfechos de nuestras celebraciones de culto, para así atraer a las criaturas y presentarles las buenas nuevas, el Evangelio de salvación. Sin olvidar nunca que nosotros mismos estamos llamados a ser testimonios vivos.

4. Jesús sigue atrayendo hoy.

Dice el *Nuevo Testamento* que, cuando las gentes oían a Jesús, se admiraban de su doctrina y gran multitud del pueblo le oía de buena gana (Mr. 12: 37). Pues bien, el Maestro continúa teniendo hoy el mismo poder, el mismo magnetismo personal que durante el primer siglo. Jesucristo sigue atrayendo a las personas que deciden confiar en él. Es posible que quizás esto se dé en mayor medida en unas regiones que en otras de nuestro planeta. Pero, ¿por qué en unos lugares aumenta la fe, mientras que en otros lo que aumenta es la incredulidad? ¿No será quizás porque en esos lugares en los que el Evangelio crece, los cristianos aman de verdad a los no creyentes? ¿Será que ante todo procuran satisfacer las necesidades materiales y espirituales con arreglo a sus posibilidades o les enseñan la Palabra de forma práctica e interesante?

Es menester pensar en todo esto si queremos que el mensaje de Jesucristo continúe atrayendo a la gente, cambiando vidas y dando sentido a la existencia de muchos de nuestros amigos y conciudadanos, que todavía no le conocen de verdad. Como cristianos de la aldea global, nuestro galardón debe estar siempre en presentar gratuitamente el mensaje de Cristo, para no abusar de nuestro derecho en el Evangelio (1 Co. 9: 18). Igual que en su tiempo hizo el apóstol Pablo, debemos colocar nuestra libertad personal al servicio de nuestra generación, "para ganar a mayor número". Intentar *inculturar* el mensaje evangélico a cada pueblo y civilización, hacerse a los judíos como judío, a los que están sin ley, como si estuviéramos sin ley para ganarles, o ser débiles a los débiles para que descubran a Cristo. Esta es nuestra misión en la tierra y será también nuestro supremo galardón en el cielo.

23
Entrada triunfal en Jerusalén

Mt. 21: 8-9 (1-11)

Y la multitud, que era muy numerosa, tendía sus mantos en el camino;
y otros cortaban ramas de los árboles, y las tendían en el camino.
Y la gente que iba delante y la que iba detrás aclamaba, diciendo:
¡Hosanna al Hijo de David!
¡Bendito el que viene en el nombre del Señor!
¡Hosanna en las alturas!

ESQUEMA

1. Entrada triunfal de Jesús en Jerusalén.

    1.1. Interpretación política.

    1.2. Interpretación mística.

    1.3. Sentido real de esta historia.

2. Jesús: el rey manso.

CONTENIDO

Se puede deducir de este relato de Mateo y de los otros tres evangelistas que Jesús y sus discípulos durmieron en Betania la noche del sábado, y, el domingo por la mañana, salieron hacia Jerusalén por la carretera de Jericó. En aquella carretera debía haber un gran movimiento de gentes. La Pascua estaba encima y muchas caravanas subían a Jerusalén por el mismo camino que Jesús llevaba. Seguramente los corazones de aquellas personas debían de estar muy alegres.

Un judío sentía siempre júbilo cada vez que se acercaba a la ciudad santa. Eran peregrinos que viajaban con el alma abierta, gozosos porque podían participar de la fiesta principal del Judaísmo.

Pero, ese día, Jesús iba a obrar de manera muy diferente a como era habitual en él. En repetidas ocasiones había rechazado las aclamaciones de la multitud. No le gustaban las algarabías, ni el entusiasmo excesivo de los suyos. Sin embargo, aquella mañana Jesús no sólo no se oponía al entusiasmo sino que parecía fomentarlo y organizarlo Él mismo.

Betfagé era una pequeña aldea, un arrabal de Jerusalén, cuyo nombre significaba "casa de los higos verdes". Al llegar allí, Jesús dio una orden que, sin duda, llenó de alegría a todos los que le acompañaban. Llamó a dos de sus discípulos y les dijo: *Id a la aldea que está enfrente de vosotros, y luego que entréis en ella, hallaréis un pollino atado, en el cual ningún hombre ha montado; desatadlo y traedlo. Y si alguien os dijere: ¿Por qué hacéis eso? Decid que el Señor lo necesita, y que luego lo devolverá* (Mc. 11: 2-3). Se entra así en una escena en la que todo empieza a hacerse misterioso o, cuanto menos, paradójico. La situación es descrita por los cuatro evangelistas, lo cual indica la importancia que tiene semejante acontecimiento histórico.

1. Entrada triunfal de Jesús en Jerusalén.

1.1. *Interpretación política.*

Para quienes tratan de acentuar el sentido político de la vida de Jesús e insisten en vincularle con movimientos zelotas nacionalistas, la entrada de Cristo en la ciudad habría sido una verdadera ocupación militar de la misma. Interpretan la expulsión de los mercaderes del templo, que ocurre algo después, como una verdadera toma de la ciudadela de Jerusalén. Algunos comentaristas llevan esta teoría hasta el extremo de afirmar que el domingo de ramos habría sido una verdadera manifestación política y que el popular grito de las gentes, *¡Hosanna!*, habría sido en realidad un grito de liberación contra la opresión de los romanos, y que aquellas personas que aclamaban a Jesús sólo veían en Él a un jefe nacionalista que podía librarles no de la opresión del pecado, sino de la tiranía de los extranjeros.

Sin embargo, esta interpretación encuentra dos graves objeciones. En primer lugar, ¿para qué habría organizado Jesús una manifestación política de la que no iba a sacar fruto alguno, si a la noche siguiente iba a regresar pacíficamente a Betania? Y, en segundo lugar, si esa manifestación fue tan importante y violenta, ¿cómo se explica que, en ningún momento del juicio de Jesús, aparezca la menor alusión a dicha escena? Decir que los evangelistas suavizaron la historia dándole un carácter místico no parece suficientemente convincente.

1.2. Interpretación mística.

Según este punto de vista, la entrada de Jesús en Jerusalén sólo habría tenido un significado místico. Se enfatiza la aparente humildad del borriquillo, la inocencia y el clima casi infantil de la chiquillería que rodea a Jesús, y las palmas agitadas, que bien poco tienen que ver con las armas. Seguramente, tal interpretación cae en los mismos errores que la anterior, porque la realidad es que hay en esta escena algo de tensión. Probablemente, lo que Jesús expresó no fue bien interpretado por los que le aclamaban.

1.3. Sentido real de esta historia.

Un rey temporal como el Mesías que esperaban los judíos hubiera hecho su entrada triunfal montando un brioso alazán, caballo vigoroso y fuerte, rodeado de una brillante escolta de capitanes y soldados, al sonido de trompetas y con las banderas desplegadas. En contraste con esta imagen, Jesús entra en Jerusalén sentado sobre un pollino. Esta acción tiene también su significado, ya que el burro no tenía en Oriente ni el sentido rústico que nosotros le damos hoy, como animal torpe y terco, ni tampoco la ternura poética que le atribuyó Juan Ramón Jiménez, en su *Platero y yo*. El asno era en Palestina la cabalgadura de personajes notables, ya desde los tiempos de Balaán (Nm. 22: 21). Sin embargo, en la época de Jesús era el animal de montura más corriente. Cuando el Maestro eligió esta cabalgadura, probablemente no buscaba tanto la humildad, como se cree a veces, sino sólo lo que era habitual entre las gentes del país. Aunque también hay que destacar que el asno era usado por las novias el día de su boda y se ofrecía a cualquier persona a la que se quisiera festejar.

Lo que buscó Jesús, sobre todo, fue el cumplimiento de una profecía (Zac. 9: 9): *Alégrate mucho, hija de Sion; da voces de júbilo, hija de Jerusalén; he aquí tu rey vendrá a ti, justo y salvador, humilde, y cabalgando sobre un asno, sobre un pollino hijo de asna.* Esta profecía de Zacarías coloca la escena en su verdadero lugar. Se trata evidentemente de un rey, pero de un rey mucho más espiritual que político. Y tal idea se acentúa con la frase de Jesús que dice que el pollino aún no había servido de montura a nadie. Es esta una observación importante, ya que los judíos pensaban que un animal ya empleado para usos profanos era menos idóneo para fines religiosos.

La cuestión que se plantea es: ¿entendieron aquellas gentes este sentido religioso que Jesús quería darle a su entrada triunfal? Muy confusamente. Los judíos no hacían distinciones entre política y religión. Una entrada así era un triunfo y todo quedaba envuelto por él. Para un pueblo oprimido como el judío todo adquiría alusiones contra el opresor. Sin embargo, seguramente el clima de fiesta tuvo que predominar sobre el de protesta. De otro modo no se explicaría la no intervención de las tropas romanas que evidentemente tuvieron que ver la manifestación desde lo alto de la torre de la muralla llamada Antonia.

Los discípulos se sintieron llenos de alegría al ver llegar a Jesús montando el borriquillo. Se quitaron sus mantos multicolores y lo prepararon para el desfile, otros tendían los suyos sobre el camino para que pasara sobre ellos el jinete. La mayoría cortaban ramas de olivo o de palmera y las agitaban a su paso o las echaban también a los pies del pollino. Quizás se trataba de unos centenares de entusiastas que gritaban alrededor de Jesús viendo en Él, a la vez, un líder político y religioso. Pero no por eso podemos decir que fueran revolucionarios, ni guerrilleros, sino gentes llenas de esperanza, que no sabían con mucha claridad qué era lo que esperaban. Jesús, por vez primera en su vida, autoriza y tolera esos aplausos. El Maestro es consciente de que muy pocos entienden claramente el sentido de su misión o cuál es la salvación que trae, pero les deja que festejen y griten, porque sabe que muy pronto vendrá la noche y con ella empezarán los problemas.

2. Jesús: el rey manso.

He aquí, tu Rey viene a ti, manso.... Jesús es el rey manso, el rey que trajo la paz hace dos mil años, con su entrada triunfal en Jerusalén. Sin embargo, paradójicamente, el mundo no ha conseguido saborear todavía aquella paz. Hoy, después del fin del Comunismo del Este europeo, después de la desintegración de la, antaño todopoderosa, Unión Soviética, después del fin de la Guerra Gría y la bipolaridad, ha surgido un mundo multipolar, en el que cada día se demuestra que el anhelado fin de la Guerra Fría no ha traído un clima de paz, sino que se ha generado una nueva, peligrosa y creciente conflictividad con el terrorismo internacional.

La teoría del realismo que impera en la actualidad se sustenta en dos principios que legitiman la violencia como elemento regulador de las relaciones internacionales: primero, se sigue considerando la guerra como opción para la resolución de los conflictos entre los Estados y la victoria en la guerra como el principal argumento que legitima una política. Se continúa confiando en el equilibrio militar para mantener la paz, igual que hace cuatro mil años; segundo, la economía y la fuerza militar se emplean todavía como los mejores cauces para conducir la política de los grandes Estados del mundo, renunciando incluso a las creencias, los valores y las ideologías.

La paz de aquel Rey de paz no ha conseguido arraigar aún en la sociedad humana, porque es una paz interna, personal, individual e íntima. La paz de

Jesús, como el pan, se gana cada día con el sudor de la frente. Es una paz que hay que construir mediante la bondad y la mansedumbre: rompiendo con la ternura la costra endurecida de los egoísmos, vengándose de las ofensas con el perdón, orando por los enemigos, haciendo obras de reconciliación, construyendo el puzzle de la unidad rota, sonriendo a quien pone una cara feroz u hostil, amando a quien no se lo merece, saludando espontáneamente a los que manifiestan indiferencia, intentando comprender a la persona que no desea comprender, respetando al que no piensa como nosotros.

La propuesta moral de la paz que trae Jesús no comparte la antigua moral judía que le pedía a Dios el exterminio de los enemigos, o la moral griega belicista, o la moral imperialista de la "pax romana", o la moral medieval de las guerras justas, o la ética ilustrada y burguesa que considera la paz y la guerra como necesarias para el progreso civilizador. En nuestro mundo se habla mucho de la paz, pero como decía el profeta Jeremías, refiriéndose a los falsos profetas: *Dicen: paz, paz; y no hay paz* (Jer. 8: 11). El hombre sólo puede trabajar de verdad por la paz, cuando él mismo se abre de par en par a la paz de Dios .

Pablo dice a los colosenses:... *por cuanto agradó al Padre que en Él (en Cristo) habitase toda plenitud, y por medio de Él reconciliar consigo todas las cosas, así las que están en la tierra como las que están en los cielos, haciendo la paz mediante la sangre de su cruz* (1: 19-20). El ser humano no puede fomentar la paz, si no está en paz consigo mismo y con Dios. Y sólo se puede tener paz en la vida, dejándose redimir por la sangre gloriosa de Cristo. Él venció en la cruz el poder del mal, la violencia y la enemistad que promueve el Maligno entre los seres humanos. Pero, para entrar en esa dimensión victoriosa de la auténtica paz, hay que permitir la entrada triunfal de Jesús en nuestra vida y nacer de nuevo. Sólo así se puede tener verdadera paz.

Jesús penetró en la Historia humana y salió también de ella, pero su despedida no fue definitiva. Él dijo: *La paz os dejo, mi paz os doy; yo no os la doy como el mundo la da. No se turbe vuestro corazón ni tenga miedo. Habéis oído que yo os he dicho: Voy, y vengo a vosotros* (Jn. 14: 27-28). La frase *la paz os dejo*, significa "paz es mi despedida" o "quedaos en paz", que era el saludo convencional hebreo. Jesús se despidió deseándoles la paz mediante el saludo típico. Sin embargo, al decir: *yo no la doy como el mundo la da*, quiso aclarar: "yo no me despido como todo el mundo se despide, porque yo no voy a estar ausente", yo me marcho para volver, por eso dijo: *voy y vengo a vosotros*.

El Señor Jesús salió de la Historia pero continúa estando presente hoy. Descubrirle y conocerle personalmente es imprescindible para comprender todo el significado de la entrada triunfal y poder celebrar con legitimidad el Domingo de Ramos.

24
De la ira a la violencia

Mt. 26: 52 (47-52; 5: 38-48); Ro. 12: 17-21

Jesús le dijo: Vuelve tu espada a su lugar;
porque todos los que tomen espada, a espada perecerán.

Pr. 20: 21

No digas: Yo me vengaré;
Espera a Jehová, y Él te salvará.

ESQUEMA

1. La espiral de la violencia.

2. Jesús y los zelotes.

3. El amor a los enemigos.

4. Una nueva cultura de la paz.

CONTENIDO

Según el Evangelio de Mateo, Jesús, cuando fue prendido, rechazó el recurso de Pedro a las armas, argumentando que quien empuña la espada muere por la espada: *Pero uno de los que estaban con Jesús, extendiendo la mano, sacó su espada, e hiriendo a un siervo del sumo sacerdote, le quitó la oreja. Entonces Jesús le dijo: Vuelve tu espada a su lugar; porque todos los que tomen espada, a espada perecerán.* Desde luego, el apóstol Pedro podía haber alegado que se trataba de un caso de legítima defensa, de esos que aceptaría una moral clásica. Sin embargo, el argumento de Jesús fue que la violencia desata una lógica interna que termina por destruir al mismo que la ejerce.

1. La espiral de la violencia.

Cuerno de cabra, una película búlgara no demasiado conocida, propone un argumento que pretende ilustrar esta espiral de violencia. Una mujer casada madre de una niña pequeña es violada y asesinada por tres desalmados. A partir de tal acontecimiento, el marido y padre de la pequeña vive sólo con el único objetivo de vengar la muerte de su esposa, de modo que educa a la niña para que le ayude a llevar a cabo dicha venganza. La adiestra en el manejo de las armas. Se prohíbe a sí mismo toda ternura hacia ella, y trata de eliminar en su hija cualquier rasgo de feminidad y debilidad. Cuando se acerca el día de cumplir con su propósito, el padre descubre que su hija se ha enamorado de un muchacho. Enfurecido, prende fuego a la choza donde yace dicho joven, pero ella se arroja y muere con él por amor. El padre desesperado rescata a la muchacha pero ya demasiado tarde. Sube con el cadáver de su hija en los brazos hasta la cumbre de una montaña y allí, entre sollozos mudos, llora su propia soledad, la pérdida de su hija y la frustrada vida de ambos, marcada por la temible espiral de la violencia.

Jesús dijo: *¡Jerusalén, Jerusalén, que matas a los profetas y apedreas a los que te son enviados! ¡Cuántas veces quise juntar a tus hijos, como la gallina junta sus polluelos debajo de las alas, y no quisiste! He aquí vuestra casa os es dejada desierta* (Mt. 23: 37-38). La soledad es una de las consecuencias de la violencia. Ésta posee una especie de lógica cancerígena. La espiral de la violencia hace que quien mata a hierro, muera también a hierro de una u otra forma.

2. Jesús y los zelotes.

Pero no pensemos que esto aclara o facilita el tema de la violencia. Jesús, que fue un no violento radical, que no fue un zelote y que de hecho rompió con los zelotes -esto es lo que probablemente provocó la traición de Judas- no se nos presenta allí donde esperaríamos encontrarle. Incomprensiblemente, Jesús aparece, a pesar de todo, más cercano a los zelotes que a otros grupos teóricamente menos violentos del Israel de entonces. ¿Por qué?

Es probable que en el grupo de los doce discípulos hubiera más de un militante del zelotismo. Entre las numerosas críticas que contienen los Evangelios, ninguna se dirige contra los zelotes violentos. El blanco de las denuncias de

Jesús suelen ser siempre los fariseos, el partido nacionalista de Palestina, y en el terreno social, los ricos de su tiempo. Quizás porque para el Maestro había algo más radicalmente inhumano que el ejercicio de la violencia. Jesús se fija, sobre todo, en aquellos que aunque no cometían directamente actos violentos visibles, se apropiaban del beneficio generado por la violencia.

Como distinguía el cantante Raimon en una de sus letras, hay *manos de los que matan, ...sucias* y *manos finas que mandan matar.* Aún podemos encontrar a aquellos que aunque no manden matar, saben capitalizar muy bien la violencia y la sangre en provecho propio. Estos eran precisamente los fariseos: los que en Jerusalén se presentaban ante el pueblo como *antirromanos* encendidos, pero ante Roma esgrimían como arma la violencia de los otros, para presentarse como la única solución y cobrarse así los intereses. Esta ambigüedad política y moral, este doble lenguaje, es lo que Jesús no tolera.

El Señor cree que al mal no se le puede vencer a base de fuerza, sino sólo a base de bien. Sabe que toda victoria que no sea la de la convicción degenera necesariamente en imposición, y que la imposición crea infaliblemente sentimientos de opresión, y el sentimiento de opresión suministra argumentos y motivos psicológicos para una nueva rebelión. Este círculo es fatídico e irrompible si no optamos, de entrada, por colocarnos fuera de él.

El Evangelio de Jesucristo condena la violencia, porque toda violencia engendra nueva violencia. Desde esta óptica, el enemigo no dejará de ser enemigo porque se le venza, se le coaccione o se le aniquile en lo físico, sino sólo porque se elimine de raíz su enemistad. Es posible que, a veces, el comportamiento de Cristo, en relación a la violencia, pueda parecernos contradictorio: *Oísteis que fue dicho a los antiguos: No matarás; y cualquiera que matare será culpable de juicio. Pero yo os digo que cualquiera que se enoje contra su hermano, será culpable de juicio; y cualquiera que diga: Necio, a su hermano, será culpable ante el concilio; y cualquiera que le diga: Fatuo, quedará expuesto al infierno de fuego* (Mt. 5: 21-22). Jesús lleva el precepto de no matar hasta la radicalidad de condenar al que llama "tonto" a su hermano.

Sin embargo, en otras ocasiones, Él mismo usa la violencia verbal y llama a sus hermanos: "hipócritas", "generación de víboras" y "sepulcros blanqueados". El mismo Maestro que clamó contra sus enemigos: *Ay de vosotros escribas y fariseos...,* fue también quien -ya sin voz- pronunció a favor de sus enemigos aquel: *perdónalos porque no saben lo que hacen.* Esta actitud, aparentemente contradictoria, tiene una explicación bien simple: Jesús parece ser agresivo cuando la injusticia o la necesidad de defensa afectan a los demás, pero se vuelve no resistente cuando le afectan a Él mismo. Semejante doble medida, según se trate de los demás o de sí mismo, es el criterio que atraviesa todos los Evangelios, y en esta doble actitud es donde entra ya en juego la radicalidad máxima de la no violencia evangélica: el amor a los enemigos.

3. El amor a los enemigos.

Puede que en el mundo de hoy estas palabras de Jesús suenen a utopía irrealizable, pero, si queremos ser fieles al mensaje evangélico, no tenemos más remedio que reconocer que toda la vida de Jesús, y la de los primeros cristianos, pregona la misma cosa: es mejor dejarse matar por una causa justa, que matar por ella. Tenemos el ejemplo de Esteban, el primer mártir cristiano que murió por su fe, perdonando a los que lo apedreaban (Hch. 7: 59-60).

La moral cristiana ya no puede ser la del *Antiguo Testamento*; nuestro código actual no son las tablas de la ley convertidas luego en los diez mandamientos, sino el sermón de la montaña y, especialmente, las bienaventuranzas. Cuando esto no se ha entendido así, el Cristianismo se ha deformado generando un dios de la violencia que no es el Dios revelado en Jesucristo. El resultado no ha podido ser más desastroso para la historia: Inquisición, cruzadas, guerras santas, reconquistas, muertes y más muertes de inocentes, en nombre de la defensa de la fe, olvidándose de que matar es injustificable en cualquier caso.

4. Una nueva cultura de la paz.

Por tanto, ¿qué podemos hacer?, ¿luchamos contra los violentos que nos acosan, contra el terrorismo, contra los que nos agreden de cualquier forma, o nos quedamos con los brazos cruzados y aprendemos a morir estoicamente? El apóstol Pablo les dijo a los romanos: *No os venguéis vosotros mismos, amados míos, sino dejad lugar a la ira de Dios; porque escrito está: Mía es la venganza, yo pagaré, dice el Señor* (Rom. 12: 19). No creo que el camino sea la venganza, es decir, responder al daño con otro daño igual o superior. Ni razonar así: "¡como los terroristas han matado a 5.000 inocentes, vamos nosotros ahora a matar a 10.000 inocentes más!". Ese no es el camino. Como escribió el profeta Isaías, la verdadera paz sólo puede ser fruto de la justicia (*y el efecto de la justicia será paz*, Is. 32: 17).

Es cierto que hay que encontrar a los culpables y hacer justicia. Pero, a partir de ahí, conviene empezar a tomar medidas sabias para que la violencia no tenga lugar. Vivimos en un mundo enormemente agresivo, que es el fruto de una cultura que nos ha educado más para la confrontación y la competitividad, en todos los terrenos de nuestra vida, que para la convivencia y la solidaridad. Pero la paz que nos trae Cristo no es como la que propone el mundo, sino que brota del amor, incluso a los enemigos, lo que supone una conversión radical en el corazón de cada hombre y una transformación de las estructuras sociales y políticas existentes.

Los cristianos estamos aquí para fomentar una nueva cultura de la paz, y, para conseguirlo, más que vencer con violencia o agresividad, hemos de "convencer", que es lo mismo que vencer con el otro y llegar al acuerdo mutuo. Es decir, vencer los dos juntos, salir ganando los dos a la vez. Es verdad que se ha de hacer justicia a los violentos, pero también tenemos que luchar por erradicar la miseria y el hambre del mundo, y por eliminar las dramáticas diferencias entre el Norte y el Sur. Esto no se va a conseguir arrasando pueblos, masacrando a víctimas inocentes, ni devolviendo proyectil por proyectil. Se ha de buscar un nuevo orden económico mundial y una solución pacífica a los conflictos, por la vía del diálogo político.

Marx dijo que la violencia era la que daba luz a la Historia, pero la *Biblia* afirma que Dios aborrece al que ama la violencia (Sal. 11: 5). El defensor del pueblo negro en los Estados Unidos, el pastor bautista, Martin Luther King, poco antes de morir asesinado, escribió en su último artículo estas palabras: *Si todos los negros americanos se dedicasen a la violencia, yo seguiría siendo la voz solitaria que les diría: os equivocáis de camino para conseguir el triunfo de vuestra causa justa.*

En pleno siglo XXI, y ante la inquietud que existe por la amenaza del terror mundial, estas palabras continúan señalando el camino que debemos seguir: *No devolviendo mal por mal, ni maldición por maldición, sino por el contrario, bendiciendo, sabiendo que fuisteis llamados para que heredaseis bendición* (1 P. 3: 9). Después de hacer justicia, hay que construir todo lo que ha sido destruido. Bendecir es también restaurar el bien, donde éste había sido erradicado por el mal.

25
El grito escandaloso

Mt. 27: 46 (41-50)

Elí, Elí ¿lama sabactani? Dios mío, Dios mío,
¿por qué me has desamparado?

ESQUEMA

1. Todos morimos solos.

2. ¿Por qué gritó Jesús?

3. El abandono de Dios.

4. ¿Estás en el corredor de la muerte?

CONTENIDO

Alrededor de la cruz de Cristo había aumentado la soledad. Probablemente los últimos curiosos se habían ido marchando entre el aburrimiento y el miedo que pudo causarles aquel repentino oscurecimiento del sol. Quedaban sólo los soldados y el pequeño grupo de los fieles, al que Jesús apenas veía ya con sus ojos borrosos de sangre y sudor. Estaba verdaderamente solo.

1. Todos morimos solos.

En realidad, morimos solos, incluso cuando lo hacemos rodeados de amor. Por mucho que el agonizante tienda su mano y se aferre a otra mano, sabe que, en el interior, donde se libra el último combate, está solo. Jesús sintió también en carne propia esta ley de la condición humana. Pero, además, vio su soledad multiplicada por el espanto de quien muere joven, en una cruz, odiado, despreciado y es, a la vez, dramáticamente consciente de todos sus dolores. Hay una soledad que ningún humano ha conocido jamás, ya que es la soledad del Hijo de Dios.

Si existe en todo el Evangelio una frase desconcertante, que sobresale por encima de todas las demás, y que durante siglos ha conmovido a creyentes y trastornado a los teólogos, es sin duda ésta del versículo 46. No fue una frase, sino un grito que taladró la Historia. En medio del silencio del Calvario, Jesús hizo lo que parecía imposible; se incorporó en la cruz, llenó de aire sus pulmones y gritó en voz alta: *Elí, Elí ¿lama sabactani? Dios mío, Dios mío, ¿por qué me has desamparado?*

¿Por qué gritó Cristo? ¿Qué pretendía "clamando a gran voz"? Recordemos que Jesús había sudado sangre en el huerto de los olivos, pero lo había hecho en silencio. Había soportado el castigo de la flagelación, había sufrido sin gritos el ver sus manos y sus pies traspasados. ¿Por qué gritaba ahora? ¿Por qué grita cuando ya sólo faltaba lo más fácil: terminar de morir? ¿Es que acaso no sabía que estas palabras serían usadas más tarde contra él? ¿Cómo iban sus contemporáneos a poder creer que aquel hombre sumido en el dolor era el Mesías que salvaría a su pueblo de las humillaciones? Si es Dios, ¿cómo puede decir que su Dios le abandona? ¿Cómo pudo el Padre abandonar al Hijo? ¿No era esto un escándalo para la fe de muchos?

2. ¿Por qué gritó Jesús?

Los exégetas y comentaristas del texto bíblico han dado múltiples respuestas a lo largo de la Historia. Por supuesto, unas más acertadas que otras. La mayoría coincide en resaltar que, en aquel momento, Cristo estaba llevando a cabo la obra de la redención, es decir, estaba asumiendo toda la maldad humana. Es lo que el apóstol Pablo escribiría años después en su epístola a los gálatas: *Cristo nos redimió de la maldición de la ley, hecho por nosotros maldición (porque está escrito: Maldito todo el que es colgado en un madero)* (Gá. 3: 13). Y de forma aún más tajante cuando escribe a los corintios: *Al que no conoció pecado, por nosotros (Dios) lo hizo pecado, para que nosotros fuésemos hechos justicia de Dios en él* (2 Co. 5: 21).

Las palabras de Pablo son realmente feroces: *se hizo maldición, lo hizo pecado.* No está diciendo que Jesús cometa pecado, sino que lo hizo realmente suyo, es decir, hizo suyo el pecado de la humanidad. Él no era pecador, pero en el Calvario se experimentó pecador. Es como si sus manos bondadosas, hechas para acariciar a los niños, hubieran acuchillado, disparado, ametrallado en todas las guerras de la Historia. Como si sus labios, que enseñaron la oración del

Padrenuestro, hubieran dicho todas las mentiras del mundo, todos los besos sucios de la Historia, todos los millones y millones de blasfemias. Como si su corazón, que instituyó la Santa Cena, se hubiera convertido en un frío bloque de odios, envidias, avaricias, incredulidades y crueldad.

Pero sólo estoy diciendo "como si", porque aunque Jesús experimentó todos estos dolores, sus dolores no fueron de pecador, sino de Salvador. Su dolor fue satisfacción, es decir, pago del precio del pecado, no castigo. Su pasión fue luminosa, no desesperada. La crucifixión de Cristo es el momento en que el "sinpecado" se hace como uno de nosotros. Aquella frontera de maldad que rodeaba a la humanidad, va a ser traspasada por Jesús. ¿Qué tiene pues de extraño que el Padre se alejara, ya que su santidad no puede convivir con el pecado?

Esa era su soledad existencial, aquella terrible soledad que supone la lejanía del Padre. Por eso grita, porque ese dolor es más agudo que todos los de la carne juntos. Pero su grito no es de desesperación. Se trata de un lamento tomado del salmo 22, que es un grito de angustia, pero también un canto de alabanza. Algunos autores creen que Jesús estaba repitiendo en voz baja las palabras de este salmo y que gritó su primer versículo.

Leamos con detenimiento los versículos más significativos y veremos como, en realidad, buena parte de este salmo parece una descripción detallada de lo que está ocurriendo en la cruz:

(1) *Dios mío, Dios mío, ¿por qué me has desamparado?*

(2) *Dios mío, clamo de día y no respondes; y de noche y no hay para mí reposo*

(6) *Mas yo soy gusano y no hombre; oprobio de los hombres y despreciado del pueblo.*

(7) *Todos los que me ven me escarnecen; estiran la boca, menean la cabeza, diciendo:*

(8) *Se encomendó a Jehová; líbrele él; sálvele puesto que en él se complacía*

(13) *Abrieron sobre mí su boca como león rapaz y rugiente*

(14) *He sido derramado como aguas, y todos mis huesos se descoyuntaron; mi corazón fue como cera, derritiéndose en medio de mis entrañas.*

(15) *Como un tiesto se secó mi vigor, y mi lengua se pegó a mi paladar, y me has puesto e n el polvo de la muerte.*

(16) *Porque perros me han rodeado; me ha cercado cuadrilla de malignos; horadaron mis manos y mis pies.*

(18) *Repartieron entre sí mis vestidos, y sobre mi ropa echaron suertes.* Pero en este preciso momento, el salmo da un giro radical hacia la esperanza. La lejanía de Dios no será definitiva, porque está llegando su gloria:

(19) *Mas tú, Jehová, no te alejes; fortaleza mía, apresúrate a socorrerme.*

(22) *Anunciaré tu nombre a mis hermanos; en medio de la congregación te alabaré.*

(27) *Y todas las familias de las naciones adorarán delante de ti.*

(28) *Porque de Jehová es el reino y él regirá las naciones.*

(29) *Mi alma vivirá para él.*

Así es como el grito de Jesús no es desesperación, sino que se convierte en una oración; una oración que enlaza directamente con la del huerto de los olivos.

Seguramente los ejemplos humanos no valen para comprender el profundo misterio que encierran estas palabras de Jesús, pero podríamos compararlo al caso de un niño que está muy enfermo y debe ser intervenido quirúrgicamente. Es muy pequeño para entender por qué tiene que ir al hospital, por qué debe permanecer en aquella cama de cuidados intensivos, con todos aquellos aparatos que salen de su cuerpo, tampoco entiende por qué sus padres no pueden estar siempre allí con él. Aunque ellos lo aman tanto como antes, incluso más si cabe, al verlo en peligro, sin embargo, el niño extraña su presencia, siente angustia y se siente abandonado.

Jesús no era un niño, pero este terrible desamparo debe haber sido una verdadera agonía. Todavía más: ese grito suyo será interpretado en son de burla por quienes le están escuchando. Jesús probablemente había pronunciado la frase aramea con el acento regional galileo y los que le escuchaban, quizás porque realmente no lo entendieron, o porque quisieron hacer un chiste fácil que les pareció gracioso, interpretaron que estaba llamando a Elías: *A Elías llama éste.* La cosa resultó muy divertida para algunos, y quizás se oyeron grandes carcajadas.

3. El abandono de Dios.

En realidad, para entender bien el concepto de desamparo o abandono de Jesús por parte de Dios, hay que comprender lo que significaba este término en el *Antiguo Testamento*. Los judíos tenían la creencia firme de que el ser humano no podía vivir sin la ayuda incesante de Dios. Por eso en los *Salmos* y en otros libros se dice repetidas veces que: *Jehová no abandonará jamás a su pueblo*, porque cuando Jehová abandona es que juzga y condena a muerte, cuando el Dios sustentador de la vida desampara, sobreviene irremisiblemente la muerte.

Desde esta perspectiva podemos entender con más claridad el verdadero significado del grito de Cristo: *¿Por qué me has desamparado?*, equivale a *¿por qué me has condenado a muerte? ¿Por qué me dejas morir en la cruz?* El Señor Jesús sabía muy bien por qué tenía que morir en la cruz. Sabía que su muerte era necesaria para redimir a la humanidad. Sin embargo, para nosotros, se trata de un misterio que sólo podemos aceptar por fe, el misterio de la redención.

4. ¿Estás en el corredor de la muerte?

En la actualidad hay también muchas criaturas que continúan sin entender las palabras del Maestro. Hoy ocurre exactamente lo mismo que en aquellos días. Algunos se burlan de Jesús, o incluso hacen ingeniosos chistes acerca de él, pero no aceptan su mensaje, ni lo aplican a su vida. Para ellos, como para aquellos soldados que le crucificaron, el sacrificio de Jesucristo resulta completamente estéril. Desprecian la muerte de Cristo, así como su soledad y su dolor. No lo comprenden, o no lo quieren comprender.

¿Es posible que tales personas estén, sin saberlo, condenadas a muerte? ¿Cuántas criaturas están hoy en el corredor de la muerte espiritual y viven sin saberlo? ¿Cuántos individuos se están condenando a sí mismos por no querer aceptar el sacrificio de Jesucristo? La *Biblia* enseña claramente que *por cuanto todos pecaron y están destituidos de la gloria de Dios* (Ro. 3: 23), y más adelante, en *Romanos* (6: 23): *porque la paga del pecado es muerte, mas la dádiva de Dios es vida eterna en Cristo Jesús Señor Nuestro.* Es necesaria una reflexión sincera acerca de nuestra situación delante de Dios.

La *Escritura* indica que todo abandono de Dios, todo alejamiento de Jesucristo, supone una condena de muerte, sin embargo, también afirma que aquellos que se acogen voluntariamente a su sacrificio, entran bajo el amparo divino y bajo la sombra de su protección. El salmista ha desarrollado ampliamente esta hermosa idea: *El ángel del Señor acampa alrededor de los que le temen, y los defiende,* (Sal. 34:7). *Los que confían en el Señor son como el monte de Sion, que no se mueve, sino que permanece para siempre. Como Jerusalén tiene montes alrededor de ella, así el Señor está alrededor de su pueblo. Desde ahora y para siempre,* (Sal. 125: 1-3). *El que habita al abrigo del Altísimo, morará bajo la sombra del Omnipotente, con sus plumas te cubrirá y debajo de sus alas estarás seguro,* (Sal. 91:1,4).

¡Gloria a Dios por aquel grito de Jesús que culminó la redención del ser humano!

26
Dios no es cobrador de impuestos

Mr. 2: 14-17 (Mt. 9: 9-13; Lc. 5: 27-52)

Vio a Leví, hijo de Alfeo, sentado al banco de los tributos públicos,
y le dijo: Sígueme. Y levantándose le siguió.
Aconteció que estando Jesús a la mesa en casa de él,
muchos publicanos y pecadores estaban también a la mesa
juntamente con Jesús y sus discípulos;
porque había muchos que le habían seguido.
Y los escribas y los fariseos, viéndole comer
con los publicanos y con los pecadores, dijeron a los discípulos:
¿Qué es esto, que Él come y bebe con los publicanos y pecadores?
Al oír esto Jesús, les dijo:
Los sanos no tienen necesidad de médico, sino los enfermos.
No he venido a llamar a justos, sino a pecadores.

ESQUEMA

1. Un oficio muy mal visto.

2. La plaza vacante pronto quedó ocupada.

3. Analfabetos a pesar de los doctorados.

4. ¿Qué tributos exige Dios?

5. Dimitir de la secta de los separados.

CONTENIDO

La profesión de cobrador de impuestos era una de las más deshonrosas que existían en los tiempos de Jesús. La realizaban ciertos judíos que exigían el pago de los diversos gravámenes que Roma había impuesto sobre las diferentes regiones de Palestina. Se encargaban de cobrar las comisiones sobre la renta y el patrimonio de las personas y dependían de las fuerzas romanas de ocupación. Eran los funcionarios de hacienda de aquellos tiempos.

1. Un oficio muy mal visto.

Las personas que se dedicaban a estos menesteres estaban muy mal vistas, no sólo por el hecho de ser recaudadores de impuestos, actividad que no suele gustar a nadie, sea del país o de la época que sea, sino sobre todo por tres razones muy significativas: ser colaboracionistas, ya que actuaban como verdaderos colonos de Roma; ser corruptos y faltos de escrúpulos, ya que podían practicar toda clase de abusos y extorsiones; y, lo peor de todo, ser impuros según la religión hebrea, ya que estaban en continuo contacto con paganos y gentiles. Se trataba, por tanto, de un oficio despreciado, pero, a la vez, muy ambicionado por gentes sin escrúpulos, ya que solía proporcionar buenos ingresos a quienes lo ejercían.

2. La plaza vacante pronto quedó ocupada.

Jesús vio a Leví cobrando impuestos y le dijo: *¡Sígueme!* Esto equivalía a decirle: "Hazte discípulo mío, olvídate de tu trabajo, de tu fuente de ingresos, renuncia a tu vida de comodidad y bienestar, apuesta por otros valores". El texto dice que aquel cobrador, *levantándose, le siguió* y añade que *lo dejó todo*. Hay que tener en cuenta que en este caso, seguir a Jesús, tenía dificultades añadidas. Mientras para un pescador podía ser fácil volver a sus redes y a sus barcas, para un recaudador de impuestos la pérdida del oficio era irremediable, porque había muchos hombres egoístas dispuestos a cubrir su plaza. Esto impedía que, en caso de arrepentirse de su decisión, pudiera recuperar de nuevo su trabajo.

Pero Jesús no quiere a Leví para sentarlo en otro mostrador y que siga recaudando por cuenta del Padre que está en los cielos, no lo transforma en un experto "negociante de Dios". Pedro y Andrés, así como Santiago y Juan, pasarán de pescadores de peces a "pescadores de hombres", pero Leví no es transformado en recaudador de los impuestos debidos a Dios. De ahora en adelante tendrá que aprender a dar, no a recaudar, porque el reino de Dios se ofrece gratuitamente y no hay necesidad de que nadie pague peaje.

No es sólo Leví quien es arrancado del mostrador de los impuestos: Jesús quita al mismo Dios de ese mostrador, donde le había colocado una cierta mentalidad religiosa. El significado de la vocación de Leví es también este: Dios no es un cobrador de impuestos. Jesús no ha venido para recaudar impuestos a nadie. No es posible comprar el amor de Dios con dinero o con la ofrenda de dos tórtolas. No hay impuestos divinos que pagar, únicamente hay que dejarse amar y ser capaces a la vez del don de la caridad.

Desgraciadamente, el sitio que dejó libre Leví, otros corrieron a ocuparlo. El publicano dejó de ser un empleado sedentario y se hizo itinerante como el propio Cristo. Otros, por el contrario, descubrieron la mentalidad del oficinista. Esa especie de burocracia del sedentarismo religioso que confunde aquella llamada: *sígueme*, con esta otra: "siéntate". Para muchos profesionales religiosos seguir a Jesús se ha convertido sólo en papeleo y burocracia de oficina. Sin embargo, Leví, cuando conoció el amor, dejó inmediatamente de hacer cálculos y cerró definitivamente sus libros de contabilidad. No como los escribas y fariseos de su época, que eran especialistas en hacer cuentas, en cobrar impuestos, en imponer duros gravámenes religiosos, en cargar tributos de diverso tipo en nombre de Dios. ¡Cuántos recaudadores religiosos se han enriquecido económicamente a lo largo de la Historia usando el nombre de Dios y la ingenuidad de las criaturas! Leví nos muestra con su actitud que hay una incompatibilidad fundamental entre el "seguir" a Cristo y el "quedarse sentado" cada uno en su sitio, entre el Evangelio puro y la escribanía o la contabilidad fría del profesional religioso.

3. Analfabetos, a pesar de los doctorados.

El texto de Lucas dice que Leví ofreció a Jesús un gran banquete en su casa. Siempre se tiende a relacionar a Jesús con los pobres y no con los ricos, pero aquí el anfitrión es un judío acomodado y, sin embargo, el Maestro no declinó la invitación, sino que la aceptó gustoso. Por supuesto, el centro de atención de aquel banquete era Jesucristo. Aunque no estaba en su propia casa, Cristo se encuentra siempre en su casa, con tal que estén aquellos a quienes él busca: publicanos, pecadores y discípulos.

Obsérvese lo que ocurre fuera de la casa; había también otras personas: estaban los religiosos, los escribas, los fariseos y ciertos doctores de la ley que murmuraban: *¿Qué es esto, que Él come y bebe con los publicanos y pecadores?* ¡Cómo puede un rabino judío juntarse con gente de esta ralea! ¡Con proscritos! ¡Con esa gentuza que no conoce la ley ni sigue la pureza alimentaria! ¡Con los "sin-ley", "im-píos", "sin-Dios", "a-teos", "in-fieles"!

La clase social de los escribas estaba formada por laicos estudiosos de la ley. Eran teólogos y juristas, muchos de los cuales compartían la tendencia farisea que les llevaba a un fanatismo intransigente. Por su parte, los fariseos eran los "separados" que, en nombre de la pureza de la fe, rechazaban cualquier contacto con costumbres, hábitos y filosofías paganas. Su carácter religioso-separatista se basaba en el texto de *Levítico* (10: 10): *...discernir entre lo santo y lo profano, y entre lo inmundo y lo limpio.* Pues bien, estos individuos no estaban adentro con Jesús en el banquete, sino fuera porque no deseaban contaminarse. Observaban desde lejos pero no querían mezclarse con la atmósfera del banquete. Veían las cosas a distancia, encerrados en su mundo. Eran prisioneros de sus propias perspectivas. Tenían una especie de miedo visceral al contagio y concebían la salvación como segregación o separación.

A diferencia de ellos, el Señor Jesús no creaba distancias sino que se acercaba siempre a la condición humana. En contraste con la idea farisea de la "salvación por separación", Jesús ofrece un nuevo principio de "salvación por asociación". Leví, el recaudador proscrito, es llamado a la asociación con los seguidores de Cristo: quienes más tarde formarían la futura Iglesia. Por eso la comunidad cristiana debe tener un carácter inclusivo, que es lo contrario de exclusivo. Debe ser una comunidad asociativa, donde se reúna a las gentes de la más diversa procedencia étnica, cultural, económica y social.

Esto fue una gran revolución entre los religiosos de aquellos días, y me temo que también entre muchos religiosos de hoy día lo sigue siendo. Observemos la diferencia que hay entre la actitud de Jesús y la de los seguidores de Juan el Bautista. Éstos practicaban, por ejemplo, el ayuno y el alejamiento de la sociedad, se iban al desierto, se apartaban; Jesús y sus seguidores tienen, por el contrario, un comportamiento muy diferente. El Maestro no suele convocar la gente al desierto, sino que va a buscarla a los pueblos de Galilea y a la ciudad de Jerusalén. Cristo no funda una secta separada, sino que se dirige a todo el pueblo de Israel, a todo el mundo, y no se expresa mediante ayunos, sino en comidas o banquetes con toda clase de personas.

Este nuevo principio del Maestro escandaliza a los religiosos de su tiempo y hace que su Dios se derrumbe. No quieren aceptar que Jesús se siente a la mesa de los pecadores, porque eso desmiente la idea que ellos tienen de Dios. Prefieren creer en una divinidad que se complazca sólo de la compañía de los buenos. Un Dios hecho a la propia imagen de los fariseos, al que le habrían impuesto sus gustos, sus repugnancias, su sectarismo, sus discriminaciones y hasta sus sentimientos. Ellos quisieran ordenarle a Dios que curase sólo a los sanos y no a los enfermos, porque estos últimos no se lo merecen. Los escribas y fariseos son los campeones de una religión sin misericordia.

Podemos saber tantas cosas en materia religiosa, incluso podemos ser muy buenos para enseñarlas a otros, pero mientras no hayamos aprendido misericordia, debemos convencernos de que no sabemos absolutamente nada. Los títulos universitarios de los expertos en materia religiosa están vigentes y en regla delante de Dios, sólo si uno ha estudiado y obtenido ese título en la escuela de la misericordia; si tiene los rasgos de la compasión y del amor al prójimo grabados en el rostro y en el corazón. Uno está autorizado a hablar en el nombre de Dios, sólo si en su vida se expresa en el lenguaje de la misericordia. Ante los ojos del Señor queda uno como un analfabeto en cristianismo si no aprende a leer, escribir, hablar y actuar en términos de humildad y misericordia. Miles de libros leídos y estudiados no valen nada en comparación con una simple línea, si esa línea es la predilecta de Jesús. Como aquellas palabras de Dios a que se refiere el profeta *Oseas* (6: 6): *Misericordia quiero y no sacrificios.*

4. ¿Qué tributos exige Dios?

El punto central de esta narración del evangelista Marcos es el versículo 17: *Los sanos no tienen necesidad de médico sino los enfermos.* Jesús no pronunció estas palabras en una sinagoga, ni en un templo o en el aula de ninguna universidad, sino en un ruidoso comedor, repleto de pecadores y de gente de pésima fama. Gente que no tenía problemas en reconocer su situación personal.

Vamos a aplicarnos el texto: una Iglesia que no se reconoce pecadora, que cuando habla de pecados se refiere siempre, y exclusivamente, a los pecados de los demás, jamás a los propios, no aprenderá y no transmitirá eficazmente la misericordia de Dios. Para saber y enseñar qué es la misericordia, es necesario haberla experimentado, y para experimentarla, hay que admitir que se tiene necesidad de ella.

Los dos únicos tributos que Dios exige son: la fe y el amor. La fe es el acto de culto perfecto que Dios tiene en cuenta. Dios no va a controlar los cepillos de las ofrendas y tampoco se pone contento porque la Iglesia esté llena de gente. Por favor, no digamos que el número de los participantes o la generosidad de las ofrendas, son una señal de fe o el "termómetro espiritual" de la Iglesia. Pueden ser signo de fe solamente cuando la fe existe de verdad. De todos modos, la fe no se mide con ese metro ni con esos criterios. No quiero decir que no haya que ofrendar o que la generosidad no sea algo bueno y deseado por Dios. No estamos hablando de eso.

Dios "acredita" haciendo otros cálculos. Precisamente, en el texto que tratamos, Jesús pone los ojos sobre un contable, para pedirle que deje el mostrador y se olvide de los números. Al Señor le interesa más ocuparse de las personas y acostumbrarlas a pagar con las monedas de la fe y el amor, que son las únicas que tienen curso legal en el reino de los cielos.

5. Dimitir de la secta de los separados.

Cuando Jesús dice que no ha venido a llamar a los justos sino a los pecadores, no es que excluya a los justos, estos ya se autoexcluyen en la medida en que se convencen de que no tienen necesidad de médico y rechazan la solidaridad con los pecadores. Delante de Dios hay una característica común que iguala a todas las personas: su necesidad de Él. Eso es lo que se llama la conversión personal. ¿Tengo necesidad de Él, o creo estar sano? ¿Me siento comensal con Jesús? ¿Qué necesito: un certificado de buena salud o la curación real? Si sólo quiero el certificado, quizá tengo bastante con venir a la iglesia, con acompañar a mis padres, a mi novia, a mi amigo, a mi esposa, a mi marido o a mis hijos. Me conformo con la religión externa, pero en realidad me encuentro fuera del banquete, mirando como los demás comen. Pero si lo que quiero es la curación completa, si realmente tengo necesidad de él, entonces debo convertirme de verdad, tengo que entrar en el banquete y empezar a comer. He de abandonar la "secta de los separados" para sentarme en la mesa con los otros, con los que están adentro comiendo con Jesús.

Ser pecador es no haber orientado la vida según la voluntad de Dios. Lo que implica que te falta algo esencial para tu existencia humana. La conversión es, por tanto, un cambio de mentalidad, una reorientación de la vida, una reforma que nace del arrepentimiento.

A Leví le bastó una sola palabra de Jesús: *¡Sígueme!*, y lo dejó todo, se levantó y le siguió. Pero cada conversión es diferente. Dios puede llamar de múltiples maneras distintas. Quizás a ti te esté llamando ahora. Es posible que hayas venido por curiosidad o para acompañar a alguien, porque te gusta la música, por la amistad o la relación con alguien que te ha invitado, pero de todos modos, y sin esperarlo, estás también invitado al banquete y, si tú quieres, puedes empezar a comer.

El resultado inmediato de la conversión de Leví fue la alegría, la celebración, el banquete, la fiesta con los amigos y con el propio Jesús, quien dijo que hay gozo en el cielo cuando un pecador se arrepiente (Lc. 15: 10).

¡Si aceptas a Jesucristo como tu salvador personal, háznoslo saber y no sólo habrá gozo en el cielo, sino también en nuestros corazones!

27
Espigas arrancadas

Mr. 2: 23-28 (3: 1-6)

Aconteció que al pasar él por los sembrados un día de reposo,
sus discípulos, andando, comenzaron a arrancar espigas.
Entonces los fariseos le dijeron:
Mira, ¿por qué hacen en el día de reposo lo que no es lícito?

ESQUEMA

1. El sábado como la novia de Israel.

2. El ser humano como medida de la ley.

3. ¿Quién tiene miedo a la libertad?

4. Descansar es recuperar la memoria.

CONTENIDO

Existe una bella poesía judía que se refiere a la semana y dice así:
Los seis días de la semana eran como parejas.
Cada día tenía su compañero.
El domingo tenía el lunes,
el martes tenía el miércoles,
el jueves tenía el viernes.
El sábado estaba solo.
Y fue a lamentarse ante Dios:
– ¿Por qué estoy solo?
Dios le respondió:
– Vete: Israel será tu compañero.

1. El sábado como la novia de Israel.

El sábado, en la teología y en la liturgia hebrea, es presentado como la novia de Israel. El viernes por la tarde, los judíos cantan en la sinagoga: *Vamos al encuentro de la novia, vamos a recibir el rostro del sábado*. Dios había ordenado que el hombre no hiciera trabajo alguno durante el sábado. La misma palabra "sábado" se deriva de un verbo que significa "cesar, parar, suspender o dejar de hacer algo". Por medio de la ley dada al hombre en el *Antiguo Testamento*, Dios pretende que el ser humano no se convierta en una máquina de trabajo continuo o en un eterno productor. Incluso a los animales había que ahorrarles el trabajo el sábado. Durante los otros seis días de la semana el hombre debía trabajar, hacer sus tareas y desarrollar sus dones, pero el día séptimo era para el Señor.

Sin embargo, aquello que en principio fue una bendición, una relación amorosa, una especie de novia joven y hermosa para el pueblo de Israel, poco a poco, se fue convirtiendo en una obligación pesada y rutinaria. Empezaron a intervenir los legalistas, los escribas y fariseos, cambiando lo que era una fiesta del universo, en una pesada carga difícil de cumplir y hasta odiosa. La novia se volvió agria y desagradable, por la multitud de normas y de leyes inventadas por los hombres.

Existía una lista hecha por los rabinos de 39 clases de trabajos que no se podían hacer en sábado. Pero cada una de estas clases estaba, a su vez, dividida en seis subclases, para incluir todos los casos y eliminar, así, todas las dudas. De manera que en realidad, eran 39 por 6, es decir, 234 trabajos que no se podían hacer. Pongamos un ejemplo: a la clase de la siega le correspondía, además de segar, vendimiar, recoger aceitunas, cortar higos, recoger otros frutos y arrancar. Esto último fue, precisamente, lo que hicieron los discípulos de Jesús, arrancar las espigas.

Pero entre las innumerables listas de trabajos prohibidos en sábado, no se les había ocurrido incluir también un trabajillo muy especial, bastante difundido en la sociedad humana: ¡el de mover la lengua contra el prójimo! ¡Esto no lo habían prohibido!

¿Por qué tus discípulos hacen en día de reposo lo que no es lícito? es la pregunta de los espías que otean continuamente el horizonte religioso para descubrir infractores, de aquellos que disfrutan estirando el índice para señalar al culpable: "¡Mira Fulanito...! ¿Sabes lo de Menganita?... Pastor, ¿te has enterado?... ¿Por qué se permite que..?, etc. Los discípulos eran culpables según sus leyes porque habían arrancado espigas. ¡Es verdad! Pero el problema no era ése. De un mandamiento tan simple como guardar el sábado para adorar a Dios, habían

hecho una monstruosidad incomprensible, una auténtica aberración religiosa. Preocupados por cuatro espigas arrancadas, no dudan en demoler a una persona a golpes de lengua. ¿Queda todavía hoy gente así?

Parece como si, para algunos, sólo fueran importantes las cosas sin importancia. Los fariseos llenaban el vacío de su vida con lo inútil. Habían recargado tanto de leyes y normas éticas el camino que llevaba a Dios, que la gente terminaba por perder el camino. En vez de atraer con amor y comprensión, se erigían en fiscales religiosos y alejaban aún más a los pecadores del reino de Dios. No deseo insinuar que en la Iglesia actual tengamos que comulgar con el error o con el pecado. Nuestra sociedad hoy ve como normales, actitudes que son claramente contrarias a la palabra de Dios y por ahí no podemos pasar. Aquello que es pecaminoso y atenta contra los principios divinos siempre lo seguirá siendo. No debemos permitir que tales comportamientos se introduzcan, como si nada, en las congregaciones.

A lo que me refiero es a saber distinguir lo importante de aquello que no lo es. Aprender a ser más tolerantes, más respetuosos con la vida, con los sentimientos o con los fracasos de los demás. ¡Procurar no juzgar tanto y no condenar tan pronto!

Pero volvamos al texto: ¿qué respondió Jesús a los fariseos? Pues algo así como: "Seamos serios, por favor, es que tenían hambre. ¿Qué es más importante, el sábado o el hambre? ¿Qué es prioritario, el sábado o el hombre? ¿O el hambre del hombre? ¿Qué hubierais hecho vosotros en su misma situación? ¿Ya no os acordáis de David cuando se comió los panes de la proposición porque tuvo hambre?"

2. El ser humano como medida de la ley.

La respuesta definitiva del Maestro: *El día de reposo fue hecho por causa del hombre y no el hombre por causa del día de reposo*; esto significa que el ser humano es la medida de la ley. Esta no tiene valor en sí misma, vale en cuanto es para el hombre. Los que están con Cristo están dispensados de la ley antigua porque se mueven en el espacio de la libertad. El Cristianismo no es yugo sino liberación, no es imposición sino don. Lo que resulta extraño es que aquello que era una bendición de Dios los hombres lo convirtieran en maldición; que la institución del sábado que servía para recordar el descanso de Dios en la creación, al séptimo día, así como la liberación de Egipto, se hubiera convertido en una esclavitud legalista.

Al principio del tercer capítulo, se explica cómo Jesús, entrando en sábado en una sinagoga, sanó a un hombre que tenía la mano derecha atrofiada (*seca*, dice el texto). La mano derecha era con la que se trabajaba y se ganaba uno la vida. Pero antes de sanarlo preguntó a los que observaban: *¿Es lícito en los días de reposo hacer bien, o hacer mal; salvar la vida, o quitarla?* Nadie le respondió. Con esta pregunta Jesús les estaba dando a entender que, a pesar de ser sábado, Él estaba trabajando por salvar la vida de aquel pobre hombre. Mientras ellos pensaban todo lo contrario: en qué forma podían matar a Jesús, Él pensaba en dar vida y ellos en darle muerte.

¡Cuántas veces ocurre hoy lo mismo que en aquella situación! ¡En cuántos momentos se piensa mal, se juzga y se condena al hermano porque lo que ha hecho está mal, porque su equivocación es visible y evidente, porque atenta contra la moralidad pública o supone un mal ejemplo para los demás! Sin embargo, aquello que no se ve, aquello que anida en lo más oscuro de nuestra alma, lo que nadie sabe, los sentimientos que no queremos confesar jamás, los errores íntimos que más bien huelen a muerte y no a vida, esos, no los juzgamos con el mismo rasero, no los condenamos con la misma severidad. ¡Al fin y al cabo, los malos pensamientos o las pasiones íntimas no las ve nadie! La hipocresía de los fariseos les llevó a creer que Jesús no podía saber que en sus mentes había pensamientos de muerte, pero lo cierto es que el Señor lo sabe todo, y en su peculiar escala de valores hay poca diferencia entre cosas como, por ejemplo, el adulterio consumado y el adulterio imaginado: *El que esté libre de pecado que arroje la primera piedra.* Y a la mujer adúltera le dijo: *Vete y no peques más.* Siempre es buen momento para hacer el bien, para perdonar, es decir, olvidar para dar vida, aunque sea sábado.

3. ¿Quién tiene miedo a la libertad?

A veces, es como si tuviéramos miedo a la libertad con que Cristo nos hizo libres, como si prefiriéramos antes la esclavitud que la libertad. Parece que el Dios de la ley da menos miedo que el Dios que libera. Muchos encuentran más tranquilizador al Dios que ordena: "oblígalos a trabajar", que al Dios que manda: "déjalos salir...". Esto no es nuevo: algunos judíos preferían también al Dios-Faraón de Egipto, y encontraban más cómodo producir como esclavos *una cantidad diaria de ladrillos* (Ex. 5: 14), que al Dios de la libertad que les obligaba a hacer cuentas con la propia conciencia y a ser responsables de sí mismos.

La libertad es menos confortable y más arriesgada que la obediencia ciega a la ley, a la norma, a la condena de quien se ha saltado un punto o una coma. Sin embargo, el cristiano está llamado a ser un hombre o una mujer verdaderamente libre, y debemos estar dispuestos a pagar el precio de la libertad. Por una parte, si Cristo nos ha liberado, no podemos seguir viviendo en la esclavitud de las pasiones y de los instintos. No debemos caer en inmoralidad, en escándalo o en libertinaje, pero tampoco debemos ser esclavos de la crítica destructiva, de la maledicencia, de la fiscalización, de la murmuración o el chismorreo cruel.

Los fariseos de todos los tiempos, que se asoman, espían y van inmediatamente a contarlo, en el fondo son gente amargada e infeliz. Son individuos muy religiosos, eso sí, pero a quienes la observancia de la ley no les da alegría, porque no llenan su vida de valores, sino de miserias. Y lo más triste es que existan personas que los escuchen, que los tomen en serio. Cristo actuó de muy distinta manera: no de fiscal sino de defensor. Se hizo cargo personalmente de la defensa de sus discípulos "culpables".

La gran tentación de los creyentes de todos los tiempos ha sido la de transformar el Evangelio en un código de normas éticas y de conducta social, convirtiendo a Jesús en un simple legislador. Sin embargo, el mensaje de Cristo se opone y se opondrá siempre a todo esto porque se apoya en la verdad, en el amor y en la libertad. El arrepentimiento, el perdón, la restauración y la solidaridad con quienes se han equivocado y reconocen su error, forman parte del estilo cristiano.

4. Descansar es recuperar la memoria.

El descanso festivo tiene que convertirse en el momento de la memoria, de la reflexión, y no de la evasión. El domingo es la ocasión favorable para descubrir el sentido y el valor del tiempo y, por tanto, de la vida. Cuando nos congregamos como Iglesia para alabar a Dios y meditar en su palabra, debemos recordar que Dios está de nuestra parte, y nos concedió este día de descanso como espacio de libertad, de vida, de creatividad, de amor, de poesía, y nos liberó de cualquier empresa legalista.

Aquel hombre de la mano paralizada, curado en el día festivo del Señor, nos recuerda que, además del principio del descanso, debemos practicar también el principio de la solidaridad con el necesitado. Los cristianos estamos llamados a ser sensibles y saber abrir bien los ojos para ver la miseria que nos rodea, así como la soledad de tantas personas. En este sentido, podemos decir que estamos dando gloria a Dios, cuando hacemos felices a los hermanos, no cuando los hundimos con nuestras críticas o los alejamos con indiferencia.

El apóstol Pablo, escribiendo acerca de los judíos que se creían superiores a los paganos, dice: *Por lo cual eres inexcusable, oh hombre, quienquiera que seas tú que juzgas; pues en lo que juzgas a otro, te condenas a ti mismo; porque tú que juzgas haces lo mismo* (Ro. 2: 1). ¡Quiera Dios que sepamos ser justos y compasivos siempre, dentro y fuera de la iglesia!

28
El secreto de Jesús

Mr. 3: 11-12 (7-12); 8: 27-30; 14: 61, 62

Tú eres el Hijo de Dios.
Mas Él les reprendía mucho para que no le descubrieran.

ESQUEMA

1. Los demonios conocen a Cristo.

2. La respuesta de Pedro.

3. El peligro de la predicación arrogante.

CONTENIDO

El Evangelio de Marcos fue escrito fundamentalmente para paganocristianos, es decir, para los cristianos convertidos del paganismo, a quienes era preciso explicar las costumbres judías, ya que no estaban al corriente de ellas. Por ejemplo, Marcos aclara detalles como que los judíos, cuando venían de la compra, tenían que purificarse porque habían tenido contacto con extraños que, según ellos, les habían hecho impuros, y necesitaban también lavar los platos o los vasos de tal o cual manera (Mr. 7: 2-3).

Parece que este Evangelio tuvo que ser escrito en tierra pagana, de ahí que se considere Roma como la ciudad más probable. Otro dato curioso es el lugar que ocupan en él las persecuciones. La fe que exige Marcos es una fe que se vive en una situación de oposición al *Evangelio*, de rechazo hacia los creyentes y de riesgo continuo. Todo esto se explica muy bien si, realmente, el libro hubiera sido escrito en Roma, alrededor de la muerte de Pedro, esto es, durante la persecución de Nerón en el año 64 después de Cristo.

Pero dejando estos datos históricos aparte, lo que más llama la atención del Evangelio de Marcos, cuando se lee completo, es el carácter tan enigmático de Jesús. El Maestro adopta un comportamiento que intriga. Ante muchas de sus frases no hay más remedio que preguntarse: ¿qué quiere decir? ¿Qué es lo que intenta hacernos comprender?

Marcos repite continuamente que los discípulos no comprendieron nada. Pero nunca nos dice qué es lo que tenían que haber comprendido. El Jesús que presenta Marcos es realmente desconcertante; quizás sea ese el motivo por el que, a la vez, sea tan atractivo. Este Evangelio suele plantear preguntas sin respuesta, porque lo que persigue es que sean precisamente los lectores quienes respondan personalmente.

1. Los demonios conocen a Cristo.

La primera vez que Jesús manifestó su autoridad sobre un demonio, los espectadores se preguntaron: *¿Qué es esto? ¿Qué nueva doctrina es ésta, que con autoridad manda aun a los espíritus inmundos, y le obedecen?* (Mc. 1: 27). Después de que hubo calmado la tempestad, sus discípulos decían entre sí: *¿Quién es éste, que aun el viento y el mar le obedecen?* (Mc. 4: 41). Más adelante aparecen las diversas opiniones que da la gente sobre Jesús: *Herodes dijo: Juan el Bautista ha resucitado de los muertos, y por eso actúan en él estos poderes. Otros decían: Es Elías. Y otros decían: Es un profeta, o alguno de los profetas. Al oír esto Herodes, dijo: Este es Juan, el que yo decapité, que ha resucitado de los muertos* (Mc. 6: 14-16). Los hombres no hacen más que preguntarse quién podría ser este singular rabino.

Sin embargo, Marcos dice que los demonios sabían perfectamente quien era. Es curioso que sólo los espíritus inmundos pronuncien palabras como "Hijo de Dios", "Santo de Dios" o expresiones semejantes. Además, siempre, y en cada ocasión, Jesús les manda callarse, mientras que en el auditorio nadie parece preguntarse: "¿será este acaso, verdaderamente, el hijo de Dios?".

Veamos *Marcos* (1: 23-25): *Pero había en la sinagoga de ellos un hombre con espíritu inmundo, que dio voces, diciendo: ¡Ah! ¿qué tienes con nosotros, Jesús nazareno? ¿Has venido para destruirnos? Sé quién eres, el Santo de Dios. Pero Jesús le reprendió, diciendo: ¡Cállate, y sal de él!.* Jesús manda callar a los demonios porque estos le conocían. Por lo tanto, se trata de un secreto: Jesús no quería ser reconocido. Igualmente, en *Marcos* (3: 11-12), se dice: *Y los espíritus inmundos, al verle, se postraban delante de él, y daban voces, diciendo: Tú eres el Hijo de Dios. Más Él les reprendía mucho para que no le descubriesen.*

Con motivo del endemoniado gadareno, leemos (Mr. 5: 6-9): *Cuando vio, pues, a Jesús de lejos, corrió, y se arrodilló ante él. Y clamando a gran voz, dijo: ¿Qué tienes conmigo, Jesús, Hijo del Dios Altísimo? Te conjuro por Dios que no me atormentes. Porque le decía: Sal de este hombre, espíritu inmundo. Y le preguntó: ¿Cómo te llamas? Y respondió diciendo: Legión me llamo; porque somos muchos.* El Demonio sabe el nombre de Jesús, sabe que Jesús es el Cristo, pero Jesús le pregunta al Demonio su nombre. Todo esto resulta bastante desconcertante y extraño. ¡Casi nos entran ganas de saber tanto como los demonios, de poseer su ciencia! Pero es una impresión falsa, un deseo equivocado, porque si el Demonio habla es para echar la zancadilla. A Satanás sólo le interesa revelar la identidad de Jesús para que fracase toda su misión. Por eso el Maestro le manda callar, porque antes de la pasión se corría el riesgo de engañarse diciendo que Jesús era "el Cristo" o "el Hijo de Dios".

En aquella época había muchos individuos que se presentaban como "cristos" o como "mesías", y muchas maneras erróneas de comprender el título de "hijo de Dios". Esto era precisamente lo que pretendía el diablo: crear confusión, difamar, destruir la misión de Jesús. Por eso el Maestro le hace siempre callar.

El evangelista Marcos entiende a los demonios como espíritus inmundos, es decir, "impuros", en el sentido de "contrarios a lo santo o a lo sagrado". Los demonios forman parte de las fuerzas de oposición a la santidad divina. Por eso, a Jesús se le muestra curando a los endemoniados. Hoy probablemente se tomarían más precauciones para identificar al demonio en los epilépticos, paranoicos, esquizofrénicos, etc., pero aquellos eran otros tiempos.

Marcos afirma que existe una oposición absoluta entre el mal y la santidad de Jesús, que va a provocar el estallido de la guerra contra los cristianos en este mundo. De ahí que el desorden, la batalla, el imperio del terror se desencadene con la venida y la predicación de Jesús. Las fuerzas del mal se materializarán en las persecuciones a los creyentes. Este es el gran drama que Marcos pretende relatar en su Evangelio.

2. La respuesta de Pedro.

En el capítulo 8: 29-30 encontramos la siguiente novedad: *Entonces Él les dijo: Y vosotros, ¿quién decís que soy? Respondiendo Pedro, le dijo: Tú eres el Cristo. Pero él les mandó que no dijesen esto de él a ninguno.* Es la primera vez, desde el comienzo del libro, que aparecen estas palabras en boca de un hombre: *Tú eres el Cristo.* Jesús no las rechaza, pero prohíbe que se hable de eso; exige que se mantenga en secreto.

Poco después, se dice claramente por qué había que guardar silencio (Mr. 8: 31): *Y comenzó a enseñarles que le era necesario al Hijo del Hombre padecer mucho, y ser desechado por los ancianos, por los principales sacerdotes y por los escribas, y ser muerto, y resucitar después de tres días.* Este era el motivo del secreto: el Hijo del Hombre tenía que sufrir. Es el anuncio de la pasión y la resurrección. El título de "Cristo" quedaba prohibido de momento, hasta que Jesús no hubiera cumplido con su destino de pasar por la muerte y de vencerla. Pero inmediatamente Pedro tomó a Jesús aparte y comenzó a reconvenirle: *¡Señor, tú no tienes por qué sufrir! ¡Tú no debes morir!* Sin embargo, el Maestro, se volvió hacia los discípulos y puso de vuelta y media a Pedro: *¡Quítate de delante de mí Satanás! porque no pones la mira en las cosas de Dios, sino en las de los hombres* (8: 33). Es decir, ¡vuelve a tu postura de discípulo; no eres tú el que tiene que hablar! ¡Tus ideas son las de los hombres y están inspiradas por Satanás, no proceden de Dios!

El secreto de Jesús queda al descubierto: tiene una misión que cumplir y mientras no la cumpla, no hay que decir que es el Mesías. Esto sólo será revelado, según Marcos, delante del sumo sacerdote, ante el sanedrín: *¿Eres tú el Cristo, el Hijo del Bendito? Y Jesús le dijo: Yo soy; y veréis al Hijo del Hombre sentado a la diestra del poder de Dios, y viniendo en las nubes del cielo* (14: 61-62). Es decir, "le veréis disponiendo del poder de Dios para juzgar al mundo", algo que, según la teología judía, únicamente estaba reservado a Dios. *Entonces el sumo sacerdote, rasgando su vestidura, dijo: ¿Qué más necesidad tenemos de testigos? Habéis oído la blasfemia; ¿qué os parece? Y todos ellos le condenaron, declarándole ser digno de muerte* (14: 63). Esta es la visión que desea transmitirnos el evangelista Marcos: Jesús oculta que es el Hijo de Dios hasta el momento de cumplir con su misión, porque una revelación anticipada hubiera estropeado todo el plan divino.

El hecho de un Cristo crucificado desinfla todos los mitos humanos de un Mesías político. ¡No era esto lo que esperaban! Jesús es el Cristo, pero qué manera más triste de serlo: un cadáver colgando de una cruz. Podéis decir que Jesús es el hijo de Dios, porque lo habéis visto morir. Este es el secreto mesiánico que constituye el motor del libro de Marcos.

3. El peligro de la predicación arrogante.

La misión de Jesús tuvo que preceder a su proclamación. Él quiso guardar celosamente su secreto mesiánico hasta después de cumplir con su plan de redención. Podría decirse que el lema del Maestro fue "primero actuar, y después proclamar". Antes de decir claramente quién era, prefirió cumplir humildemente con toda su misión en la tierra.

Es curioso como contrasta esta conducta de Cristo con nuestro propio comportamiento, y con el de tantos cristianos, a lo largo de la Historia. ¡Cuántas veces se habla, se anuncia, se proclama y se predica de palabra, pero no se actúa, ni se vive realmente el compromiso cristiano! ¡No se cumple con la misión personal y casi toda la energía se va por la boca! Incluso, peor aún, en ocasiones, esta "predicación sin hechos" es utilizada por el adversario para difamar el nombre de Cristo y hacer que el Evangelio sea menospreciado en el mundo actual.

La prudencia de Jesús contrasta con la temeridad y la arrogancia con que se predica en algunos púlpitos llamados cristianos. Es vergonzoso, escuchar ciertos mensajes, que pretenden ser evangélicos, por radio, televisión o en directo, en los que, en el nombre de Jesús, se les pretende sacar el dinero a las criaturas, especialmente, a los pobres del pueblo de Dios, diciéndoles que cuanto más ofrenden más ricamente serán bendecidos, y vendiéndoles el llamado "Evangelio de la prosperidad". Se afirma que Jesús fue rico porque tuvo una túnica sin costura que debió ser una prenda de vestir cara. Por tanto, todo cristiano debería ser rico también y vestir ropa de diseñadores famosos y de alta costura. Y quien no puede permitirse hoy semejantes lujos, es porque probablemente no tiene la suficiente fe.

A Dios se le considera "el socio de la fe" y se predican cosas tan disparatadas como que "la afirmación trae la posesión", que "recibir implica dar" o que el mejor camino para hacerse rico es darle a Dios, enviando el dinero a la dirección que aparece en la pantalla del televisor. Uno de los más expertos predicadores de este singular "Evangelio de la codicia" es un norteamericano, al que parece que el negocio le va muy bien. Este hombre llegó a decir en una predicación televisada: *Usted no me está mirando a mí, Ud. está mirando a Dios, Ud. está mirando a Jesús*; y al final de la exposición: *Si Ud. me entrega sus recursos materiales* -ha dicho Dios-, *entonces yo seré su recurso verdadero*. Esto no son habladurías, se publicó en varias revistas cristianas, y podemos leerlo en el libro *Cristianismo en crisis*, de Hank Hanegraaff, publicado por Unilit.

También se predican cosas como que la enfermedad no tiene entrada en la vida del creyente: "Si tu cuerpo pertenece a Dios, no puede pertenecer a la enfermedad". Incluso se llega a decir que la muerte de un ser querido es el resultado del pecado de algún miembro de esa familia. Herejías que deifican al ser humano y a Satanás, a la vez que degradan a Dios y a Jesucristo. Son charlatanes de lo espiritual, tele-evangelistas ávidos de popularidad, dinero y poder, a los que no les importa convertir a Dios en un servidor de los caprichos del hombre.

No obstante, antes de presentar el Evangelio a otros, primero debemos vivirlo nosotros. Este fue el secreto y la enseñanza de Jesús. Si en verdad no tenemos a Cristo en el alma, entonces es mejor que cerremos la boca, porque le estaremos haciendo el juego al Maligno. Podemos decir que somos cristianos, seguidores de Cristo y anunciadores de su mensaje, porque es manifiesto en nuestra vida que realmente hemos muerto y resucitado con él; porque deseamos seguirle y servirle; porque no establecemos diferencias entre las personas; porque no agraviamos al débil, ni corrompemos, ni engañamos; porque hemos aprendido a ensanchar nuestro corazón; porque el amor de Cristo nos constriñe y procuramos vivir para el Señor; porque deseamos alejar las cosas viejas de nuestra vida, nuestros errores pasados, y ahora queremos que todas sean hechas nuevas; y porque sabemos que compareceremos ante el tribunal de Cristo para ser juzgados por él.

¡Quiera Dios, queridos hermanos, que todos nosotros podamos decir que, verdaderamente, somos cristianos!

29
El cristiano y los bienes materiales

Mr. 10: 24 (17-27); Mt. 19: 16-30; Lc. 18: 18-30

¡Cuán difícil les es entrar en el reino de Dios
a los que confían en las riquezas!

ESQUEMA

1. La propiedad privada en el *Antiguo Testamento*.

    1.1. Personas y propiedades.
    1.2. Deudas.
    1.3. Sueldos.
    1.4. La rebusca.
    1.5. Año del jubileo.
    1.6. Rebaños y tierras.
    1.7. El pecado de robar.
    1.8. El diezmo.

2. Evolución de estas leyes hebreas.

3. Jesús y los bienes materiales.

4. El apóstol Pablo y las riquezas.

    4.1. Prevención contra el orgullo.
    4.2. Prevención del peligro del materialismo.
    4.3. Consejo sobre la generosidad.

CONTENIDO

Uno de los mayores problemas de nuestros días es la distancia económica que existe entre los países del Norte y los del Sur. Actualmente, más de ochocientos millones de personas pasan hambre en el mundo. Durante el siglo XX los sociólogos clasificaron la humanidad en tres mundos distintos: el Primer mundo formado por los países ricos de Occidente, donde predomina el capitalismo privado; el Segundo mundo constituido por quienes practicaban un capitalismo de estado o comunismo, mientras que el Tercer mundo sería el de las naciones en vías de desarrollo, aquellas que no habrían superado todavía el colonialismo.

Pues bien, a finales del siglo XX, se pudo comprobar cómo desaparecía el Segundo mundo, básicamente la Unión Soviética, junto al Tercer mundo que perdía también todo su significado geopolítico. Sin embargo, el Primer mundo no ha conseguido quedarse sólo como el único actor sobre el escenario de la globalización. Por desgracia, frente a él se levanta con fuerza un Cuarto mundo formado por los numerosos agujeros negros de la miseria y la exclusión social que abundan por todo el planeta y también en el seno de las grandes ciudades del Primer mundo. A este Cuarto mundo que ensombrece la economía global pertenecen millones de criaturas que, como techo, tienen sólo las estrellas del firmamento, si es que las nubes de contaminación se las dejan ver; numerosos hombres y mujeres prostituidos, sin trabajo, que frecuentan la cárcel, criminalizados, estigmatizados, algunos enfermos y muchos analfabetos. Estas miserias humanas son algunas de las macabras sombras que oscurecen las esperanzas depositadas en la globalización económica, y constituyen un lamentable reto para el Cristianismo del siglo XXI.

Es verdad que el espíritu que dio origen al capitalismo, como señalaba Max Weber, surgió de una mentalidad ascética de influencia protestante. Pero pronto se apartó de ella para depender exclusivamente del más puro egoísmo por acumular, como fin en sí mismo. El afán de amontonar bienes se desvinculó de las auténticas necesidades humanas y dejó, por tanto, de ser razonable. ¿Cuál es el mensaje bíblico acerca de la propiedad privada en relación a las personas? ¿Cómo debemos los creyentes administrar nuestros bienes materiales?

1. La propiedad privada en el *Antiguo Testamento*.

1.1. *Personas y propiedades.*

Las *Sagradas Escrituras*, tanto en el *Antiguo* como en el *Nuevo Testamento*, priorizan siempre las necesidades de las personas sobre los derechos de propiedad. Esto se detecta en numerosos pasajes, como, por ejemplo, en los que se insta a realizar préstamos libres de interés a los necesitados: *Cuando prestares dinero a uno de mi pueblo, al pobre que está contigo, no te portarás con él como logrero, ni le impondrás usura* (Éx. 22: 25); *Y cuando tu hermano empobreciere y se acogiere a ti, tú lo ampararás; como forastero y extranjero vivirá contigo. No tomarás de él usura ni ganancia, sino tendrás temor de tu Dios, y tu hermano vivirá contigo* (Lv. 25: 35-36); *No exigirás de tu hermano interés de dinero, ni interés de comestibles, ni de cosa alguna de que se suele exigir interés* (Dt. 23: 19).

1.2. Deudas.

De la misma manera, las deudas debían perdonarse, si después de siete años no habían podido ser satisfechas (Dt. 15: 1-3).

1.3. Sueldos.

El salario debía ser justo y tenía que pagarse puntualmente (Dt. 24: 14-15; Lv. 19:13).

1.4. La rebusca.

Los pobres poseían el derecho a rebuscar en los campos ajenos, para encontrar alimento cuando ya se había recogido la cosecha (Éx. 23: 10-11; Lv. 19: 9-10; 25:1-7; Dt. 24: 19-22; Rut. 2: 1-23).

1.5. Año del jubileo.

La tierra había que devolverla cada cincuenta años (Lv. 25: 8-17). Todas estas disposiciones tenían como fin luchar contra la pobreza, pero también demuestran que el mantenimiento de la propiedad privada posee sólo un interés secundario en la *Biblia*, en relación con las necesidades de las personas.

1.6. Rebaños y tierras.

Los rebaños y las tierras se entendían como patrimonio de toda la comunidad, porque, en realidad, pertenecían a Jehová. Ningún individuo debía considerar el terreno que cultivaba como algo exclusivo o privado. Al principio, las parcelas se distribuían y estaban sujetas a una rotación periódica. Más tarde, pasaron a ser propiedad de las familias aunque los individuos no podían deshacerse de tal herencia familiar. Si una persona moría sin dejar descendencia, su pariente más próximo tenía que comprar la tierra del difunto para que esta no fuera a parar a manos de extraños (Lv. 25: 23-34).

1.7. El pecado de robar.

El delito de robar se consideraba una falta grave porque quien lo cometía estaba adueñándose de algo que pertenecía a Dios y, en usufructo, a todo el pueblo. El mandamiento contra el robo no se entendía como una ley para preservar la propiedad privada. Robar era atentar contra el Creador y contra la comunidad para favorecer los intereses egoístas del ladrón. De manera que la *Biblia* nunca antepone la propiedad privada a las necesidades de los pobres o de los desposeídos, sino que sus leyes pretenden siempre velar por una sociedad justa y equilibrada. El que tenía hambre podía comer todo lo que quisiera de los campos del vecino y esto no se consideraba delito. Lo que sí se veía como hurto era que quien no lo necesitaba hiciera también lo mismo.

1.8. El diezmo.

El diezmo era una institución importante para los pobres, que en el libro de *Deuteronomio* se describe así: *Al fin de cada tres años sacarás todo el diezmo de tus productos de aquel año, y lo guardarás en tus ciudades. Y vendrá el levita, que no tiene parte ni heredad contigo, y el extranjero, el huérfano y la viuda que hubiere en tus poblaciones, y comerán y serán saciados; para que Jehová tu Dios te bendiga en toda obra que tus manos hicieren* (Dt. 14: 28-29). La idea subyacente era, como ya hemos dicho anteriormente, que la tierra era de todos porque pertenecía a Dios y, por eso, sus productos debían compartirse también entre todos.

2. Evolución de estas leyes hebreas.

No todos los pueblos de los alrededores tenían estas normas, los cananeos poseían concepciones muy diferentes que se parecían más a los modernos principios capitalistas del derecho a la propiedad privada. Según las leyes cananeas, aquellas tierras que quedaban dentro de las aldeas o ciudades amuralladas no podían volver a comprarse, ni ser devueltas a sus propietarios originales. Esto marcaba cada vez con mayor intensidad las diferencias entre ricos y pobres.

La religión cananea era politeísta, concebía numerosos dioses que constituían jerarquías celestes, por tanto, resultaba lógico que, si en el cielo había un sistema de clases sociales, también lo hubiera en la Tierra. Si en las alturas los dioses fuertes dominaban a los débiles, ¿no era justo que en las sociedades humanas ocurriera lo mismo? Los reyes de Canaán, en base a la idea de la propiedad privada, tenían derecho a apropiarse de las tierras que desearan, sin ningún miramiento hacia las necesidades de los aldeanos pobres a quienes se las usurpaban; nunca perdonaban las deudas de sus súbditos. Ningún esclavo podía salir jamás de su condición social; pero, en Israel, esto no era así, ya que a los siete años los esclavos quedaban libres. La solidaridad hacia los pobres y oprimidos era algo que prácticamente se desconocía, ya que el feudalismo era el sistema predominante en Mesopotamia y Canaán.

Hasta la época de los jueces, el pueblo de Dios fue responsable y consecuente con sus creencias y supo mantenerse alejado del sistema cananeo de la economía estatal. Sin embargo, progresivamente, todo esto se fue perdiendo en la medida en que la economía cananea fue introduciéndose en las comunidades hebreas. Con la amenaza militar de los filisteos y la introducción de la monarquía durante la época de Saúl, David y Salomón, empezó la asimilación de los valores cananeos de la propiedad privada y la acumulación capitalista de riqueza.

En la transición desde la vida pastoril a la sedentaria, los bienes comunales se fueron transformando en privados. Las familias empezaron a repartir sus tierras y a cultivar parcelas separadas, y, a la vez, hubo también un regreso al paganismo cananeo, con la proliferación de sacrificios inmorales, la relajación de las costumbres, así como el aumento de las desigualdades sociales, la injusticia y la opresión de los pobres.

El profeta Amós, que habló al Estado del norte hacia el año 750 a. C., fue, sin duda, el más crítico y valiente de Israel, denunciando la situación a la que se había llegado. Es necesario decir que a Amós se le considera como el primer sociólogo de la humanidad. En relación a las criaturas que eran vendidas como esclavas por ser insolventes y no poder pagar sus deudas, escribió: *Así ha dicho Jehová: Por tres pecados de Israel, y por el cuarto, no revocaré su castigo; porque vendieron por dinero al justo, y al pobre por un par de zapatos. Pisotean en el polvo de la tierra las cabezas de los desvalidos, y tuercen el camino de los humildes* (Am. 2: 6). La situación de injusticia social había llegado a ser tan grave que incluso existían hombres sin escrúpulos que, con el fin de cobrar una deuda tan insignificante como el valor de un par de zapatos, eran capaces de convertir en esclavo a su deudor.

Oseas vivió en la misma época que Amós y se preocupó también por las mismas cuestiones sociales, aunque desarrolló mejor sus implicaciones religiosas. En su denuncia del engaño económico, que practicaban habitualmente los mercaderes de su tiempo, puso de manifiesto la creencia errónea de que las riquezas son siempre una bendición de Dios: *Mercader que tiene en su mano peso falso, amador de opresión, Efraín dijo: Ciertamente he enriquecido, he hallado riquezas para mí; nadie hallará iniquidad en mí, ni pecado en todos mis trabajos* (Os. 12: 7-8). Las mismas denuncias encontramos en el profeta Miqueas y en Isaías y Jeremías.

En general, el *Antiguo Testamento* concibe la codicia como una forma de idolatría de los bienes terrenos, y el excesivo amor a la propiedad privada como uno de los grandes rivales de Dios, ya que conduce a que el ser humano se olvide por completo de su Creador. ¿Es razonable afirmar que el pueblo de Israel fracasó en su intento de crear una sociedad igualitaria porque sus pretensiones fueron excesivamente idealistas?

Como nación pequeña, fue reducida por sus enemigos que eran militarmente mucho más poderosos, sin embargo, sus ideales sociales y religiosos han permanecido latentes en el alma de la humanidad. ¿Acaso estos valores hebreos no han inspirando numerosas instituciones políticas a lo largo de la Historia? El triunfo de tales costumbres del Judaísmo, que se vertieron después en el Cristianismo y están recogidas en las páginas de la *Biblia*, no sólo consiste en formar parte del pasado espiritual de Occidente, como una reliquia singular, sino, sobre todo, en constituir una fuente de agua pura e inagotable que no ha podido ser desecada ni superada por las ideologías sociales modernas.

Los sentimientos solidarios con las necesidades humanas, la sensibilidad especial hacia el débil, la valoración del hombre por encima de la riqueza, que eran características originales del pueblo de Israel, continúan siendo un modelo de referencia social válido para el hombre contemporáneo.

3. Jesús y los bienes materiales.

La predicación de Jesús posee abundantes referencias a las riquezas y a los bienes materiales ya que durante su tiempo, el abismo entre ricos y pobres se había hecho tan profundo que estos eran marginados, no sólo desde el punto de vista social, sino también desde la propia religión. Los hebreos menesterosos no podían observar correctamente todos los rituales del Judaísmo porque carecían de recursos para realizar sacrificios en el templo y, por tanto, eran considerados como impuros por los dirigentes de Israel.

Son numerosas las frases de Jesús que condenan la riqueza, tales como: *no podéis servir a Dios y a las riquezas* (Lc. 16: 13); *¡cuán difícilmente entrarán en el reino de Dios los que tienen riquezas!, más fácil es pasar un camello por el ojo de una aguja, que entrar un rico en el reino de Dios,* (Mr. 10: 25); *el engaño de las riquezas ahoga la palabra* (Mt. 13: 22), y muchas otras más.

Jesús pudo hablar con autoridad de todos estos asuntos porque no tuvo bienes materiales y predicó siempre con el ejemplo personal. En cierta ocasión le dijo a un escriba que deseaba hacerse su discípulo y seguirle en su ministerio: *Las zorras tienen guaridas, y las aves del cielo nidos; mas el Hijo del Hombre no tiene donde recostar su cabeza* (Mt. 8: 20). La pobreza formaba parte del estilo de vida del Señor Jesús. Nació en un hogar humilde. Cuando fue presentado en el templo, sus padres José y María ofrecieron lo que la ley estipulaba para los pobres: dos palomas, en vez de un cordero y una paloma. Jesús enseñó subido en una barca ajena; entró en Jerusalén montado sobre un pollino ajeno; pasó las últimas noches en una habitación ajena y fué enterrado en una tumba ajena.

¿Quiere esto decir que aquellos que desean seguir a Jesús deben volverse también pobres? ¿tenemos los cristianos que renunciar a nuestras posesiones como el joven rico? Jesús no mandó a todos sus seguidores lo que mandó al joven rico. La riqueza era el problema principal de aquel hombre, lo que le separaba de Dios. Pero esto no significa que todo el mundo tenga el mismo problema. Por el contrario, vemos a José de Arimatea, que era un hombre rico y a la vez discípulo de Jesús. Zaqueo, después de devolver lo robado, se quedó con el resto, y Jesús dice que "fue salvo". Muchos amigos de Jesús, que le invitaban a sus banquetes, fueron ricos. Lo que Jesucristo pide a cada uno de sus discípulos no es el voto de pobreza, sino que Dios ocupe el primer lugar en la vida, por encima de los bienes materiales.

4. El apóstol Pablo y las riquezas.

Pablo escribe a Timoteo estas palabras: *A los ricos de este siglo manda que no sean altivos, ni pongan la esperanza en las riquezas, las cuales son inciertas, sino en el Dios vivo, que nos da todas las cosas en abundancia para que las disfrutemos. Que hagan bien, que sean ricos en buenas obras, dadivosos, generosos; atesorando para sí buen fundamento para lo por venir, que echen mano de la vida eterna* (1 Ti. 6: 17-19). Pablo no manda a los ricos que se vuelvan pobres, tampoco enseña que todos los creyentes sinceros se vayan a volver ricos. Sin embargo, dice tres cosas muy importantes acerca de los ricos. Creo que tales consejos son muy adecuados para todos aquellos que vivimos en el llamado Primer mundo.

4.1. Prevención contra el orgullo.

Que no sean altivos. Este es el primer peligro de las riquezas. Creerse superiores a los demás. ¿Hay algo de esto en nuestra vida? ¿Nos envanecemos porque tenemos un buen auto, una buena casa, un excelente trabajo, etc...?

4.2. Prevención del peligro del materialismo.

Ni pongan la esperanza en las riquezas. Disfrutar del don, olvidando al Dador. ¿No está ocurriendo esto en la vida de muchos cristianos? ¿corremos el peligro de pensar, en lo más profundo de nuestro ser, que ya no necesitamos a Dios porque tenemos todo lo que podemos desear?

4.3. Consejo sobre la generosidad.

Pablo aconseja también que cultivemos la generosidad y que seamos ricos en buenas obras, dadivosos y generosos. ¿Somos solidarios con quienes lo necesitan, con el prójimo, la Iglesia, los misioneros?

30
El bautismo cristiano

Mr. 16: 15-16

Y les dijo:
Id por todo el mundo y predicad el evangelio a toda criatura.
El que creyere y fuere bautizado será salvo;
mas el que no creyere, será condenado.

ESQUEMA

1. Razones contra el bautismo infantil.

    1.1. El niño no tiene uso de razón.

    1.2. La fe es individual e intransferible.

    1.3. Las casas no se bautizan.

    1.4. El error de los bautismos masivos.

    1.5. Confusión entre bautismo y pecado original.

    1.6. El limbo no existe.

2. Auténtico sentido del bautismo cristiano.

    2.1. El agua da vida.

    2.2. El agua también mata.

3. Morir con Cristo.

CONTENIDO

El bautismo es el signo del que más ampliamente habla el *Nuevo Testamento*. Fue una de las piedras fundamentales de la comunidad cristiana primitiva y sigue siendo hoy el sacramento fundamental de los cristianos. Sin embargo, el bautismo ha llegado a ser un rito insignificante para la vida de fe de muchos creyentes, y la razón es muy sencilla. Muchas personas reciben el bautismo en su más tierna infancia, lo que quiere decir que el que está en esa situación, no se da cuenta de lo que recibe cuando es bautizado. De ahí lo poco que significa este acto en la vida concreta de muchos cristianos. No me refiero sólo a los católicos, sino también a los protestantes que practican el bautismo infantil.

Algunos se preocupan de que los niños sean bautizados, generalmente, sólo por motivos culturales, sociológicos o tradicionales, pero luego, casi nadie se vuelve a acordar de su bautismo y de las consecuencias que entraña. En los llamados países cristianos, el bautismo se administra a la casi totalidad de la población infantil, y eso tiene como consecuencia que la mayor parte de la población entra a formar parte de la Iglesia institucional. Esto trae como resultado que la Iglesia, en cuestión, no es ya la comunidad de los convertidos a la fe y al Evangelio, sino la sociedad de los nacidos en ciertos países, o en ciertos grupos sociológicos. El bautismo pierde así todo su significado bíblico y original.

1. Razones contra el bautismo infantil.

1.1. El niño no tiene uso de razón.

Un niño pequeño que carece de uso de razón no entiende, ni puede tener fe en Jesucristo. Sin embargo, la *Biblia* dice, claramente, en numerosas ocasiones, que el bautismo sólo se puede administrar a quienes tienen fe. Es *el que creyere, y fuere bautizado* el que *será salvo*. Primero es creer, luego ser bautizado.

1.2. La fe es individual e intransferible.

No vale decir que el niño se bautiza por la fe que tienen sus padres o sus padrinos. Nadie puede tener fe por otro, como nadie puede pecar por otro o salvarse en lugar de otro.

1.3. Las casas no se bautizan.

Es verdad que, en el *Nuevo Testamento*, se habla del bautismo de "casas" enteras, pero lo que no sabemos es si en aquellas casas había niños pequeños; eso no se dice en ninguna parte.

1.4. El error de los bautismos masivos.

Lo que sí sabemos es que la costumbre de bautizar masivamente a los niños se introdujo a finales del siglo IV d.C., a causa de un decreto del emperador Teodosio, que obligaba a todo el mundo a hacerse cristiano.

1.5. Confusión entre bautismo y pecado original.

En la opinión popular el bautismo sirve para borrar el pecado original, sin embargo, en el *Nuevo Testamento* no se habla de la relación entre bautismo y pecado original. Tampoco lo hacen los autores cristianos de los primeros siglos. Esa relación se introdujo en la Iglesia a partir de San Agustín, en su controversia con los pelagianos, que no creían en el pecado original, ni en el bautismo infantil.

1.6. El limbo no existe.

Los teólogos escolásticos, por su parte, inventaron la teoría del limbo, que sería el lugar al que van los niños que mueren sin bautizar, pero esta teoría no tiene fundamento alguno en la *Biblia*. El teólogo católico José María Castillo escribe: *Los niños que mueren sin bautizar van al cielo. No pueden ir al infierno, porque allí sólo van quienes tienen pecados personales. Y limbo no hay... Por lo tanto, no queda otra salida que el cielo* (*Castillo*, 1993). Vemos pues, que la postura sobre este tema ha ido cambiando incluso dentro de la Iglesia católica.

2. Auténtico sentido del bautismo cristiano.

Para comprender el bautismo cristiano hay que entender lo que representa el simbolismo del agua.

2.1. El agua da vida.

Este es el aspecto positivo del líquido elemento. El agua es absolutamente necesaria para la vida. Donde hay agua hay vida porque satisface la sed. Pero, además, de la misma manera en que el agua lava o limpia el cuerpo, la gracia de Dios lava el pecado. Este es el sentido de textos como *Efesios*, (5: 26), donde el apóstol Pablo nos dice: *..así como Cristo amó a la Iglesia, y se entregó a sí mismo por ella, para santificarla, habiéndola purificado en el lavamiento del agua por la palabra.* Esta es una alusión clara al bautismo cristiano.

2.2. El agua también mata.

Viene ahora su aspecto negativo. A veces, el agua es también agente de destrucción y muerte, cuando provoca tormentas, inundaciones, riadas, y, de manera especial, esos temibles e insondables abismos del mar, capaces de tragarse enormes construcciones humanas.

La inmersión del cuerpo en el agua indica que la persona sepulta su vida pasada de pecado, es decir, de vivir de espaldas a Dios y a los demás, para renacer a una vida nueva en la gracia y amistad de Dios. Es lo que Pablo expresa en su carta a los *Romanos* (6: 4): *Porque somos sepultados juntamente con él para muerte por el bautismo, a fin de que como Cristo resucitó de los muertos por la gloria del Padre, así también nosotros andemos en vida nueva.* La expresión "ser bautizado" es una traducción del arameo que significa, literalmente, "tomar un baño sumergiéndose en las aguas". De manera que el bautismo cristiano está en relación con la muerte y resurrección de Jesucristo.

3. Morir con Cristo.

Para Jesús, "ser bautizado" supuso lo mismo que "ser crucificado". Vino a la tierra a sufrir y morir por la humanidad. Por tanto, el acto concreto del bautismo representa, para todo aquel que lo realiza conscientemente, el momento en que el ser humano asume conscientemente una vocación y un destino en la vida. Se trata de asumir la solidaridad con Cristo y con el resto de los seres humanos. Por eso el bautismo es, en sí, una verdadera muerte, porque es un cambio total y completo en la vida. Es el paso desde el ámbito de la muerte, el pecado y la injusticia, a la vida, la honradez y el deseo de santidad. "Morir con Cristo" significa morir al mundo, al orden establecido, a los poderes que esclavizan, a la "vida vivida para sí mismo", al egoísmo, al individualismo y al narcisismo.

Pero, el bautismo no es sólo morir con Cristo, sino también resucitar con él. El proceso de la conversión que culmina en el bautismo, incluye el perdón de los pecados, la pertenencia al cuerpo de Cristo, que es la Iglesia, y la promesa del reino de Dios. De la misma manera que el paso del mar Rojo fue, para los israelitas, el cambio desde la esclavitud a la libertad, así también el paso por el agua bautismal comporta para los cristianos la experiencia de su propia libertad.

Pero, libertad ¿de qué y para qué? Se trata de la liberación del pecado, que ya no tiene dominio sobre los cristianos. Lo sorprendente es la razón que da Pablo acerca de porqué los cristianos ya no están sometidos al señorío del pecado: *porque ya no estáis en régimen de ley, sino en régimen de gracia* (Ro. 6: 14). Es decir, los creyentes están liberados del pecado porque, en el fondo, de lo que están liberados es de la ley que se impone al ser humano desde fuera. Lo que Pablo intenta decir es que el cristiano ya no necesita leyes para portarse bien. No necesita códigos, normas o reglamentos legales para vivir honestamente.

Por eso, la experiencia del bautismo es la experiencia de la libertad más radical, porque es la experiencia del amor. No sólo del amor a Dios, sino además del amor al prójimo.

Este es el sentido del acto bautismal. Despedirse de la antigua vida de esclavitud y levantarse a una nueva vida de libertad y amor. El apóstol Juan, en su mensaje a la iglesia de Laodicea, pone en boca de Jesús estas palabras: *He aquí, yo estoy a la puerta y llamo; si alguno oye mi voz y abre la puerta, entraré a él, y cenaré con él y él conmigo* (Ap. 3: 20).

¡El bautismo que hoy celebramos es una llamada clara y directa en la puerta de vuestra conciencia. La decisión es enteramente personal. Pero si decides abrirla, esta comunidad estará encantada en ayudarte a conocer la persona de Jesucristo, mediante el estudio de las *Sagradas Escrituras*!

31
La transfiguración de Jesús

Lc. 9: 33, 35 y 36 (28-36)

Pedro dijo a Jesús: Maestro, bueno es para nosotros que estemos aquí;
y hagamos tres enramadas, una para ti, una para Moisés,
y una para Elías; no sabiendo lo que decía...
Y vino una voz desde la nube, que decía:
Este es mi Hijo amado; a el oíd.
Y cuando cesó la voz, Jesús fue hallado solo.

ESQUEMA

1. La transfiguración como cambio de forma.

   1.1. Quitar el velo.
   1.2. Revelación de Dios.
   1.3. Revelación de Cristo.
   1.4. Revelación del misterio del hombre.

2. La oración conduce a la visión.

   2.1. Dios irrumpe en el mundo de los hombres.
   2.2. Transformados de gloria en gloria.

3. El egoísmo de Pedro.

4. Una palabra vale más que mil imágenes.

CONTENIDO

¡Qué pasaje tan singular y misterioso! La transfiguración de Jesús constituye uno de los acontecimientos más extraordinarios de la *Biblia* por sus importantes repercusiones teológicas. Ante todo se trata de una visión de lo sobrenatural compartida por tres discípulos de Jesús. Frente a ella es lógico preguntarse: ¿cómo sería este evento? ¿Qué es lo que realmente debió ocurrir allí, sobre aquel monte? Y, en cualquier caso, ¿qué implicaciones o enseñanzas tiene tal visión para el ser humano de la actual aldea global?

1. La transfiguración como cambio de forma.

La transfiguración de Jesús tiene que ver, ante todo, con la vista y con la imagen. "Transfiguración" significa "cambio de forma o de figura". A lo largo de la Historia, esta singular escena de la vida de Jesús ha sido un tema recurrente que ha inspirado la mano de diversos artistas. Dentro del ámbito de las artes figurativas, como la pintura o la escultura, se ha representado con relativa frecuencia. Por ejemplo, basta recordar el famoso cuadro del pintor italiano de los siglos XV y XVI, Rafael; o el extraordinario mosaico del monasterio del Sinaí; así como las numerosas vidrieras de las catedrales góticas; ciertas miniaturas, etc.

De la misma manera, la preocupación por la comprensión de este acontecimiento ocupó a los teólogos y estudiosos ya desde el siglo II, y dio ocasión a acaloradas discusiones, a propósito de lo que se llamó la "metamorfosis de Cristo". Numerosos estudiosos del texto sagrado intentaron desvelar cómo habría afectado semejante experiencia a los tres discípulos más íntimos del Maestro. No obstante, lo que resulta más evidente es que la escena de la transfiguración proporciona una triple revelación.

1.1. Quitar el velo.

"Revelación" significa literalmente "quitar el velo"; revelar es quitarle el velo a aquello que puede estar oculto y que a primera vista no se comprende. De ahí que la revelación bíblica procure quitarle el velo a Dios, a Cristo y al propio ser humano.

1.2. Revelación de Dios.

La transfiguración es la revelación de un Dios fiel que mantiene sus promesas a lo largo de la Historia; un Dios que es aliado del ser humano y del que se puede uno fiar, a pesar de permanecer escondido, y que nos permite oír su voz aunque sea desde la nube.

1.3. Revelación de Cristo.

La transfiguración es también la revelación de la divinidad de Jesucristo. Él no fue sólo hombre, sino también Dios, el Hijo de Dios hecho persona. Este Cristo transfigurado, pocos días después, se vio desfigurado por causa del pecado de la propia humanidad en el Calvario. De la gloria de Dios, Cristo pasó a la Pasión, es decir, a la debilidad, al sufrimiento, a la humillación, a lo que los teólogos llaman "abajamiento" o "rebajamiento", en el que Dios se hizo hombre. Por eso el Padre dirá: "Este es mi Hijo amado: a él oíd".

1.4. Revelación del misterio del hombre.

Pero, a la vez, la transfiguración es la revelación del misterio del hombre. ¿Qué es el hombre? El ser humano es un peregrino aquí abajo, en la Tierra. Es caminante que no va a vivir eternamente en este mundo, que no hunde sus raíces como los árboles "baobab" en el suelo, para existir siempre arraigado; por el contrario, el hombre es transeúnte, está de paso en esta vida y eso es precisamente lo que viene a decir también la transfiguración: el ser humano es un peregrino que puede llegar a ser ciudadano del más allá.

Como cristianos, ahora vivimos en la fragilidad del cuerpo, a la espera de nuestra propia transfiguración en cuerpo glorioso. Esto es precisamente lo que representan aquí los amigos de Jesús: al propio ser humano: Pedro, Jacobo y Juan *rendidos de sueño, mas permaneciendo despiertos*. A veces transitamos por la vida de esta forma, somnolientos, casi sin darnos cuenta de lo que está ocurriendo a nuestro lado. Pero el Señor quiere que estemos despiertos, con los ojos bien abiertos, mirando cuál es la esencia de nuestra vida, qué es lo fundamental de nuestra existencia, cuál es el sentido que Dios quiere para nosotros: *permaneciendo despiertos*.

2. La oración conduce a la visión.

Aconteció como ocho días después de estas palabras... (9: 28). ¿De qué palabras se trata? Del anuncio de la muerte de Jesús. Veamos el versículo 22, el maestro les había dicho: *Es necesario que el Hijo del Hombre padezca muchas cosas, y sea desechado por los ancianos, por los principales sacerdotes y por los escribas, y que sea muerto y que resucite al tercer día.* Y además Jesús dice: *Pero os digo en verdad, que hay algunos de los que están aquí, que no gustarán la muerte hasta que vean el reino de Dios* (v. 27). ¿Cuándo vieron el reino de Dios los que estaban allí? ¿Qué significa este texto? Precisamente Cristo se está refiriendo a la transfiguración. Esos "algunos" fueron Pedro, Juan y Jacobo, quienes en la escena de la transfiguración, vieron la gloria de Jesús, es decir, el reino de Dios, como dice el versículo 32. Jesucristo tomó a estos tres hombres y subió con ellos a orar al monte. Dice el texto (29: 2): *y entretanto que oraba, la apariencia de su rostro se hizo otra, y su vestido blanco y resplandeciente.*

Es curioso, pero Lucas es el único evangelista que no pronuncia la palabra "transfiguración". Esto tiene seguramente un motivo muy concreto. Lucas era consciente de la mentalidad que poseían los cristianos que venían del mundo pagano. Estos tenían todavía en su mente, a pesar de haberse convertido al Cristianismo, muchos conceptos propios de las antiguas religiones míticas. En tales religiones abundaban las leyendas acerca de hombres que se transfiguraban en dioses o se convertían en semidioses. Estas ideas eran muy comunes en las religiones mitológicas, de ahí que Lucas deseara dejar bien claro que lo que le ocurrió a Cristo en aquel monte no fue un mito parecido a los que tenían los griegos, sino una realidad histórica.

2.1. Dios irrumpe en el mundo de los hombres.

El mundo de Dios atravesó como un relámpago fugaz el mundo de los hombres. Semejante acontecimiento se da en el Evangelio, en cuatro ocasiones distintas: en la transfiguración de Jesús, en la anunciación a la virgen María, en el bautismo de Cristo y después de la resurrección, cuando el Maestro se apareció a los discípulos y comió con ellos. No sólo se abre la historia de la salvación, sino que el tiempo se concentra y aparecen figuras del pasado como Elías y Moisés. Se muestra la historia divina del tiempo, pero también del espacio. El milagro no está solamente en el esplendor de Dios, pues que Dios sea Dios no es una gran sorpresa. El milagro está precisamente en que Dios sea hombre, en que haya elegido encarnarse en un ser humano y morir mediante un humillante martirio como si fuera un vulgar malhechor. Eso sí es milagro: la humillación de Jesús. El hecho de que el Dios Creador de todas las galaxias del universo, venga a la Tierra porque ama al ser humano, conoce su debilidad y desea rescatarle de esa situación, eso sí es el mayor milagro del cosmos.

2.2. Transformados de gloria en gloria.

En ocasiones el mundo de Dios se abre a los humanos. ¿Acaso no es eso lo que ocurre cuando se ora de todo corazón? El apóstol Pablo, escribiendo a los corintios les dice: *Por tanto, nosotros todos, mirando a cara descubierta como en un espejo la gloria del Señor, somos transformados de gloria en gloria en la misma imagen, como por el Espíritu del Señor* (2 Co. 3: 18). Al hacernos cristianos somos configurados según la imagen de Cristo, estamos unidos a Él por la fe, avanzamos a una mayor perfección ayudados por el Espíritu Santo pero, sobre todo, a través de la oración.

El motivo por el que Jesús subió al monte fue, ante todo, para orar. Su transfiguración ocurre mientras oraba, *entre tanto que oraba.* Y esto nos lleva a preguntarnos: ¿cuál es nuestro monte particular? ¿Hay en mi vida un lugar íntimo de transfiguración, donde puedo orar y crecer como persona, como cristiano, donde le pido al Señor perdón por mi error, por mi pecado o mi maldad? ¿O quizás ese lugar no existe, o se trata de un paraje inhóspito en el que nunca me apetece permanecer demasiado tiempo? ¿Hay en mi geografía espiritual un montículo de oración desde donde vislumbro la imagen de Cristo y sus palabras resuenan con fuerza en mis oídos? ¿O acaso estoy descuidando mi vida de oración?

Contra todo lo que se diga, la oración no es fuga o huida de este mundo, sino transfiguración de la realidad. Porque cuando oramos de verdad, no tenemos más remedio que cambiar nuestro mundo. Al orar, cambio mi realidad y recupero fuerzas para superar las dificultades que el Señor permite en mi vida; al orar, descanso en Cristo y aprendo a perdonar; al orar, estoy siendo como el hijo pródigo que llega arrepentido al hogar del Padre. El hombre y la mujer de oración son personas que van más allá de las cosas materiales e, incluso, son capaces de cambiarlas de aspecto, porque descubren el lado positivo de cada acontecimiento. Quien sabe orar así se da cuenta de que, en el fondo, todo, absolutamente todo, ayuda a bien. La oración sincera puede hacer que el orante capte una impresión de la eternidad, es decir, la presencia de Dios en las cosas comunes, que apreciamos como positivas o negativas, de cada día. La oración de fe rompe los barrotes férreos de esa prisión de negatividad en que nos encarcelamos con demasiada frecuencia, porque acaba con la frustración y la soledad. La oración es como un guiño a la eternidad, como una suerte de puerta "stargate" hacia las estrellas, ya que nos introduce en el otro lado de la realidad.

De ahí que, cuando se pierde la costumbre de orar y meditar a solas, se vea la realidad con tonos tan lúgubres y pesimistas. Pero quien ora es capaz de decir con Pedro: *Maestro, bueno es para nosotros que estemos aquí.* Lo verdaderamente hermoso no es huir de la realidad sino acampar en lo cotidiano, es decir, en nuestras responsabilidades individuales. Se trata de hablar con Dios pero sin olvidarse de nuestro puesto en la Tierra. Desempeñar la función de padres, hijos, hermanos, obreros, empresarios, etc., sabiendo que el Señor nos ve y nos oye. Hablar con Dios, pero sin perder de vista la realidad de cada día, ya que no son dos mundos incompatibles sino íntimamente ligados. Es imposible acceder a las cosas del Señor sin experimentar a la vez lo humano. No se puede amar de verdad a Dios si, en el fondo del alma, hay odio hacia el hermano. Se trata de la misma cosa, no hay posibilidad de lo uno sin lo otro.

El texto dice: *Y he aquí dos varones que hablaban con él, los cuales eran Moisés y Elías, quienes aparecieron rodeados de gloria y hablaban de su partida, que iba Jesús a cumplir en Jerusalén* (9: 30-31). Como es sabido, Moisés y Elías eran dos grandes personajes del *Antiguo Testamento*, cuyo regreso a la Tierra era una expectativa del pueblo judío. Todos los hebreos estaban convencidos de que tales figuras iban a volver de nuevo al mundo de los hombres. Sin embargo, en el acontecimiento de la transfiguración vienen pero no para quedarse entre los mortales, sino precisamente para indicar que no hay que esperarles a ellos. Su misión fue sólo indicar el camino a los hombres. Quien en verdad se quedó fue Jesucristo.

En efecto, Moisés había prefigurado la muerte de Cristo por medio de la celebración de la Pascua y los sacrificios de animales; como también Elías había anticipado el poder de la resurrección del Señor, al resucitar al hijo de la sunamita. Por tanto, la presencia de estos dos personajes históricos era oportuna. No obstante, ellos se desvanecieron después de señalar a Cristo, quien sería realmente el vencedor definitivo de la muerte.

3. El egoísmo de Pedro.

Sin embargo, una vez más hace su aparición también la torpeza del ser humano: *Y sucedió que apartándose ellos de él, Pedro dijo a Jesús: Maestro, bueno es para nosotros que estemos aquí; y hagamos tres enramadas, una para ti, una para Moisés, y una para Elías; no sabiendo lo que decía* (9: 33). Las enramadas eran chozas o cabañas hechas con ramas vegetales donde los pastores solían pasar las noches. También se realizaban tales construcciones, improvisadas, durante la fiesta de la cosecha. Probablemente Pedro, Jacobo y Juan, ante la posibilidad de construir tres enramadas, pensarían en lo bien que se lo pasaban durante estos festejos. Lo cierto es que no supieron captar el sentido de aquella visión. ¡Cómo detener en la Tierra a los moradores del cielo, y querer hacerlo ofreciéndoles chozas hechas con ramas! ¡Cuántas criaturas pretenden hacer hoy lo mismo con lo divino: encerrar a Dios en templos, iglesias, capillas, cruces, amuletos o productos supuestamente milagrosos, como si lo divino, pudiera encerrarse en lo material!

Jesús les habla de morir en Jerusalén, pero ellos sólo piensan en gozar de aquella gloria deslumbrante, pretenden pararse, establecerse, acampar precisamente en el lugar que debe ser punto de partida para la misión que les espera, desean una morada definitiva a salvo del riesgo de la cruz, quieren la luz pero sin pasar por las tinieblas del Calvario, por eso el evangelio indica que Pedro *no sabía lo que decía*.

A veces, los creyentes nos comportamos también como Pedro, ya que nos gusta instalarnos y acomodarnos en el grupo, olvidando que ser amigos de Cristo significa vivir como peregrinos. Ser cristiano es como estar suspendido entre el cielo y la Tierra. Nunca podremos "contar las estrellas" si primero no afrontamos la oscuridad de la noche.

Mientras él decía esto, vino una nube que los cubrió; y tuvieron temor al entrar en la nube. Y vino una voz desde la nube, que decía: Este es mi Hijo amado; a él oíd, (9:34-35). En la escenografía bíblica, las nubes son casi siempre símbolo de la presencia y la gloria de Dios. La voz divina que proclama la identidad del Hijo y la necesidad de oír sus palabras significa que se puede prescindir de Moisés y de Elías, con tal de tener a Jesucristo en la vida, ya que sólo él es el elegido que morirá por nosotros en el Calvario. De manera que el viejo profetismo del *Antiguo Testamento* ya no cuenta, porque tenemos un nuevo mensajero.

4. Una palabra vale más que mil imágenes.

En estos versículos se tiene la impresión de que a Pedro y a los demás apóstoles les causa más respeto la voz, que la visión. Al ver la transfiguración de Cristo, inmediatamente se movilizan para construir tres enramadas, sin embargo, la voz desde la nube les produce temor. Suele decirse que una imagen vale más que mil palabras, pero aquí más bien es al revés: una palabra vale más que mil imágenes. Es como si los apóstoles quedaran más sorprendidos por la palabra de Dios que por la imagen de la transfiguración. El "ver" queda supeditado al "escuchar". ¡Qué gran enseñanza para nosotros hoy! La fiebre de visiones, apariciones, o revelaciones particulares nunca podrá sustituir a la *Escritura*. También Jesús dijo: *Bienaventurados los que no vieron y creyeron*. Hoy se acabaron las visiones, pero queda la escucha y la meditación de la palabra de Dios; ya no tenemos que andar anhelando espejismos o apariciones especiales, sino la voz que sale de la nube de la *Escritura*. La única visión consentida aquí en la Tierra es la que está ligada a la escucha, y si le cerramos los oídos, nunca veremos nada.

¿Porqué hay tantos problemas hoy en las iglesias? ¿Será porque no se escucha la verdadera voz de la nube y, por el contrario, sólo se desean visiones, imágenes, superficialidades o apariencias?

Y cuando cesó la voz, Jesús fue hallado solo; y ellos callaron, y por aquellos días no dijeron nada a nadie de lo que habían visto (9:36). La soledad de Jesús nos indica que la ley y los profetas ya se han esfumado y que, a partir de ahora, la Iglesia debe concentrarse en el mensaje de Jesucristo y en la evangelización del mundo.

Concluyendo, la transfiguración de Jesús nos revela tres cosas fundamentales: que Dios es fiel, que Jesús es el Cristo y que el hombre puede llegar a ser hijo de Dios. ¿Cómo está nuestro "monte de la transfiguración", es decir, nuestra relación personal con Dios? ¿Nos transfiguramos de vez en cuando o acaso intentamos instalarnos en la comodidad de nuestra enramada, como deseaba Pedro? ¿Somos conscientes de nuestro peregrinaje espiritual? ¿Damos más importancia al ver que al escuchar? La palabra de Dios es clara y cortante como espada de dos filos.

¡Quiera Él que sepamos corregir nuestros caminos y tener la suficiente sabiduría como para seguir siempre a Jesús sólo!

32
Análisis del hombre contemporáneo

Lc. 10: 21 (Sal. 133)

Yo te alabo, oh Padre, Señor del cielo y de la tierra,
porque escondiste estas cosas de los sabios y entendidos,
y las has revelado a los niños.
Sí, Padre, porque así te agradó.

ESQUEMA

1. Perfil psicológico del hombre actual.

2. Los cinco colores de la bandera posmoderna.

    2.1. Hedonismo.
    2.2. Consumismo.
    2.3. Permisividad.
    2.4. Relativismo.
    2.5. Individualismo.

3. Un nuevo ideal de persona: el hombre sólido.

    3.1. Encontrarse a uno mismo.
    3.2. Vivir de amor.
    3.3. Trabajo con sentido.
    3.4. El cultivo propio.
    3.5. Altruismo cristiano.

4. El hombre sólido conduce al hombre espiritual.

CONTENIDO

El hombre contemporáneo ha sido definido por ciertos pensadores (tales como Gilles Lipovetsky, Enrique Rojas, Jean Baudrillard, etc.) como un hombre "light". Con este concepto, se quiere definir a un ser humano, sea hombre o mujer, cuya vida estaría dirigida por los cinco colores de la imaginaria bandera posmoderna. Estos colores serían el hedonismo, o la búsqueda del placer como fin último de la vida; el consumismo, o afán de gastar; la permisividad de creer que todo está bien siempre que guste; el relativismo de pensar que todo depende del punto de vista y, finalmente, el individualismo, que no cuenta para nada con los demás. Todos ellos enhebrados por el mástil del materialismo.

Tal individuo se parece mucho a los llamados productos "light" de nuestros días: comidas sin calorías y sin grasas o sin hidratos de carbono, según la dieta de moda; cerveza sin alcohol, azúcar sin glucosa, tabaco sin nicotina, coca-cola sin cafeína y sin azúcar, mantequilla sin colesterol y, en fin, un hombre sin humanidad, sin contenido, entregado al dinero, al poder, al éxito y al gozo ilimitado o sin restricciones. Un ser humano que carecería de puntos de referencia y que, aun teniéndolo materialmente casi todo, no es feliz y sufre un vacío moral sin precedentes.

1. Perfil psicológico del hombre actual.

Se trata de una persona relativamente bien informada, pero con escasa educación humana. Todo le interesa, pero sólo a nivel superficial. No es capaz de hacer la síntesis de toda la información que le llega y, por lo tanto, se ha ido convirtiendo en un sujeto trivial, ligero, frívolo, que lo acepta todo, pero que carece de unos criterios sólidos en su conducta. Ha visto tantos cambios, tan rápidos y en un tiempo tan corto, que empieza a no saber a qué atenerse. Y hace suyas expresiones como: "todo vale", "qué más da" o "es que las cosas han cambiado".

En la era del plástico de usar y tirar, el hombre "light" es el héroe de los seriales de televisión. Sus motivaciones principales son el éxito, el triunfo y ese *poderoso caballero* que es el dinero. Es un ser humano que se está quedando huérfano de humanidad, frío, distante, que no cree en casi nada, para el que sus opiniones cambian rápidamente y que ha desertado de los valores trascendentes y de la fe en el Dios de la *Biblia*.

Así, nos encontramos hoy con individuos que son buenos profesionales en su trabajo, que conocen bien la tarea que realizan, que han triunfado profesionalmente, pero que, fuera de ese contexto, van a la deriva, sin ideas claras, atrapados en un mundo lleno de información, que les distrae y les convierte, poco a poco, en hombres o mujeres indiferentes, permisivos, en los que anida un gran vacío moral y espiritual.

Es verdad que las conquistas técnicas y científicas nos han traído unos logros evidentes, tales como la revolución informática, que ha cambiado el mundo de las comunicaciones; la revolución genética, que está manipulando los gametos y solucionando muchos problemas de esterilidad; un orden social más justo; el desarrollo de los derechos humanos; la democratización de tantos países, etc. Pero frente a todo esto, hay que poner también sobre la mesa la otra cara de la moneda: los cinco colores de esa singular bandera que ondulan sobre la base de un materialismo que sólo reconoce al individuo, en función del dinero que gana.

2. Los cinco colores de la bandera posmoderna.

Se refieren a los comportamientos generales que se aprecian hoy en el mundo occidental.

2.1. El hedonismo que busca pasarlo bien a costa de matar los ideales.

2.2. El consumismo de sustituir constantemente unos objetos por otros cada vez mejores, aunque a veces resulten francamente inútiles. Se trata de hacer para tener; tener para consumir más; consumir más para aparentar una imagen mejor; disponer de una mejor imagen para hacer más. Es lo que se ha llamado "el síndrome de la cebolla": igual que ella, el hombre se disfraza en sus pertenencias y acaba identificándose con su ropaje; debajo de cada capa hay otra igual, y, al final, es imposible distinguir entre la persona y sus posesiones. La enfermedad de la abundancia que padece Occidente es la de tener todo lo material y haber reducido al mínimo lo espiritual. Gente repleta de todo, llena de cosas, pero sin brújula en la vida, sin un proyecto para su existencia.

2.3. La permisividad que inaugura una nueva etapa de la Historia sin prohibiciones ni territorios vedados, sin limitaciones de ningún tipo. La consigna es que hay que atreverse a todo y llegar cada día más lejos.

2.4. El relativismo es el hijo natural de la permisividad. Se trata del nuevo código ético del "todo depende", de que no hay nada absoluto, ni nada sería totalmente bueno o totalmente malo. Se llega así a la ética del consenso: si hay mayoría, la cuestión es válida. Porque lo importante es lo que opine la multitud.

2.5. El último color es el individualismo.

Frente al concepto de familia prevalece el de individuo, el yo como opuesto al grupo. Hoy vivimos en una cultura que se burla de la familia y de la autoridad de los padres; una cultura que se ha globalizado y ha hecho que los individuos pierdan su identidad. Por eso tantos jóvenes se sienten incapaces de sobrevivir en una sociedad cruel y competitiva. Es verdad que, por ejemplo, la enfermedad de la anorexia se debe, en parte, a la moda de querer ser flaco, pero también a este desarraigo familiar y a la globalización de la cultura. En el fondo, la anorexia es el miedo de los adolescentes a acceder a una sociedad como la nuestra. Solos, sin ayuda familiar, por eso se niegan a comer. En realidad, se niegan a crecer y a hacerse adultas o adultos. Al no comer sus cuerpos no producen las hormonas necesarias, no pueden procrear ni disfrutar de su existencia, ni enamorarse y su vida se vuelve miserable. El problema de la anorexia no se cura comiendo, sino interviniendo sobre la cultura. Si esto no se soluciona, los casos seguirán aumentando en una sociedad donde cada vez existen menos familias sanas.

Se puede decir que el hombre "light" es sumamente vulnerable porque en lo más profundo de su alma se siente vacío y solo, pero se trata de una soledad que produce banalidad porque no hay comunicación interior. No se interroga nada trascendente que le obligue a replantearse la existencia de otro modo. Es una soledad sin rebelión personal y sin análisis. Actualmente, hay gran cantidad de matrimonios rotos, de personas separadas que viven casadas con el trabajo y con unas relaciones afectivas muy débiles, en las que existe más sexo que afecto. Pero esa soledad no suele producir reforma personal o cambio de actitud.

El hombre de hoy no sabe dónde va, y esto quiere decir que está perdido, sin rumbo, desorientado. Es lo que evidencian tantas rupturas conyugales en los adultos y tanta drogadicción entre los jóvenes. Estos dos aspectos ponen sobre el tapete la fragilidad que existe en nuestro tiempo. ¿Qué está pasando? ¿Cómo hemos llegado hasta aquí? ¿Qué podemos hacer? Hay que luchar por vencer la vida "light" y volver a recuperar el sentido auténtico del amor a la verdad y de la pasión por la libertad auténtica.

3. Un nuevo ideal de persona: el hombre sólido.

Para encontrar la felicidad y el sentido de la vida, el hombre "light" tiene que convertirse en todo lo contrario, en un hombre sólido.

3.1. Encontrarse a uno mismo.

En lugar del hedonismo debe encontrarse a sí mismo. No queda otro remedio que preguntarse: ¿cómo es mi vida? ¿Por qué etapas he pasado? ¿Qué voy a hacer con los años que me quedan? Se impone la reflexión madura.

3.2. Vivir de amor.

En vez del consumismo conviene aprender a vivir de amor, pues solamente por el amor tiene sentido la vida. El ser humano no puede vivir sin un amor en el corazón. El amor es inclinación y dedicación hacia la persona amada; es lo que mueve los proyectos personales y el que nos conduce a Dios, a través de Jesucristo. Los cristianos lo somos, en verdad, porque nos enamoramos de Jesucristo.

3.3. Trabajo con sentido.

La permisividad y la pasividad hay que sustituirlas por el trabajo con sentido. Nos pasamos la vida trabajando, de ahí que el amor por el trabajo bien hecho nos haga saborear también la felicidad. Por tanto, amor y trabajo conjugan el verbo "ser feliz".

3.4. El cultivo propio.

El relativismo debe cambiarse por una búsqueda de la cultura personal y por el cultivo propio. Cuando el ser humano se apoya en el conocimiento y en la cultura se vuelve más libre y puede hacer su vida más humana y más feliz.

3.5. Altruismo cristiano.

Por último, el color del individualismo egoísta hay que sustituirlo por la vuelta al altruismo del pensamiento cristiano. El hombre "light" dejará de serlo cuando cultive en su interior la sabiduría de Jesucristo, esa sabiduría *escondida a los sabios y entendidos* pero *revelada a los niños* (Lc. 10: 21). La fe cristiana es el mejor camino para la realización plena del ser humano, para que éste llegue a ser un hombre o una mujer comprometidos y sólidos.

4. El hombre sólido conduce al hombre espiritual.

Frente a esa atalaya del cinismo en la que vive instalado hoy el hombre "light", ante esa mística de la nada, en la que "todo vale", contra la idolatría del sexo, el dinero, el éxito o el poder, el hombre espiritual lucha por su coherencia personal, por vivir los valores positivos del Evangelio que no cambian con la moda y que dan trascendencia a la vida humana. El seguidor de Jesús es capaz de descubrir todo lo bello, noble y grande que hay en el mundo, y procura luchar por alcanzarlo. Frente al individualismo y a la soledad del hombre contemporáneo, la fe cristiana propone el amor fraternal y la convivencia entre los creyentes. La *Biblia* considera la soledad como la peor desgracia en que puede caer el ser humano. Tanto en el *Nuevo* como en el *Antiguo Testamento*, la soledad significa desierto, aislamiento, abandono, lugar yermo, seco, sin agua, sin vida, lugar de tristeza, melancolía y añoranza.

El salmista, cuando está separado de su pueblo y se siente solo, escribe: *Soy como el búho de las soledades... como el pájaro solitario sobre el tejado* (Sal. 102: 6-7). El hombre "light" de nuestros días es también como este *búho de las soledades*, un pájaro solitario que pretende vivir lejos de los demás, sin ayuda de nadie, y descubre, a veces demasiado tarde, que este estilo de vida no le da la felicidad sino que lo esclaviza y lo deshumaniza.

Ya en el *Génesis*, Dios reconoce que *no es bueno que el hombre esté solo* (Gn. 2: 18). El salmista recuerda, como algo muy positivo, que *Dios hace habitar en familia a los desesperados* (Sal. 68: 6), y considera muy bueno el *habitar los hermanos juntos en armonía, [...] porque allí envía el Señor bendición y vida eterna* (Sal. 133). Incluso el autor de *Hebreos*, inclinando a los creyentes al amor y a las buenas obras, les recomienda que no dejen de congregarse, como algunos tienen por costumbre, sino que se reúnan para exhortarse mutuamente (He. 10: 25).

El Cristianismo apuesta por la unión de la familia natural, pero también por la convivencia de la familia de la fe. Los hogares cristianos deben estar abiertos para que tantos individuos solitarios, como hoy existen, descubran a Jesucristo a través de la familia de la fe. Dios puede usar a las personas que abren las puertas de su hogar, como vehículo para que las criaturas pasen a formar parte de la familia espiritual. En la soledad estéril del desierto en que vive hoy el hombre contemporáneo, Jesucristo puede hacer brotar torrentes de aguas cristalinas, capaces de producir vida, y vida en abundancia. Estos son nuevos caminos por recorrer que podemos abrir en nuestra comunidad cristiana.

33
El Verbo se hizo carne

Jn. 1: 1-4 (1-14)

En el principio era el Verbo, y el Verbo era con Dios, y el Verbo era Dios.
Este era en el principio con Dios.
Todas las cosas por Él fueron hechas,
y sin Él nada de lo que ha sido hecho, fue hecho.
En Él estaba la vida, y la vida era la luz de los hombres.

ESQUEMA

1. Significado del término "Verbo" para Juan.

2. La preexistencia de Cristo.

3. Jesucristo como Creador.

4. La verdadera luz no está en la ley sino en Jesús.

5. ¿Es la carne un lugar indigno para Dios?

6. ¿De qué material está hecho nuestro templo?

7. El mejor regalo de Navidad.

CONTENIDO

Los verbos forman parte de algunos de los recuerdos de mi infancia. Si hay algo complicado en la lengua castellana son las conjugaciones verbales. Esa era una de las cosas que más detestaba cuando era colegial, sobre todo el día en el que la profesora de dicha materia nos preguntaba los tiempos verbales: "Antoñito, -así me llamaba- vamos a ver, el pretérito perfecto de indicativo del verbo amar". Yo respondía titubeando: "Yo he amado, tu has amado, el ha amado, nosotros..." y así hasta el final. "Muy bien", -continuaba ella, sin darse por vencida- "ahora el pretérito pluscuamperfecto de subjuntivo". La cosa se complicaba, pero conseguía mantener la calma: "Yo hubiera o hubiese amado, tu hubieras o hubieses amado, el hubiera o hubiese amado..., etc." Al seguir con los estudios, descubrí que los verbos en latín podían ser todavía mucho más complejos, ya que, por ejemplo, el presente del verbo "sum", se enunciaba así: "sum, es, est, sumus, estis, sunt".

Era, por tanto, bastante lógico que al llegar el domingo por la mañana a la iglesia y escuchar cómo el pastor nos leía en el Evangelio según San Juan: *En el principio era el Verbo...*, mis sentimientos infantiles se rebelaran dentro de mí. ¡Hasta la iglesia me persiguen los dichosos verbos!

Bromas aparte, hay que reconocer que el evangelista Juan no narra los sucesos históricos del nacimiento de Jesús como lo hacen Mateo y Lucas, sino que describe de forma poética el plan de la salvación. Juan, con mirada de águila, contempla los orígenes que se pierden en Dios y escribe un himno de alabanza al "logos" divino.

1. Significado del término "Verbo" para Juan.

La palabra griega "logos" significa "verbo", pero también se refiere a la sabiduría divina que se revela en Jesucristo. Por eso el Señor es el Jesús-Verbo. Para el semita y el hombre de la *Biblia* la palabra es la expresión más profunda, íntima y noble de la persona. El mismo Dios, no sería Dios si no comunicase su palabra desde el fondo de su ser. La palabra es la característica distintiva más noble del ser humano, de ahí que la revelación divina se haga por medio de la palabra.

En el Antiguo Oriente la palabra o el nombre no tenía sólo la función de designar los objetos, o de poseer un cierto significado, sino que se entendía más bien como un poder que domina el espacio y la realidad. El nombre define la esencia de una cosa o de una persona. Nombrarla es conocerla y tener poder sobre ella, dominarla, y, por tanto, poderla perjudicar o hacerle el bien. Veamos algunas ocasiones en las que se habla de poner nombre: si en el paraíso terrenal Dios permite que Adán ponga nombre a los animales, es precisamente porque así los coloca bajo su dominio; Él conoce a Moisés por su nombre: *Yo te he conocido por tu nombre* (Éx. 33: 12); Jacob en su pelea le pide al ángel: *Declárame ahora tu nombre* (Gn. 32: 29); Dios conoce a cada ser humano por su nombre. De la misma manera, los creyentes debemos conocer el verdadero nombre de Dios.

2. La preexistencia de Cristo.

En el principio era el Verbo, y el Verbo era con Dios, y el Verbo era Dios. Este era en el principio con Dios. Antes de que la creación tuviera un comienzo, el Verbo ya existía eternamente. Aquí se enseña la preexistencia de Cristo, mucho antes de su aparición histórica en la Tierra.

El Verbo, Jesucristo, a pesar de ser distinto al Padre, no es otro dios, sino el mismo Dios. Aclara mejor este punto la *Nueva Versión Internacional* de la *Biblia*, al traducir: ...*el Hijo unigénito, que es Dios y que vive en unión íntima con el Padre...* (Jn. 1: 18). Jesucristo nació de una mujer, pero no forma parte de la Creación porque ya existía desde antes de la formación del mundo. Este es el gran misterio de Dios. Juan usa la metáfora del verbo "engendrar" (versículos 14 y 18): *A Dios nadie le vio jamás; el unigénito Hijo, que está en el seno del Padre, él le ha dado a conocer;* Cristo es el eterno engendrado de Dios que está en su seno, la plena realización del proyecto divino y, por eso, es el Dios engendrado. A través de Él, los hombres pueden también nacer de Dios y ser por tanto hijos de Dios.

Los antiguos rabinos judíos creían que el mundo había sido creado por diez palabras, que los diez mandamientos de la ley mosaica existían desde antes de la creación y que habían servido para crear el universo. Juan, en cambio, se opone a esta doctrina y contrapone la "palabra" (Cristo) a las "palabras de la ley". Lo que creó el cosmos no fueron los diez mandamientos de la ley, sino Jesucristo junto al Padre. La ley queda así relativizada y circunscrita a una época de la Historia. Con la venida de Cristo (que es la Palabra), la ley queda superada.

3. Jesucristo como Creador.

Nada existe fuera de la voluntad y del proyecto divino. No hay un dualismo cósmico. No hay un Dios del bien y un dios del mal (Satanás). El padre de toda mentira tiene poderes limitados, no es omnipotente; es *superhumano*, eso sí, pero no divino. Todo lo que descubre la ciencia acerca de la Creación es obra de Jesucristo. Muchas veces, los cristianos tenemos tendencia a creer equivocadamente que las cosas el mundo, las fuerzas del cosmos, la estructura íntima de la materia, todo aquello que estudia la Física, la Astronomía, la Biología... o viene determinado por las Matemáticas, está fuera de Dios. Como si dependiera de otra divinidad, el dios distante del deísmo; es decir, un dios que crea el universo pero lo abandona a su suerte; un ser sobrenatural pero no personal, y al que no se le puede orar, ni explicarle nuestros problemas porque es un dios sordo.

Sin embargo, el apóstol Juan afirma que todo lo que existe es obra del Hijo de Dios, de Jesús de Nazaret. Él es el Creador junto al Padre y al Espíritu Santo de los supercúmulos de estrellas y galaxias, de toda la vida que existe, así como del ser humano, y también es nuestro abogado personal ante el Padre.

4. La verdadera luz no está en la ley sino en Jesús.

En el ambiente judío, la palabra "luz" se usaba ordinariamente para hablar de la ley de Moisés. Dicha ley era la luz o la norma que guiaba la conducta del ser humano. Es el sentido de versículos como el *Salmo* 119 (105): *Lámpara es a mis pies tu palabra, y lumbrera a mi camino.* Los rabinos decían que la luz, es decir la ley, era la vida del hombre. No obstante, Juan invierte esta idea de los rabinos y le da la vuelta a la frase. La vida, que es Jesús, es la luz de los hombres, no al revés. La luz de la humanidad es Jesucristo, no ya la ley de Moisés. De ahí que también el Señor Jesús dijera: *Yo soy la luz, el que me sigue no andará en tinieblas.*

No es la práctica de una religión externa, el ritualismo, la observancia de unas leyes, de unas normas de culto, la rutina de los horarios o los cantos de alabanza, lo que nos proporciona la luz, sino la realidad de Jesucristo en el centro de nuestra vida. Tampoco nos da luz la iluminación navideña de árboles, casas o ciudades, la tradición, la costumbre, el folklore que rodea estas celebraciones cristianas, sino la vivencia, la convicción, el estilo de vida personal, el nuevo nacimiento y la seguridad de la salvación.

Las palabras de Juan continúan retándonos hoy: la vida, y nada más que la vida, que es Jesús, debe seguir siendo la luz de los hombres: *La luz en las tinieblas resplandece, y las tinieblas no prevalecieron contra ella* (v. 5). La tensión entre las ideas de luz y vida y las de tinieblas y muerte se rompe con Cristo. Jesús le da al hombre y a la mujer, la posibilidad de salir de las tinieblas, es decir de los poderes hostiles a Dios, y a Cristo, y pasar a la zona de la luz y la vida.

5. ¿Es la carne un lugar indigno para Dios?

El Verbo era Dios y se hizo carne. Esta frase es la mayor piedra de tropiezo de toda la *Biblia*. Por un lado, para los judíos, era absurdo pensar que la Palabra definitiva de Dios se hubiera hecho carne, y se hubiera convertido en la debilidad que representaba el hombre-Jesús; por otro lado, para los paganos era un escándalo aceptar la plena humanidad del Hijo de Dios. La carne era un lugar indigno para la divinidad. Pues bien, Juan escribe contra todas estas ideas equivocadas: *El Verbo se hizo carne.* Y esto es lo que realmente representa la Navidad. El Verbo, la Palabra, en un momento histórico concreto, se hace hombre y nace de la fragilidad del cuerpo de una mujer hebrea, la Virgen María. Tal es el anuncio que hay que creer para salvarse. Como escribe el apóstol Juan en su primera epístola: *Todo espíritu que confiesa que Jesucristo ha venido en carne, es de Dios; y todo espíritu que no confiesa que Jesucristo ha venido en carne, no es de Dios,* (1 Jn. 4: 2-3).

El verbo "habitó", significa literalmente "acampar" y sugiere la idea de "tienda de campaña". Diríamos que Dios plantó su tienda entre nosotros. Aquellas antiguas tiendas del desierto, que para el israelita evocaban la presencia de Dios y guardaban el tabernáculo, con el tiempo fueron sustituidas por el templo de Jerusalén. Pero aquel templo se vio manchado por la infidelidad de los sacerdotes. De ahí que lo que el evangelista estaba anunciando era la necesidad de sustituir el viejo santuario por el nuevo cuerpo de Cristo. La encarnación de Jesús eliminó la distancia entre Dios y el hombre.

6. ¿De qué material está hecho nuestro templo?

La tienda de los beduinos en el desierto es, en realidad, una "casa de piel". El cristiano, en Navidad, celebra que Jesús puso su casa de piel junto a la suya. Es lo más opuesto al templo majestuoso de piedra. La tienda se estremece con los vientos, se contrae por el frío de la noche, pero no crea un ambiente artificial separado del mundo exterior, como hacen las piedras y los ladrillos de muchos templos, todavía hoy. Jesús no vino a establecer templos de piedra, sino tiendas de piel. Su cuerpo destrozado en el Calvario es en realidad nuestro templo de campaña y cada uno de nosotros somos las piedras vivas de ese templo nómada.

La iglesia-tienda sabe vivir en contacto con el mundo exterior. Sus paredes transmiten a quienes están dentro las vibraciones de lo que pasa fuera. La iglesia así formada acoge, hospeda, está en contacto con la realidad. En dicha tienda no hay cátedra, porque todo es común. Las personas se escuchan unas a otras. Si hay diferencias se soportan y se perdonan. Existe un plato común, la Santa Cena, en memoria de Cristo y todos los cristianos comen de él.

Otro de los significados del término "Verbo" es "sabiduría o sensatez". No se trata de una sabiduría intelectual, de erudición o cultura, sino de ese conocimiento que da la experiencia, la madurez espiritual, que implica a toda la persona y que sólo es posible a través de la fe y del amor. Un profesor universitario o un gran teólogo pueden aplastar fácilmente con el peso de su saber a un campesino analfabeto, pero, a veces, la sabiduría puede estar de parte del ignorante. En mi propia experiencia, recuerdo siempre a mi padre cuando entraba en mi biblioteca: solía asombrarse de la cantidad de libros que había. Él sólo tenía estudios elementales, o como él mismo decía: "leer, escribir y las cuatro reglas". Sin embargo, en ocasiones opinaba sobre algunos temas con tanto aplomo y lucidez que me admiraba. Yo pensaba que aquello era fruto de todo lo que no había aprendido en los libros. Y es que el lugar de la sabiduría no es la mente, sino el corazón.

7. El mejor regalo de Navidad.

¿De qué manera habita hoy el Verbo entre nosotros? ¿Qué clase de templo le hemos construido? ¿Le hemos hecho un templo frío y aislado de ladrillo y piedra o luchamos por mantener la pureza de la tienda de piel? ¿Vivimos sabiamente o nos dejamos arrastrar por el materialismo de tantas navidades paganas? El mejor regalo de Navidad que podemos poseer y compartir es, sin duda, el que el Señor nos da con su Palabra: luz para las situaciones difíciles de nuestra vida, pero también para aquellas que aparentemente se presentan como normales y previsibles; sabiduría para no convertir nuestra existencia en algo banal y sin sentido, para comprender a las personas, para reconocer a los hermanos, cuyos rostros conocemos desde hace tiempo; lucidez para acertar a vivir como cristianos, en un mundo llamado *poscristiano* que nos considera locos o ingenuos.

Hermanos, procuremos no caer en la tentación de la frialdad o en la imitación del mundo pagano, ni permitamos que las tinieblas prevalezcan y ahoguen la luz de la verdadera Navidad que vino al mundo y que llevamos en el alma; que en verdad podamos decir como el evangelista Juan: *El Verbo habitó entre nosotros y vimos su gloria.*

34
"Yo Soy, el que habla contigo"

Jn. 4: 25-26 (1-42)

Sé que ha de venir el Mesías, llamado el Cristo;
cuando Él venga nos declarará todas las cosas.
Jesús le dijo: Yo soy, el que habla contigo.

ESQUEMA

1. Samaria: la región prostituida.

2. Jesús habla directo al corazón.

3. El don de Dios.

    3.1. Agua de vida.
    3.2. La puerta abierta.

CONTENIDO

La historia de Jesús y la mujer samaritana es una de las más famosas y emblemáticas de todo el *Nuevo Testamento*, pero hay que tener en cuenta que quien la explica, el evangelista Juan, esconde siempre detrás de sus relatos históricos, aparentemente simples, profundas verdades acerca de Cristo. Se trata de un relato muy humano que se inscribe en el marco de las graves desavenencias religiosas que existían entre judíos y samaritanos.

El hecho de que la conversación entre Jesús y aquella mujer de dudosa reputación ocurra junto al pozo de Jacob, nos recuerda las escenas del *Antiguo Testamento* en las que los patriarcas encuentran generalmente a sus esposas junto

213

a pozos (Isaac y Rebeca, Gn. 24; Jacob y Raquel, Gn. 29; Moisés y Séfora, Ex. 2; etc.). La simbología del pozo en la *Escritura* es muy rica. Generalmente eran las muchachas quienes solían sacar el agua, por eso se asociaba la imagen del pozo con la de la mujer amada (Cnt. 4: 12-15). En el libro de *Proverbios* (5: 15; 23: 27) el "pozo ancho" representa a la propia esposa, mientras que el "pozo estrecho" sería más bien todo lo contrario, es decir, la prostituta o meretriz. Por tanto, *beber el agua del propio pozo*, como escribe el profeta Isaías (16: 36), implica la fidelidad conyugal capaz de proporcionarle al ser humano "paz y prosperidad".

¿Tienen un doble sentido las respuestas que da aquí el Maestro? ¿Por qué el Señor Jesús utiliza el testimonio de una mujer para referirse a los errores del pueblo samaritano? ¿Qué significa esta historia para nosotros hoy? ¿Qué enseñanzas podemos sacar de ella?

1. Samaria, la región prostituida.

Samaria era la zona considerada por los judíos como la más heterodoxa, es decir, aquella que pensaba de otro modo en materia religiosa, la más alejada de la verdad. A los samaritanos se les consideraba "de sangre mezclada", un pueblo mixto y de religión sincretista. Sus costumbres eran en parte paganas y en parte judías. De manera que, para los religiosos judíos de la época, estaba justificado el odio visceral que les tenían a los habitantes de esta región. El texto dice: *Y estaba allí el pozo de Jacob. Entonces Jesús, cansado del camino, se sentó así junto al pozo. Era como la hora sexta. Vino una mujer de Samaria a sacar agua; y Jesús le dijo: Dame de beber.*

Aunque se trate de una historia real, algunos comentaristas bíblicos ven en la mujer samaritana, de la que no se menciona su nombre propio, una representante de Samaria que va a saciar su sed en el pozo de Jacob, es decir, en su antigua tradición religiosa. Según tal interpretación, el pozo significaba aquí la ley y la tradición de los patriarcas. La mujer conocía bien al Moisés legislador, así como a Jacob, quien había construido el pozo, pero desconocía el auténtico don de Dios que se revela en Jesucristo. Este encuentro podría recordar aquel otro, en el que Jehová dijo al profeta de Samaria, Oseas (1: 2): *Vé tómate una mujer fornicaria, e hijos de fornicación; porque la tierra fornica apartándose de Jehova.* Y también en *Oseas* (3: 13-14): *Y la castigaré por los días en que incensaba a los baales, y se adornaba de sus zarcillos y de sus joyeles, y se iba tras sus amantes y se olvidaba de mí, dice Jehová. Pero he aquí que yo la atraeré y la llevaré al desierto, y hablaré a su corazón.*

2. Jesús habla directo al corazón.

De la misma manera en que Dios no abandonó a Samaria en tiempos del *Antiguo Testamento*, también ahora Jesús va a hablarle al corazón de este pueblo, a través de una mujer pecadora e infiel. Las alusiones a Oseas son frecuentes en este pasaje. Según el versículo 9, la samaritana preguntó: *¿Cómo tú siendo judío, me pides a mí de beber, que soy mujer samaritana?* Mediante tal petición, Jesús rompe las barreras étnicas, religiosas, sociales y sexuales; suprime toda discriminación y dignifica a la mujer. Es como si el Maestro se convirtiera, con semejante actitud, en el primer defensor de la mujer en sentido positivo.

Jesús ofrece algo que supera todo tipo de divisiones: el don de Dios, su amor a la humanidad entera. Y ese don de Dios es él mismo: *Yo soy, el que habla contigo.* Pero la mujer insiste: *Señor no tienes con qué sacarla, y el pozo es hondo. ¿De dónde, pues, tienes el agua viva?* Los hebreos llamaban agua viva al agua corriente que no estaba estancada. La samaritana no podía comprender cómo iba Jesús a sacar el agua de que le hablaba, ya que el pozo tenía más de treinta metros de profundidad y él no poseía cuerda, ni cubo.

Vemos aquí un doble significado: la mujer no conoce más agua que la del pozo, que era figura de la ley, y piensa que sólo puede extraerse mediante el esfuerzo humano, o sea, por medio de las buenas obras o la observancia estricta de la ley. No conoce, ni se imagina, un don gratuito de Dios: no está acostumbrada a la idea de gratuidad porque no sabe acerca del verdadero amor de Dios. Pero Jesús le manifiesta: *Respondió Jesús y le dijo: Cualquiera que bebiere de esta agua, volverá a tener sed; mas el que bebiere del agua que yo le daré, no tendrá sed jamás; sino que el agua que yo le daré será en él una fuente de agua que salte para vida eterna.* El Maestro le muestra la insuficiencia y la pobreza del pozo de Jacob, lleno de un agua que nunca quita definitivamente la sed, sin embargo, el agua que él ofrece, calma la sed para siempre porque hace que el Espíritu de Dios quede interiorizado en el ser humano: *El que no naciere de agua y del Espíritu, no puede entrar en el reino de Dios* (Jn. 3: 5).

El acto único de beber corresponde al nuevo nacimiento que da la nueva vida. El esfuerzo humano ya no sirve para ganar la vida eterna; la búsqueda de sabiduría interior y de una lenta perfección, como proponía la ley de Moisés, es incapaz de poner al ser humano en paz con su Creador. Pero el Espíritu que Jesús comunica se convierte, en cada persona que le acepta, en un manantial que brota continuamente dando vida y fecundidad. En Cristo cada persona puede recibir vida en su raíz misma, en lo más profundo de su ser. No se trata ya de ninguna acomodación a normas externas, a ritos religiosos, a celebraciones *cúlticas*, procesiones, sacrificios, etc., sino que es un don permanente que hace nacer a una vida nueva y la mantiene.

Después: *Jesús le dijo: Ve, llama a tu marido, y ven acá. Respondió la mujer y dijo: No tengo marido. Jesús le dijo: Bien has dicho: No tengo marido; porque cinco maridos has tenido y el que ahora tienes no es tu marido.* Con esta respuesta, no es que Jesús quiera demostrar a la samaritana su poder de adivinación para hacerle ver que no era un hombre cualquiera, tampoco desea darle una lección de moralidad conyugal, lo que se pretende resaltar con tales palabras es, otra vez, el trasfondo profético en referencia a Oseas. La mujer adúltera era símbolo del reino de Israel, que tenía a Samaria por capital. Su prostitución consistió en haber abandonado al verdadero Dios (Os. 1: 2; 2: 4-9; 3: 1). El origen de la idolatría de los samaritanos se narra en 2ª de *Reyes* (17: 24-41) y allí se mencionan cinco santuarios de dioses paganos, además de Jehová: *Pero cada nación se hizo sus dioses, y los pusieron en los templos de los lugares altos que habían hecho los de Samaria; cada nación en su ciudad donde habitaba. Los de Babilonia hicieron a Sucot-benot, los de Cuta hicieron a Nergal, y los de Hamat hicieron a Asima. Los aveos hicieron a Nibhaz y a Tartac, y los de Sefarvaim quemaban sus hijos en el fuego para adorar a Adramelec y a Anamelec... Temían a Jehová, y honraban a sus dioses, según la costumbre de las naciones de donde habían sido trasladados* (2 R. 17: 29-33).

A estas cifras hacían también alusión las palabras de Jesús a la mujer: si la samaritana había tenido cinco maridos, Samaria había tenido también cinco dioses paganos y a Jehová no lo consideraba como su verdadero Dios; al igual que la samaritana, toda la población de Samaria estaba insatisfecha y no encontraba solución en su pasado, no sabían quien era su verdadero marido, es decir, su auténtico Dios. Pretendían dar culto al Señor de los judíos pero en realidad habían roto con él. Sin embargo, Dios no había roto con ellos: *¿Cómo podré abandonarte, oh Efraín? ¿Te entregaré yo, Israel?... Mi corazón se conmueve dentro de mí, se inflama toda mi compasión* (Os. 11: 8).

Jesús personaliza la actitud de Dios hacia el pueblo de Samaria. Por eso vieron un horizonte nuevo en el ofrecimiento que les hizo Jesús: *Entonces la mujer dejó su cántaro, y fue a la ciudad y dijo a los hombres: Venid, ved a un hombre que me ha dicho todo cuanto he hecho. ¿No será éste el Cristo?* (versículos 28 y 29). La samaritana olvida el cántaro lleno de aquella vieja agua de la ley, que no era capaz de saciar la sed espiritual, y comienza a dar testimonio de Jesucristo, porque Él es el único que quita de verdad la sed. Jesús tiene sed de quitar la sed. Sólo Él es capaz de acercarse a una mujer de mala reputación para ofrecerle agua viva. Sólo Cristo da la vida por el traidor, el infiel, el adúltero, el asesino, el terrorista, el sinvergüenza, pero también, por el humilde, por el hombre y la mujer de buena voluntad. Jesús da su vida por ti y por mí. Él se confiesa: *Yo soy, el que habla contigo.*

3. El don de Dios.

A quienes todavía no conocen a Cristo como su salvador, les está diciendo: *Si conocieras el don de Dios... tú le pedirías y Él te daría agua viva.*

3.1. Agua de vida.

Jesús se sienta contigo, junto a tu pozo y te dice: "Si supieras lo que necesitas de verdad"... *Si supieras de lo que no tienes necesidad, aunque la publicidad y las modas se pongan de acuerdo para crearte necesidades falsas. Si supieras lo que te falta para ser hombre o para ser mujer, para tener un rostro más humano y más parecido al de Cristo.* Quizás tú, querido amigo, tengas necesidad de un montón de cosas inútiles para esconder tus necesidades reales, para no tomar conciencia de lo verdaderamente importante. Quizás te agarras a lo superfluo para negarte a lo que de verdad importa. Pero Jesús sabe que tienes necesidad de Él, aunque tengas miedo de admitirlo. Porque aunque te pongas una máscara de dureza, Él sabe que necesitas ternura. En el fondo de tu ser deseas dejarte amar, dejarte regalar, dejarte saciar con su bondad. Necesitas exclamar: "¡Señor, dame esa agua: así no tendré más sed...!"

¡Una vez que hayas gustado el agua, no irás más a otros pozos para apagar tu sed espiritual, porque Jesús habrá excavado un manantial dentro de ti! ¡Tendrás un pozo en tu interior que te asegurará la vida eterna y la fertilidad espiritual! ¡Si aceptas el agua que te ofrece Jesucristo, descubrirás lo mejor de ti mismo, eso "mejor" que ni siquiera tú conoces porque, por desgracia, estamos muy acostumbrados a explorar sólo lo peor!

El verdadero encuentro con Jesús es revolucionario, es decir, no deja nunca las cosas, ni a las personas, como antes. El apóstol Pablo escribe: *porque el amor de Dios ha sido derramado en nuestros corazones por el Espíritu Santo que nos fue dado* (Ro. 5:5). El pozo que Cristo excava dentro de cada uno de nosotros no está destinado a permanecer vacío, sino que se llena de su amor, gracias a la acción incesante del Espíritu, y nos vemos colmados por encima de toda medida y de toda expectativa. Pero nuestro cántaro personal no sirve, es inadecuado para contener el amor de Dios. Él mismo tiene que encargarse de hacer profundas excavaciones en nuestro terreno interior, de ensanchar todos sus espacios. Y, a veces, es posible que sea incluso doloroso. De este modo el creyente puede vivir en paz: *Justificados por la fe, estamos en paz con Dios.*

3.2. La puerta abierta.

Hoy vivimos en un estado de confusión general, como el del antiguo pueblo de Samaria. Existen también muchas divinidades paganas en nuestro mundo. La situación actual de muchas criaturas es como la de quien se halla atrapado en una habitación de la que quiere salir y no sabe cómo hacerlo. Cuando prueba a salir por la ventana, esta se encuentra situada demasiado arriba. Si intenta hacerlo por la chimenea, se da cuenta de que es demasiado estrecha. Cuando fallan todos los intentos, en un momento determinado, la persona se cerciora de que sólo volviéndose hacia atrás, podrá salir de su encierro, pues la puerta de la sala había permanecido siempre abierta. La confusión que actualmente afecta al ser humano, y que genera inseguridad e inestabilidad, es muy fácil de solucionar, solo basta con girarse de espaldas y darse cuenta de que la puerta sigue estando abierta. Jesucristo dijo: *Yo soy la puerta, el que por mí entrare será salvo*. Esta sigue siendo la única salida capaz de proporcionarle paz al hombre.

Los dos elementos esenciales que pueden traer paz a nuestra vida, según la *Biblia*, son el amor de Dios y la esperanza en Él. La conciencia de ser amados por Dios, aunque pecadores, nos produce una gran serenidad y nos brinda el coraje necesario para afrontar todas las dificultades de esta vida. Además, se nos permite echar una ojeada al futuro, sin vernos atacados por la angustia o el miedo. Incluso en la oscuridad o en el dolor de la prueba, podemos vislumbrar siempre nuestro porvenir, como un futuro de amor.

¿Quieres saciar tu sed en el agua viva que te ofrece Jesús?

35
El pan es la vida

Jn. 6: 33-35 (1-15; 25-35)

El pan de Dios es aquel que descendió del cielo y da vida al mundo.
Le dijeron: Señor, danos siempre de este pan.
Jesús les dijo: Yo soy el pan de vida;
el que a mí viene, nunca tendrá hambre;
y el que en mí cree, no tendrá sed jamás.

ESQUEMA

1. Motivos equivocados para buscar a Dios.

2. Jesús se revela en lo poco espectacular.

3. La salvación viene por el hambre.

CONTENIDO

El poeta inglés Lord Byron escribió en su *Don Juan: Toda la Historia atestigua que la felicidad del hombre –ese pecador hambriento–, desde que Eva comió manzanas, depende con mucho de la comida.* ¡No sé de dónde sacó que Eva comió manzanas porque, de hecho, la *Biblia* sólo habla del fruto prohibido, sin embargo, sí que acierta en lo otro, en que la felicidad del hombre depende de la comida!

Tirso de Molina, el famoso dramaturgo madrileño del siglo XVII, describiendo a Don Gil de las calzas verdes, en la obra que lleva este mismo nombre, dice: *Nunca a Dios llamaba bueno, hasta después de comer.* Y es que el pan ha sido siempre algo prioritario en la vida humana; por él, el hombre ha estado dispuesto a matar o a morir, a robar, a mentir, a hacerse esclavo o a rebelarse contra cualquier poder establecido, porque el pan, es decir, el alimento físico, es la propia vida.

1. Motivos equivocados para buscar a Dios.

En el texto que da pie al mensaje, Jesús se refiere también a esta condición humana: *De cierto, de cierto os digo que me buscáis, no porque habéis visto las señales, sino porque comisteis el pan y os saciasteis* (6: 26). Al principio de este mismo capítulo 6, Juan relata cómo Jesús alimentó a cinco mil varones y a sus familias, en un monte junto al mar de Galilea. Él sabía que la mayoría de aquellas personas le seguían porque veían en él a un posible liberador político, pero ahora lo que querían, otra vez, era que les asegurara el sustento. También es eso lo que la gente quiere hoy de los políticos y gobernantes: la paga, la pensión, los impuestos bajos, los salarios altos y que no suban los precios.

Aquellas criaturas seguían al Maestro porque sabían que era capaz de alimentarlas, pero Jesús no era un líder político de esos que prometen muchas cosas y luego no cumplen ni la mitad de lo prometido. Él nunca deseó ser un rey para gobernar a los judíos. La multitud no había entendido el significado de aquella señal, en su ceguera espiritual, al comer el pan que les dio Jesús, sólo vieron pan y nada más, no podían pensar en otra cosa que no fuera sus estómagos; al quedarse sólo con el aspecto material de poder saciar el hambre, vaciaron de contenido la actitud de entrega que quiso mostrarles Jesús; en vez de entregarse ellos mismos a los demás, como hizo el Maestro, se centraron de forma egoísta en su propia satisfacción material. Es por eso que Jesús les reprochó que habían limitado su horizonte: *Trabajad, no por la comida que perece, sino por la comida que a vida eterna permanece, la cual el Hijo del Hombre os dará* (6: 27).

El alimento que se acaba sólo es capaz de producir una vida que también se acaba. Poner toda la esperanza en esa clase de alimento, es negar en el hombre la dimensión del Espíritu y reducirlo sólo a carne, materia, gusanos y polvo. Cristo va más allá de ese materialismo de la hartura y de la satisfacción física, para hacerles ver que el pan era la señal que expresaba el amor. Aquellos pedazos de pan repartidos gratuitamente a todo el mundo, eran la expresión de Jesús mismo, partido por la humanidad. Hay aquí una clara alusión a la mesa del Señor.

Hay búsquedas que ya de entrada están desviadas. A veces se sigue a Jesús por motivos equivocados, por cosas que no tienen nada que ver con Él. Son las búsquedas reductivas, limitadas, mezquinas e interesadas. Hay gente que sólo ve en

Cristo un revolucionario que lucha contra el poder establecido; un Jesús tipo Che Guevara capaz de asesinar al enemigo opresor, con la ametralladora en la mano.

Otros buscan al Maestro porque creen que es el dios de los burgueses que los enriquece materialmente, dándoles prosperidad; algunos quizá ni siquiera se han planteado demasiado qué representa Jesús de Nazaret para su propia vida y dicen ser creyentes por tradición familiar, por no incomodar demasiado a los familiares y amigos cristianos, incluso porque piensan que es bueno seguir la propia tradición. Hay quienes buscan a Cristo porque necesitan un *modus vivendi* y han encontrado en el Evangelio un medio para ganarse la vida o alimentar a su familia, pero, en el fondo, no están dispuestos a vivir como verdaderos cristianos, ni a renunciar a nada.

Paradójicamente, el Señor Jesús recrimina a aquella gente saciada y harta, precisamente porque ya no tienen hambre. Se contentan con el sustento material, por eso quieren hacerle rey para realizar sus sueños nacionalistas. No tienen hambre de ninguna otra cosa, sólo les interesa el pan. Aquella gente no entendió que los panes no iban destinados simplemente a llenar el estómago, sino a despertar otro tipo de hambre, el hambre de amor, de entrega y de salvación.

El Maestro se propone a sí mismo como "pan de vida", para impedir que el hombre se considere satisfecho cuando ha logrado asegurarse el pan sobre la mesa. Esto es precisamente lo que le está pasando a nuestro Primer mundo. La satisfacción material y el bienestar parece que hubieran borrado el hambre y la sed de Dios. Es como si ya no se necesitara el pan de vida que nos ofrece Jesucristo, porque tenemos el pan recién hecho y calentito, de cualquier panadería o supermercado que tengamos cerca de casa.

Los cristianos del tercer milenio, que vivimos en el mundo rico, tenemos que hacer un esfuerzo especial por renegar de las seguridades para permanecer en la búsqueda de la verdad. ¡Este es el gran reto de las iglesias cristianas y evangélicas de Occidente! No quiero decir que debamos rechazar los logros sociales y económicos alcanzados por la sociedad a lo largo de la Historia, sino que todas esas comodidades del bienestar, no sean para nosotros como una cortina oscura que nos impida ver y buscar a Dios, o que nos quite el hambre espiritual del auténtico "pan de vida" que es Jesús.

¿Cuánto tiempo dedicamos procurándonos el pan nuestro de cada día? El pan físico, quiero decir. Bueno, toda nuestra jornada laboral. Cinco días a la semana de ocho horas, suele ser la norma corriente. Y, ¿cuántas horas dedicamos al otro pan, al pan del cielo? ¿Cuánto tiempo leemos la palabra de Dios y otros libros que se refieran a ella? ¿Qué tiempo dedicamos a la meditación, la oración, o la reflexión trascendente? ¿Podemos sobrevivir con esos minutos o necesitamos más?

2. Jesús se revela en lo poco espectacular.

Aquellas personas que le seguían, después de oír la denuncia del Maestro, le preguntaron: *¿Qué señal pues haces tú, para que veamos y te creamos? ¿Qué obras haces? Nuestros padres comieron el maná en el desierto, como está escrito: Pan del cielo les dio a comer* (6: 30-31). No les bastaba con la multiplicación de los panes y los peces, que habían visto y comido el día anterior, querían que Jesús renovara los prodigios del Éxodo. Si realmente era el Hijo de Dios, ¿por qué no les daba pan del cielo todos los días, por lo menos durante cuarenta años como hizo Moisés en el desierto? Alimentarlos sólo un día no tenía ningún mérito, si de verdad era el Mesías. Los judíos estaban oponiendo aquí los prodigios de Moisés, a la falta de espectacularidad de la obra de Jesús. Exigían lo portentoso, señales y prodigios, aquello que deslumbra, pero sin comprometer al ser humano.

Desgraciadamente muchas criaturas siguen esperando eso mismo de Jesús y del Evangelio. Sin embargo, el Maestro se revela en lo humano, en lo cotidiano, en el compromiso humilde, en lo poco espectacular, como decía Teresa de Jesús, *entre cazuelas y pucheros.*

Jesús ha venido a la Tierra para dar su vida por el hombre, salvarle y para comunicarle la capacidad de amar como él ama: *Un mandamiento nuevo os doy: Que os améis unos a otros; como yo os he amado* (Jn. 13: 34). Este es su principal prodigio como Mesías, muy superior al que hizo Moisés: el milagro del amor ágape, del amor que no espera nada a cambio. Semejante pan de vida baja del cielo, como bajaba el maná del desierto, pero sin cesar; y no se limita a dar vida a un pueblo, sino a la humanidad entera. Se trata de la vida que no acaba jamás, de *la comida que a vida eterna permanece* (6: 27).

Entonces le dijeron: *Señor danos siempre este pan* (6: 34). Se lo piden sí, pero no se comprometen con él, no acaban de darle su adhesión total, siguen en su actitud pasiva, dependiente, buscando sólo el beneficio propio, quieren recibir el pan de Jesús pero sin creer en él, sin practicar de verdad el amor al prójimo, sin experimentar el nuevo nacimiento, pero esa clase de pan, se le atraganta a cualquiera, y el Maestro les tiene que decir: *Yo soy el pan de vida; el que a mí viene nunca tendrá hambre; y el que en mí cree, no tendrá sed jamás. Mas os he dicho, que aunque me habéis visto no creéis* (6: 35-36). No sé si os habéis atragantado alguna vez. Recuerdo que cuando era pequeño tuve esta desagradable experiencia mientras comía un bocadillo de salchichón. Una de las rodajas a la que no se le había quitado la piel se me quedó atrancada en la glotis y no podía respirar. Mi padre introdujo rápidamente su enorme dedo de albañil en mi garganta y lo extrajo a tiempo. ¡Me salvó y empecé de nuevo a respirar, pero qué mal lo pasé! Esa sensación angustiosa de tener el alimento en la boca y no poder tragarlo ni respirar es comparable a la del que quiere los beneficios de la fe pero sin fe, sin convicción personal. ¡Es imposible vivir así!

Desear las ventajas que brinda Jesucristo sin nacer de nuevo, sin arrepentirse, ni estar dispuesto a servir a los demás, es una incongruencia absurda, es vivir un Cristianismo atragantado, en el que no es posible respirar ni seguir alimentándose adecuadamente.

3. La salvación viene por el hambre.

El Señor es pan de vida para todo aquel que le acepta con sinceridad y asume su responsabilidad como hijo de Dios. Sus palabras afirman que: *el que a mí viene nunca tendrá hambre; y el que en mí cree, no tendrá sed jamás.* Es evidente que se refieren al hambre y la sed de vida plena, de trascendencia, de sentido de la existencia, sed de inmortalidad, pero además de esto, creo que quien de verdad se acerca a Jesucristo y cree en él sacia también el hambre y la sed material del ser humano que tiene al lado. El pan del cielo, de Jesús, es amor que abraza al hombre entero, y donde, en verdad, existe ese amor no puede haber hambre ni sed de ninguna clase. Por tanto, las palabras de Cristo son válidas en ambos sentidos.

El maná de Moisés en el desierto era "pan para hoy y hambre para mañana", igual que la fidelidad a la ley dejaba al ser humano con una continua insatisfacción. En cambio, el pan que promete Jesús produce en la persona la satisfacción plena porque no la centra en la búsqueda de la propia perfección, sino en el don de sí mismo, en darse siempre a los demás. Con la ley mosaica el hombre iba edificándose su propio pedestal, la ambición de la perfección lograda por medio de buenas obras y de méritos personales. Pero mediante el pan de vida que es el Maestro, por el contrario, el creyente se pone al servicio de los demás y crea la igualdad en el amor. Si la ley generaba discriminación, Cristo afirma la igualdad humana ante Dios.

Luego puso agua en un lebrillo, y comenzó a lavar los pies de los discípulos, y a enjugarlos con la toalla con que estaba ceñido... y Pedro le dijo: Señor, ¿tú me lavas los pies? Respondió Jesús y le dijo: Lo que yo hago, tú no lo comprendes ahora; más lo entenderás después (Jn. 13: 5-7); ¡hoy día ya estamos en condiciones de entenderlo! Amar a Dios, tener hambre y sed de él, pasa por amar al hermano y, si es necesario, por lavarle los pies. Aunque más que lavar los pies, aquí lo que quiso mostrar Jesús es la actitud de servicio y amor que debe caracterizar la vida del creyente.

A veces habrá que alimentar, cuidar, consolar y, sobre todo, estar pendiente del hermano, apoyarle, no perderlo de vista, no desentenderse de Él. No sé si alguna vez habéis perdido a vuestro hermano. Yo sí, durante algún tiempo. Estábamos en el Mediterráneo buceando con aire comprimido en el pueblo de Cadaqués, en la Costa Brava catalana. Queríamos llegar hasta donde había un barco hundido en el centro de la pequeña bahía de Port Lligat. El agua estaba fría y muy turbia, había poca visibilidad. A los pocos minutos de entrar en el agua, le perdí de vista. Decidí ir hacia nuestra meta, que estaba en el centro de la bahía, en el lugar más profundo, donde suponíamos que yacía el pecio. Orienté mi brújula y hacia allí nadé. Durante algunos minutos, que se me hicieron eternos, no le vi, pero esperé entre las enormes vigas oxidadas de aquella gran estructura férrea, hasta que su silueta apareció en el inmenso y turbio azul verdoso.

Cuando se pierde algún hermano o no le vemos con asiduidad porque deja de asistir a la iglesia y notamos su asiento vacío, debemos pensar en la meta hacia la que caminábamos juntos. No entretenernos demasiado en averiguar de quién ha sido la culpa del despiste, sino pensar en lo que nos une y en cómo reconducirlo al camino. Esto es *trabajar por la comida que a vida eterna permanece*, nutrirse del pan de vida de Jesús, por medio del amor y el servicio. Para muchos de aquellos judíos que seguían al Señor por la comida, el Maestro era solamente un ser humano. Hoy también hay mucha gente que piensa lo mismo.

No obstante, ¿quién es Jesús para ti? ¿Te falta algo que te sacie de verdad? ¿Has pensado en acercarte al Maestro? Él dijo: *Al que a mí viene, no le echo fuera.., el que a mí viene, nunca tendrá hambre; y el que en mí cree no tendrá sed jamás.* ¡Cristo espera una respuesta de cada persona!

36
La luz del mundo

Jn. 8: 12 (12-18)

Yo soy la luz del mundo;
el que me sigue no andará en tinieblas,
sino que tendrá la luz de la vida.

Jn. 3: 19-20 (Mt. 5: 14-16)

La luz vino al mundo,
pero los hombres amaron más las tinieblas que la luz,
porque sus obras eran malas,
pues todo aquel que hace lo malo detesta la luz,
y no viene a la luz,
para que sus obras no sean puestas al descubierto.

ESQUEMA

1. El mundo está en tinieblas.

2. Dios sigue amando al mundo.

3. Conflicto entre el amor y el juicio.

CONTENIDO

La luz es la energía que ilumina las cosas y las hace visibles. Muchas han sido las teorías sobre la naturaleza física de la luz. Grandes científicos e investigadores, desde Newton hasta Einstein, han estudiado detalladamente este fenómeno físico. Por ejemplo, Newton creía que la luz estaba formada por partículas que fluían de los cuerpos luminosos. Huygens pensaba que se trataba de ondas transversales parecidas a las ondas sonoras. Maxwell se inclinó por las ondas electromagnéticas. Por su parte, Einstein, se refirió a los fotones como partículas de luz que al incidir sobre los electrones de la materia los desplazaba de sus órbitas habituales. Por último, De Broglie, llegó a la conclusión de que la luz física era en realidad una energía radiante, a la vez, corpuscular y ondulatoria.

Este es el concepto de la luz física, de la luz que perciben nuestros ojos. Miles de años le ha costado al hombre saber qué es esta clase de luz. Sin embargo, Jesús se refiere a otro tipo muy distinto de luz, al decir: *Y esta es la condenación: que la luz vino al mundo, y los hombres amaron más las tinieblas que la luz, porque sus obras eran malas* (Jn. 3: 19). ¿A qué clase de luz se refería el Maestro? No hablaba de luz física, sino que estaba pensando en otra luz diferente, la luz que ilumina el espíritu, el pensamiento, la conducta, la luz que da sentido a la vida de las personas. Se estaba, en realidad, refiriendo a Él mismo, pues como señalará poco después: *Yo soy la luz del mundo, el que me sigue no andará en tinieblas, sino que tendrá la luz de la vida* (Jn. 8: 12).

1. El mundo está en tinieblas.

La humanidad, que se ha pasado miles de años para llegar a comprender lo que es la luz física, todavía no ha alcanzado a entender lo que es la luz espiritual. Miles de personas de la generación actual viven todavía en las tinieblas más absolutas. Para darse cuenta de ello, no hace falta investigar mucho, sólo hay que ojear cualquier periódico o ver los noticieros de la televisión: secuestros, asesinatos y violencia por todas partes. La seguridad es un tema que preocupa a nivel mundial desde la ONU a cualquier pequeño ayuntamiento de la aldea global. En estos días, el terrorismo mundial nos golpea, mientras asistimos a la promulgación de leyes que perjudican a la familia, que es el fundamento de la sociedad.

¿Requiere luz la sociedad contemporánea? Es fácil comprobar que nuestro mundo necesita a Jesucristo más que nunca. La decadencia moral a la que está llegando nuestra civilización, la crisis de valores espirituales y de fe en Jesucristo, así como de la vivencia de esa fe, alcanza niveles tan bajos como nunca antes se habían registrado en la Historia de la humanidad. El mundo necesita más que nunca la luz clara del Evangelio de Jesucristo.

2. Dios sigue amando al mundo.

A pesar de la maldad del ser humano, Dios sigue amando al mundo y continúa con deseos de acercarse al ser humano: *Porque de tal manera amó Dios al mundo, que ha dado a su Hijo unigénito, para que todo aquel que cree, no se pierda, mas tenga vida eterna.* Quizá este es uno de los versículos más conocidos de toda la *Biblia.* Dice muchas cosas importantes ya que es un breve resumen de todo el Evangelio. Pero destaquemos solamente tres aspectos muy claros del mismo:

-En primer lugar, afirma que el origen y la iniciativa de toda salvación se encuentran en Dios. A veces se predica el Evangelio como si hubiera que apaciguar al Creador, como si de alguna manera tuviéramos que convencerlo para que nos perdonara. En ocasiones, los predicadores se refieren a la divinidad como si esta fuera severa, iracunda, legalista e incapaz de perdonar, mientras que Jesús se presenta como un individuo cariñoso, amable y que lo perdona todo. Incluso podría llegar a pensarse que el Maestro hubiera hecho algo que cambió radicalmente la actitud de Dios hacia los seres humanos, algo que le hizo pasar de la condenación al perdón.

Sin embargo, este texto afirma claramente que todo empezó en Dios. Él fue quien tomó la iniciativa, quien envió a su Hijo a morir por la humanidad, y lo hizo precisamente porque amaba a los hombres. De manera que en el principio de todas las cosas está el amor de Dios.

-En segundo lugar, el texto afirma que lo que mueve a Dios es el amor. Es fácil llegar a pensar que el Creador busca la sumisión de los humanos para satisfacer su deseo de poder o de tener un universo completamente sumiso. Pero lo tremendo de este escrito es que muestra a Dios actuando, no para su propio beneficio, sino para el nuestro. Dios no intervino para satisfacer su propio poder, ni para crear un universo sumiso, sino que lo hizo como expresión de su amor. Él no es un monarca absoluto que lo único que desea de cada ser humano es un súbdito obediente. Dios es como un padre que no puede sentirse feliz mientras sus hijos extraviados no hayan regresado al hogar. Y, hoy más que nunca, por desgracia, existen muchas personas extraviadas que no encuentran el camino de regreso al hogar. No obstante, Dios no somete a los hombres por la fuerza, sino que suspira por ellos y los conquista cautivándolos.

En tercer lugar, se habla de la amplitud del amor de Dios. Lo que Él amó tanto fue al mundo. No se trata de un país, ni de una raza, ni siquiera de la gente buena o solamente aquellos que le aman, sino el mundo. Toda la humanidad. Los que consideramos buenos y también los malos. Quienes aman a Dios, pero también los que nunca piensan en él. El Dios Creador del Cosmos ama al ser humano que le corresponde, y también al que se burla de Él. Todos están igualmente incluidos en el amor divino. Como decía San Agustín: *Dios ama a cada uno de nosotros como si no hubiera ningún otro a quién amar.*

3. Conflicto entre el amor y el juicio.

Porque no envió Dios a su Hijo al mundo para condenar al mundo, sino para que el mundo sea salvo por él. [...] Y esta es la condenación: que la luz vino al mundo, y los hombres amaron más las tinieblas que la luz, porque sus obras eran malas (3: 17 y 19). Aquí nos encontramos frente a una aparente paradoja. La paradoja del amor y el juicio. Acabamos de hablar del amor infinito de Dios y, de repente, nos enfrentamos con el juicio y la condenación. Juan termina de decir que fue porque Dios amó tanto al mundo que envió a su Hijo, y poco más adelante nos muestra a Jesús diciendo: *Para juicio he venido yo a este mundo* (Jn. 9: 39). ¿Cómo pueden ser verdad las dos cosas a la vez?

Es muy posible ofrecer a un ser humano una experiencia cuyo único objetivo sea producir alegría y bienestar pero que, sin embargo, esa experiencia se convierta en juicio y condenación. Veamos un ejemplo: supongamos que somos amantes de la música clásica. Imaginemos que cuando escuchamos las grandes obras maestras que fueron inspiradas por la palabra de Dios, como, por ejemplo, *El Mesías* de Haëndel, nos sentimos más cerca de Dios, nuestro espíritu se eleva y se contagia de esa belleza musical. Podríamos tener un amigo que nunca ha oído este tipo de música, ni sabe acerca de su existencia, ni comprende absolutamente nada de semejante obra maestra. Si quisiéramos introducir a esta persona en tal experiencia musical, para que sintiera lo mismo que nosotros cada vez que la escuchamos, y la llevásemos a un concierto, pronto nos daríamos cuenta de su sensibilidad hacia esa clase de música. Si, al poco tiempo, empieza a moverse, mira a su alrededor, se rasca la cabeza y bosteza, está dando señales de una falta absoluta de interés y de aburrimiento. Este amigo, ya ha emitido un juicio sobre sí mismo: no tiene ninguna musicalidad en el alma. Por tanto, la experiencia que estaba destinada a producirle felicidad, se ha convertido en un juicio para él.

Esto siempre sucede cuando se enfrenta al ser humano con la belleza, el arte o la grandeza. Podemos mostrarle una obra de arte, llevarlo a escuchar al mejor de los predicadores u ofrecerle un buen libro, su reacción frente a ello será ya un juicio. Si no ve ninguna belleza, ni experimenta ninguna emoción, sabemos que tiene un punto ciego en su alma.

Se cuenta que un empleado del museo del Prado, en Madrid, estaba mostrando y explicando la historia de los cuadros que allí se exponen a un visitante. El valor de la mayoría de ellos es elevadísimo, ya que se trata de obras de belleza eterna que muestran el genio incuestionable de los pintores que las realizaron

(Velázquez, Rubens, Miguel Ángel, Goya, etc.). Al final del recorrido, el visitante dijo: *La verdad es que ninguna de estas viejas pinturas me gusta.* El guía le respondió mirándole de arriba a abajo: *Señor, quisiera recordarle que estos cuadros ya no están en tela de juicio, pero sí lo están quienes los miran.* Todo lo que había hecho aquel visitante era demostrar su lamentable ceguera para el Arte.

Pues lo mismo sucede con Jesús. Cuando un ser humano se enfrenta por primera vez con el carpintero galileo, y su alma se eleva como en un torbellino ante la belleza de la vida y las palabras del Maestro, está en el camino de la salvación. Pero si, por el contrario, no acierta a ver nada hermoso en Jesucristo, automáticamente su insensibilidad espiritual lo ha condenado. Dios envió a su Hijo para la salvación del ser humano, pero si la persona reacciona con indiferencia, o de manera hostil, porque prefiere las tinieblas a la luz, se condena irremediablemente. No es Dios quien la condena, sino ella misma. El Hijo que fue enviado por amor para salvación, se convierte para esa persona en un juicio divino e inapelable.

Nuestro mundo globalizado necesita hoy más que nunca la luz del Evangelio de Jesucristo. Y, ¿quién puede traer la luz de Cristo a este mundo? Los que hemos oído y entendido la Palabra, los que somos luz porque la hemos recibido de gracia y de gracia debemos darla (Mt. 5: 14-16).

Se cuenta que una mujer de condición humilde se convirtió al Señor y se sentía llena por el gozo de la salvación. Unas semanas después dio su testimonio en la iglesia donde asistía, expresando gratitud a Dios por haberla salvado, y al hacer esta declaración explicó que pensaba abandonar la calle donde vivía, por ser una calle de mala reputación. Cuando hubo concluido su testimonio personal, el pastor la miró fijamente y le dijo: *¿Qué diría usted si el ayuntamiento de la ciudad ordenara apagar todas las luces de las calles oscuras y sucias de nuestra ciudad, dejando iluminadas solamente las calles mejores? ¡Hermana, Jesús dijo: Vosotros sois la luz del mundo!* La mujer comprendió de inmediato. Días después volvió a verse con el pastor y este le preguntó: *Qué tal, señora García, ¿cómo van las cosas por su barrio?* Ella respondió sonriente: *Como de costumbre, pero Dios ha puesto una luz más en la calle, para que la gente tropiece un poco menos con los escombros.*

En los tiempos del famoso predicador Spurgeon, se presentó ante él un maquinista de ferrocarril. En aquella época las grandes locomotoras que arrastraban el tren funcionaban con carbón. El maquinista le dijo que había decidido ser misionero. Cuando el gran evangelista se enteró de cual era su actual profesión, le preguntó: *¿Tu fogonero es cristiano?. No señor* -respondió el maquinista-. *Pues entonces* -replicó Spurgeon- *ahí tienes tu primer campo misionero.* Los seres humanos pueden aceptar o rechazar la palabra de Dios, pero nosotros debemos predicarla. La misión del cristiano en este mundo es anunciar la buena nueva de salvación, dar testimonio de su fe y, sobre todo, glorificar siempre el nombre de Cristo.

37
Jesús, el hijo de Dios

Jn. 10: 36 (22-42)

¿Al que el Padre santificó y envió al mundo, vosotros decís:
Tú blasfemas, porque dije: Hijo de Dios soy?

ESQUEMA

1. ¿Quién es Jesús: hombre, Dios, o las dos cosas a la vez?

    1.1. Adopcionismo.
    1.2. Docetismo.

2. *Hijo de Dios soy.*

3. ¿Cómo nos afecta que Jesús sea el Cristo?

4. El pecado de juzgar.

CONTENIDO

La acusación de blasfemia fue la guillotina que mató a Jesús. Los judíos creyeron que el Maestro estaba insultando a Dios, al decir que Él era el Hijo de Dios. Creo que para entender bien la problemática que desató todos los acontecimientos de la pasión y resurrección posterior, hay que ir a la raíz del problema, y dicha raíz es la blasfemia, el aparente ultraje que para todo hebreo religioso suponía que un ser humano dijera que era Dios. Esto fue lo que llevó a Jesucristo a la cruz del Calvario.

1. ¿Quién es Jesús: hombre, Dios, o las dos cosas a la vez?

Tal pregunta ha generado polémicas, dudas y herejías a lo largo de la Historia de la humanidad; muchos errores se han creado al negarse la verdadera divinidad, o la verdadera humanidad de Cristo.

1.1. Adopcionismo.

El adopcionismo fue una ideología herética que negaba la divinidad de Cristo. Ya en los tiempos apostólicos hubo personas, como Cerinto, un gnóstico de finales del siglo I, que apoyándose en el racionalismo griego, enseñaba que Jesús no era el Hijo de Dios, sino que, desde el día de su bautismo, habitó en él de una manera especial el Espíritu de Dios, con vistas a la revelación que habría de cumplir. Según tales ideas, Jesús sería sólo un hombre que vivió de una manera muy santa y que, en el momento de su bautismo, Dios lo convirtió en "hijo adoptivo" (de ahí el nombre de "adopcionismo"), pero no en el unigénito "Hijo de Dios". Este error lo mantuvieron también, en el siglo II, la secta de los ebionitas y un tal Teodoto, el curtidor, quien, al ser preguntado en una ocasión acerca de sus ideas, respondió: *No he renegado de Dios, sino de un simple hombre, Cristo.*

La herejía adopcionista ha existido siempre y ha llegado a la teología moderna a través de los mismos teólogos protestantes. Ahí están la obras de Bultmann, de los Testigos de Jehová, o de películas como *La última tentación de Cristo,* de Martin Scorsese, en las que aparece un Jesús que nunca está seguro de ser el verdadero Hijo de Dios. En la película de Scorsese, el personaje de Jesús se muestra siempre lleno de dudas, incluso hasta en el momento de la crucifixión. Pero, lo cierto es que nunca se ha presentado ninguna prueba positiva seria sobre la pretendida ignorancia de Cristo acerca de su filiación divina. Más bien abundan los textos bíblicos que manifiestan todo lo contrario.

El apóstol Juan escribió: *Cualquiera que se extravía, y no persevera en la doctrina de Cristo, no tiene a Dios; el que persevera en la doctrina de Cristo, ese sí tiene al Padre y al Hijo. Si alguno viene a vosotros, y no trae esta doctrina, no lo recibáis en casa, ni le digáis: ¡Bienvenido!* (2 Jn. 9-10). Los Testigos de Jehová, por ejemplo, no perseveran en la doctrina de Cristo, porque enseñan que Jesús era sólo un ser humano. Sin embargo, la enseñanza de Juan es muy clara y radical al respecto.

1.2. Docetismo.

El Docetismo del siglo II, por el contrario, fue otra herejía que negaba la humanidad de Jesús. En ciertos ambientes, sobre todo dentro del gnosticismo de los tiempos apostólicos, la muerte de Jesús provocó tal escándalo, que algunos quisieron oponerse a ella, negando la realidad del cuerpo humano de Jesús. ¡Cómo un ser perfecto, divino y espiritual como Cristo iba a poder perecer como si fuera un hombre mortal de carne y hueso! ¡Preferían creer que Cristo murió sólo en apariencia porque su cuerpo no era real sino sólo aparente! De ahí que el término "docetismo" venga de una palabra griega que significa "apariencia".

El apóstol Juan se encargó también de rebatir este error afirmando la verdad de la humanidad de Cristo: *Amados, no creáis a todo espíritu, sino probad los espíritus si son de Dios; porque muchos falsos profetas han salido por el mundo. En esto conoced el Espíritu de Dios: todo espíritu que confiesa que Jesucristo ha venido en carne, es de Dios; y todo espíritu que no confiesa que Jesucristo ha venido en carne, no es de Dios; y este es el espíritu del anticristo,* [...] (1 Jn. 4: 1-3).

La verdad de nuestra salvación exige la verdad de la humanidad de Cristo. Si Cristo no fue verdaderamente un ser humano como nosotros, entonces no hemos sido salvados. Este fue el principal argumento contra el docetismo que usaron los cristianos primitivos como Ignacio de Antioquia, y otros muchos. El Docetismo puro desapareció rápidamente de la cristiandad, pero su principio de incompatibilidad entre la carne y la divinidad, entre la materia y el espíritu, siguió influyendo en ciertas teologías y ha llegado también hasta nuestros días.

2. Hijo de Dios soy.

¿Qué dijo Jesús de sí mismo?: *¿Al que el Padre santificó y envió al mundo, vosotros decís: Tú blasfemas, porque dije: Hijo de Dios soy?* (Jn. 10: 36). Es verdad que Jesús se presenta a los hombres como alguien que tiene una historia, unos sentimientos humanos, unos proyectos y una personalidad de hombre, y que les dice a los seres humanos que busquen a Dios, que oren al Padre; pero, a la vez, Jesús insiste en que la relación de los hombres y mujeres con el Dios Padre, no es como la que él ha mantenido desde la eternidad. Cristo distingue entre "su Padre" y "nuestro Padre"; él no es un profeta más; él goza de una situación especial delante de Dios. La fuente de su propia intimidad con Dios es distinta de la que nosotros podamos tener. Hay muchos textos que señalan esto: *Yo pues os asigno un reino, como mi Padre me lo asignó a mí* (Lc. 22: 29), (¿Cómo puede Jesús asignar?); *He aquí, yo enviaré la promesa de mi Padre sobre vosotros* (Lc. 24: 49); *Todas las cosas me fueron entregadas por mi Padre; y nadie conoce al Hijo sino el Padre, ni al Padre conoce alguno, sino el Hijo, y aquél a quien el Hijo lo quiere revelar* (Mt. 11:27). Jesús goza de una situación tan única y exclusiva ante el Padre, que es el revelador por excelencia. Jesús revela su verdadera personalidad y su trascendencia afirmando su divinidad: *¡Hijo de Dios soy!* El Jesús humano es Dios, porque es el Hijo con mayúscula. ¡No se trata de un hombre bueno que se convirtió en Dios, sino del Hijo de Dios que se hizo hombre!

3. ¿Cómo nos afecta que Jesús sea el Cristo?

Por buena obra no te apedreamos, sino por la blasfemia,(v. 33). Los adversarios de Jesús comprendieron en seguida el alcance de sus palabras, y se dieron cuenta de que el Maestro les estaba obligando a elegir entre las buenas obras o la blasfemia. Las obras de Cristo son el signo explícito de su divinidad y, a la vez, la razón para acusar a todos los que no le prestan fe y se empeñan en rechazar su luz. Aquellos judíos eligieron la blasfemia y tomaron piedras para lapidarle allí mismo. También nosotros hoy tenemos que elegir entre esas dos alternativas.

¿Mintió Jesús al decir que era Dios, o sus obras, su muerte y resurrección nos convencen de que sí lo era? Esta es la decisión más importante que cada ser humano debe tomar en su vida. Nadie puede tomarla por otro ya que es absolutamente personal. Algunos individuos no quieren tomar esta determinación porque no están dispuestos a cambiar su estilo de vida; se resisten a creer, para evitarse complicaciones morales. Ni creen, ni apedrean a Cristo, sólo desean vivir en la indiferencia. Otros reconocen intelectualmente que Jesús debe ser el Cristo, pero tampoco desean arrancar el pecado que hay en su alma. No se dan cuenta de que la indiferencia con respecto a Cristo, no existe. ¡O se está a favor o se está en contra! Su incredulidad es como una máscara intelectual que les esconde el verdadero rostro de pecado e incoherencia moral que hay en su vida.

Cometer pecado habitualmente es participar en la lucha escatológica contra Cristo, afirmándonos a nosotros mismos y anulando al redentor. Pecar es decir "no" a la llamada de Dios. Pecar no es traspasar unas normas abstractas o rechazar unos determinados valores, sino romper relaciones con Dios: *¿Por qué buena obra me apedreáis?* ¿Cuál es tu excusa para rechazar a Jesús? *Si no hago las obras de mi Padre no me creáis. Más si las hago, aunque no me creáis a mí, creed a las obras, para que conozcáis y creáis que el Padre está en mí, y yo en el Padre* (v. 37-38). Los cristianos que ya hemos aceptado las buenas obras y la invitación de Cristo debemos vivir en la Iglesia y en la sociedad, de acuerdo a sus enseñanzas. Esto significa renunciar a las piedras y a cualquier tipo de lapidaciones.

La religión judía era muy propensa al castigo y a la condena del trasgresor de la ley. Los judíos quisieron apedrear al Maestro en numerosas ocasiones e, incluso, una vez, le trajeron a una mujer sorprendida en adulterio, no para que la salvara sino para que la condenara y él mismo participara en su lapidación. En la Iglesia de Jesucristo esto ya no debe ser así. En algunas comunidades actuales se viven verdaderos dramas, cuando alguien se equivoca y los demás hermanos se unen, no para hacerle ver su error, darle la mano y levantarlo, sino para dictar sentencia contra él o contra ella. Y, a golpe de versículo, se les juzga y condena o se les expulsa de la Iglesia. Esta actitud tiene algo en común con los fariseos que llevaron a la adúltera ante Jesús para tener vía libre y poder apedrearla.

4. El pecado de juzgar.

La verdad es que, a veces, hay movimientos internos tan sutiles dentro de las congregaciones cristianas que nos deberían llenar de vergüenza. Por desgracia, no falta esta especie de perversa "comunión de juzgadores"; este tribunal compuesto por personas que no tienen otros puntos de contacto entre sí, pero que si se trata de condenar a alguien, se ponen inmediatamente de acuerdo. Es como si les gustara y se regodearan en actuar de inquisidores. Puede que esta pseudocomunión tenga una función de compensación, o de catarsis, porque sobre un miembro de la Iglesia, en ocasiones el más débil y vulnerable, el que se equivoca a menudo, como si fuera el chivo expiatorio, se descarga la responsabilidad de todo lo que no funciona, quedando los demás libres y sin tener que buscar en otro sitio, quizás dentro de ellos mismos, las causas de la mala marcha del grupo. Esta especie de costumbre diabólica de hablar mal del hermano o la hermana, sabe muy poco del sentido de la Iglesia, de la relación interpersonal, del amor, de la fraternidad, del perdón y, sobre todo, de Dios.

No conocemos lo que Jesús escribió en la arena durante aquel tiempo de silencio, en el que los fariseos esperaban la orden para apedrear a la mujer. Algunos comentaristas dicen que el Maestro, más que escribir, lo que quería era borrar. Borrar una imagen concreta de Dios, una interpretación muy sádica de la ley, de la culpa y del castigo. También en nuestras comunidades hay una imagen de Dios que conviene purificar de toda una serie de connotaciones crueles y anti-misericordiosas. Con su silencio, Jesús quiso distanciarse de los que juzgaban sin piedad y esperó hasta que las piedras para matar a la pecadora pesaron cada vez más, en las manos de aquellos que se creían justos y, por fin, se cayeron al suelo.

Hermanos, la enseñanza es transparente: ¡No condenemos nunca, ni por nada, ni siquiera cuando el delito es tan claro como en este caso! Porque mientras vivimos en la Tierra no es tiempo de condena. La siega, es decir, el juicio, será en el fin del siglo como en la parábola de la cizaña. Y recordemos que, además, no nos toca a nosotros condenar, ya que el único capaz de leer en el corazón del hombre es quien lo ha creado. El que no se condene no significa que no se intervenga; no es permanecer neutral y dejar pasarlo todo, es más bien crear una nueva situación, reconocer en el otro posibilidades ocultas, percibir en él al ser que Dios ha creado, aconsejar, consolar y ayudar, porque cuando se vive dentro de la Iglesia, de nuestra pequeña comunidad de seguidores de Cristo, el pecado de alguien puede ser vivido y afrontado por todos, no sólo con palabras de condena, sino con palabras de vida, de nueva creación y de esperanza. Esas mismas palabras que un día convirtieron a una mujer adúltera en una criatura nueva. ¡Es así como debemos actuar, si en verdad creemos que Jesús es el Hijo de Dios!

38
El camino, la verdad y la vida

Jn. 14: 5-6 (1-6)

Señor, no sabemos a dónde vas;
¿cómo, pues, podemos saber el camino?
Jesús le dijo: Yo soy el camino, y la verdad, y la vida;
nadie viene al Padre, sino por mí.

ESQUEMA

1. Jesús da indicaciones precisas.

2. *Yo soy el camino.*

3. *Yo soy la verdad.*

4. *Yo soy la vida.*

   4.1. Dios es el autor de la vida material.
   4.2. Dios es el autor de la vida eterna.

5. Sólo se llega al Padre a través de Jesús.

CONTENIDO

Hace algunos años, ciertas instrucciones erróneas estuvieron a punto de hacernos perder un vuelo desde Holanda a España. Buscábamos la puerta D60, por lo menos eso era lo que indicaba nuestra tarjeta de embarque, y lo que nos había señalado una amable azafata de tierra, pero al llegar allí no había nadie. En el último momento se cambió el número de la puerta de embarque por otra que estaba casi en el extremo opuesto del aeropuerto. Quien nos dio esas instrucciones era representante de una prestigiosa compañía aérea, vestía como tal, llevaba el uniforme reglamentario, así como su identificación personal, pero sus indicaciones estaban completamente equivocadas. También hoy en día, hay personas que se presentan como seguidores de Cristo, incluso como ministros del Evangelio y representantes del Señor, pero algunas veces, sus indicaciones son falsas. Por eso es tan importante saber a quien escuchar.

1. Jesús da indicaciones precisas.

En esta lectura de Juan, que es una de las más profundas de todo el Evangelio, se muestra cómo los discípulos, al enterarse de que el Maestro se iba a separar de ellos y los iba a dejar solos, en un mundo que los odiaba porque no pertenecían a él, quedaron sumidos en una profunda angustia. De ahí que Jesús les diga: *No se turbe vuestro corazón; creéis en Dios, creed también en mí.* La fe es lo único que puede ayudar a superar la amargura de la separación y la soledad, pero, además de la fe, está la promesa de que en la casa del Padre hay muchas moradas para los seguidores de Cristo. Sin embargo, Tomás no se conforma con esta promesa y quiere indicaciones geográficas más precisas: *Señor, no sabemos a dónde vas; ¿cómo pues podemos saber el camino?* Jesús le hace entender que lo que les falta, y lo que nos falta también a nosotros hoy, es una mirada más iluminada por la fe.

Para conocer el rostro del Padre debemos escudriñar más al Maestro. Lo que necesitamos no son visiones angélicas o escatológicas, profecías sonoras compartidas al oído, o especulaciones futuristas acerca de quién será el anticristo, sino una fe capaz de mostrar al mundo cosas maravillosas en nuestra propia vida. Es como si Jesús hubiera respondido al discípulo incrédulo: "¡Mira Tomás, no te preocupes tanto por el más allá y aprende a caminar por la vida con la verdad del Evangelio, porque yo soy el camino, la verdad y la vida; nadie viene al Padre, sino por mí!".

2. *Yo soy el camino.*

Para los judíos la palabra "camino" tenía un significado mucho más profundo que para nosotros en la actualidad, y les traía a la mente ciertas sugerencias muy familiares como las siguientes: desde la época en que se escribió el libro de *Isaías* (40: 3), en el que se hablaba de *preparad camino a Jehová,* diversos grupos religiosos se autodenominaron el "camino", como los esenios de Qumrán. Para ellos, el camino era el seguimiento fiel a la ley de Moisés. Hay muchos textos en el *Antiguo*

Testamento que hablan de los caminos de Dios, así como del camino que deben seguir los hombres. Personajes bíblicos como David, Moisés, Isaías y Salomón se refieren, a menudo, al camino de la vida, en un sentido de conducta moral a seguir.

Sin embargo, lo que Cristo dijo acerca de sí mismo, sobrepasa con mucho cualquier otra promesa de la Historia. Jesús nunca dudó en colocarse en el mismo plano que el Padre. Otros fundadores de religiones, o maestros de las mismas, han dicho dónde estaba el camino, han querido dirigir a sus seguidores por diferentes senderos, pero sólo Cristo afirmó, de manera categórica, que Él era el camino. Por ejemplo, Confucio dijo: *Seguidme, encontraréis el camino a Dios*. Mahoma, por su parte, señaló: *Ven, y te mostraré el camino*. Ciertos movimientos como el de la Nueva Era predican: *Concéntrate en ti mismo, y descubrirás el camino* . Pero sólo Jesucristo afirma: *Yo soy el camino*.

Lewis Carrol, el famoso escritor del siglo XIX, en su magistral cuento infantil, *Alicia en el país de las maravillas*, explica cómo Alicia en su recorrido subterráneo llega a un cruce de caminos, y no sabe qué camino tomar; en ese momento, se le aparece un conejo y Alicia le pide que le diga cuál es el camino que debe seguir. El animal le pregunta a ella: *¿A dónde quieres ir?*. Ella, titubeante, le responde que no lo sabe. Entonces, el pequeño conejo le dice: *¡Pues, si no lo sabes, cualquier camino sirve!* Hay gente que no sabe cuál es el sentido de su vida, por eso le da igual un camino que otro. Sin embargo, el Señor Jesús dice: *¡Yo soy el camino que conduce a Dios! ¡Sígueme a mí, pisa sobre mis huellas, y yo te llevaré a la casa del Padre, a la morada eterna!*.

¿Alguna vez os habéis encontrado perdidos en una ciudad extraña? Uno puede buscar una determinada dirección, pregunta a cualquier transeúnte y éste, dispuesto a ayudar dice: "¡tome la primera calle a la derecha, después la segunda a la izquierda, cruce la plaza, detrás de la iglesia que hay allí verá un semáforo, páselo y luego de atravesar tres manzanas de casas, doble a la derecha". ¡Menudo lío! Sin embargo, es muy diferente encontrar a alguien que nos dice: "¡Venga, yo le llevaré hasta el lugar que usted busca!". ¡Qué distinta situación! Jesús no se limita a darnos consejos o indicaciones acerca de cómo llegar. Él nos toma de la mano y camina a nuestro lado, nos fortalece, nos dirige todos los días de la vida. No sólo nos habla acerca del camino, sino que nos dice que Él mismo es el auténtico camino.

3. Yo soy la verdad.

No es lo mismo enseñar la verdad que ser la verdad. A lo largo de la Historia ha habido muchos pensadores que han expresado grandes verdades, pero ninguno fue la encarnación de la verdad. Una cosa es la verdad científica, filosófica o académica, y otra muy distinta la verdad moral. En nuestro tiempo, estamos acostumbrados a que la personalidad de quien enseña la verdad académica no afecte demasiado a su mensaje. El estilo de vida del profesor que enseña medicina, historia, astronomía o matemáticas en cualquier universidad, no suele influir apenas sobre las enseñanzas que imparte, o sobre los propios alumnos. Sin embargo, si alguien pretende enseñar moralidad o ética, su personalidad resulta esencial. Una persona amargada que predica la necesidad de la alegría, o un egoísta que muestra el valor de la generosidad, así como una personalidad dominante que enseñe la belleza de la humildad, o una criatura irascible que pretenda inculcar serenidad, están todos ellos condenados de antemano al fracaso; porque la verdad moral no se puede transmitir sólo con palabras, sino que es necesario predicar con el ejemplo.

Y aquí es donde fallamos estrepitosamente hasta el más grande de los seres humanos. Ningún maestro ha podido decir jamás lo que dijo Jesús: *Yo soy la verdad*. El sentido de la palabra "verdad" en hebreo es "fidelidad", algo en lo que se puede confiar o que ofrece confianza.

Recuerdo que cuando era un niño de tan sólo tres años, me tiraba en brazos de mi padre con absoluta decisión y confianza. Estaba convencido de que él me atraparía en el aire y no me dejaría caer al suelo. Mi papá era para mí la verdad y esto me daba valor para lanzarme al vacío, porque tenía fe en él, confiaba en que siempre me recogería a tiempo. Pues, también, de la misma manera, Cristo nos dice: *¡Salta, suéltate, confía sin reservas, porque yo soy la verdad!*. Él no engaña, no defrauda, no decepciona jamás.

4. Yo soy la vida.

Jesús tiene vida en sí mismo, por eso puede comunicarla a los demás: *Porque como el Padre tiene vida en sí mismo, así también ha dado al Hijo el tener vida en sí mismo* (Jn. 5: 26).

4.1. Dios es el autor de la vida material.

Dios es el autor de la vida física, de esa propiedad misteriosa de autoorganización y reproducción que posee la materia, y que todavía hoy la ciencia no acierta a comprender demasiado bien: *Todas las cosas por Él fueron hechas, y sin Él nada de lo que ha sido hecho fue hecho* (Jn. 1: 3). El evangelista se refiere al Verbo, que es Jesús, y afirma: *En Él estaba la vida y la vida era la luz de los hombres* (Jn. 1: 4). Si Jesús es el autor de la vida, todo acto que atente contra la vida es algo que atenta directamente contra el Hijo y contra el Padre. Desde esta perspectiva, el aborto es un acto criminal, no sólo contra el embrión, sino también contra el mismo Creador de la vida. La pena de muerte también lo es, así como la violencia sanguinaria de la guerra, las masacres humanas, la violencia doméstica, el hambre del mundo que cada día se cobra víctimas inocentes; esa terrible plaga que no hay voluntad política, ni interés por erradicar. La eutanasia activa que acaba con la vida de tantos ancianos es asimismo un acto contrario al Creador. ¡Todo lo que atenta contra la vida, atenta contra Dios!

4.2. Dios es el autor de la vida eterna.

Pero, además de la vida física, caduca y perecedera, Dios es también el autor de la vida eterna: *Porque de tal manera amó Dios al mundo, que ha dado a su Hijo unigénito, para que todo aquel que en él cree, no se pierda, mas tenga vida eterna* (Jn. 3: 16). Sin embargo, esta vida eterna no es para todo el mundo, sino para aquellos que aciertan a nacer de nuevo como Nicodemo; es decir, del agua y del Espíritu. Dios da vida física a toda criatura, pero sólo da vida nueva al que cree en él. Y esta vida eterna es aquella que no se puede destruir, que no se acaba, que está por encima del tiempo. Es el tipo de vida característico de Dios. Tal vida eterna produce en los creyentes una vida, aquí en la tierra, rica y abundante, una existencia caracterizada por la esperanza y el gozo. De ahí que las personas cristianas experimenten una existencia caracterizada por la alegría y el optimismo, a pesar de las múltiples dificultades de este mundo.

Se cuenta una anécdota relacionada con la biografía del reformador alemán Martin Lutero: después de muchas luchas y de abandonar los hábitos de su orden religiosa, convencido de los errores de la Iglesia católica, contrajo matrimonio en 1525, a los 42 años, con Katharina von Bora, una monja que había dejado igualmente sus hábitos y que, por cierto, lo hizo muy feliz. Un día ella se vistió de luto y le dijo a Lutero: *Dios ha muerto.* Lutero le replicó: *¿Cómo puedes decir eso, cómo sabes que ha muerto?* Ella, con gran serenidad le respondió: *Pues por la vida que tú llevas, porque vives triste y preocupado como si Dios se hubiera muerto.* Hay esposas así, ¿verdad?

¡Hermanos, a veces llevamos vidas lúgubres y oscuras, como si nuestro Dios estuviera muerto o dormido! Sin embargo, la existencia cristiana merece la pena vivirse con alegría porque es auténtica. El creyente debe pararse de vez en cuando a reflexionar acerca de la vida que está llevando, y preguntarse: ¿con los recursos que el Señor me ha dado, estoy haciendo lo que debo o podría hacer otra cosa mejor para la extensión de su reino? A veces, uno se acomoda a la ley del mínimo esfuerzo, al menor riesgo, a enterrar el talento y no comprometerse a nada, ¿pero es esto llevar una vida abundante? ¿Es que acaso nuestro Dios se ha muerto?

5. Sólo se llega al Padre a través de Jesús.

¿De qué modo manifiesta Jesús la majestad del Padre? ¿Cómo nos lo hace conocer? Ante todo, con sus palabras, con su enseñanza y su mensaje. Pero, también, y sobre todo, mediante sus acciones, sus gestos, sus opciones y sus huellas. Cuando vemos que Cristo se preocupa por los pequeños, los débiles y muestra una compasión especial hacia los que sufren; cuando concede ampliamente perdón a los pecadores arrepentidos; cuando devuelve la confianza a los descalificados; cuando atiende a los marginados y ejerce misericordia con todo tipo de miseria humana; cuando vemos que no esconde sus simpatías por los últimos y que se mantiene al margen de los poderosos, que se muestra humano y cariñoso, que llora por la muerte de un amigo, que agradece los pequeños gestos de delicadeza de la mujer pecadora, ¡estamos aprendiendo del Padre, empezamos a vislumbrar cómo es en realidad el verdadero rostro de Dios! No tenemos, pues, más remedio que concluir reconociendo que: ¡Dios es así!

Quién ha descubierto a Jesús ha conocido también al Padre, puesto que Él está en el Padre y el Padre en Él. El Dios Padre no es una fría estatua de piedra inmovilizada en un templo, o un arca de la alianza que pocos podían ver, sino algo dinámico que camina entre su pueblo, en la tienda del nuevo éxodo. La Iglesia de Cristo es una comunidad de personas que se mueven en el mundo para agrandar el reino de Dios. El amor, la humildad y la sencillez de Jesús nos revela cómo es, en realidad, el Padre: un Dios amante que desea tener una relación personal con cada uno de sus hijos.

39
Orar es conectarse a la vid

Jn. 15: 1-2 (1-18)

Yo soy la vid verdadera, y mi Padre es el labrador.
Todo pámpano que en mí no lleva fruto, lo quitará;
y todo aquel que lleva fruto, lo limpiará,
para que lleve más fruto.

ESQUEMA

1. Implicaciones de la alegoría.

2. ¿A qué fruto se refiere?

3. ¿En qué consiste la limpieza de quienes ya llevan fruto?

    3.1. La poda es difícil de aceptar.
    3.2. La fecundidad depende de la permanencia.

CONTENIDO

Tal como solía hacer frecuentemente el Señor Jesús, en estos versículos, juega con una alegoría sobre la vid, que ya formaba parte de la tradición religiosa de Israel. En el *Antiguo Testamento*, se hace referencia, en varias ocasiones, a Israel como la viña de Dios. El libro de *Isaías* (5:7), en su parábola de la viña, indica: *Ciertamente la viña de Jehová de los ejércitos es la casa de Israel.* Para todo judío, la viña era el símbolo por excelencia del pueblo de Israel, incluso el emblema que aparecía en las monedas de los macabeos era la viña. Recordemos igualmente que en el templo, enfrente del lugar santísimo, había una gran viña de oro que representaba al pueblo elegido por Dios.

Pues bien, Jesús toma esta imagen y habla de algunas tareas propias de la viticultura, como eran podar, escamondar, o sea, limpiar las vides quitándoles las ramas inútiles y las hojas secas; y usa todo esto, para decir que el pueblo judío había dejado de ser la viña de Dios, y que sólo Él era la vid verdadera, real y genuina. Esto lo habían reconocido ya los antiguos profetas: Isaías manifestó que Israel se había convertido en una especie de planta salvaje; Jeremías se quejó de que el pueblo había degenerado a *un sarmiento de vid extraña*; Oseas afirmó que Israel era *una viña vacía*; Y, en fin, el Señor Jesús al decir: *Yo soy la vid verdadera*, les estaba señalando que ellos eran la viña falsa. Es como si les hubiera dicho: "¡Creéis que porque sois judíos y pertenecéis al pueblo de Israel, sois pámpanos de Dios! ¡Pensáis que vuestra raza, vuestro nacimiento y nacionalidad os garantizan la misericordia del Creador! ¡Pues yo os digo que no! ¡La verdadera vid no es este pueblo desviado! ¡Vosotros os habéis convertido en una viña degenerada incapaz de dar fruto! ¡La auténtica vid soy yo! ¡Y no es el hecho de ser judíos lo que os salvará, sino el mantener una comunión sincera y viva conmigo, porque yo soy la vid de Dios! ¡El camino a la salvación ya no pasa por la sangre judía, sino por la fe en Jesucristo!"

Dios no se fija en que nuestro padre, madre o abuelos sean creyentes, sino que desea ver nuestra fe personal. Ninguna credencial externa puede justificar al ser humano ante Dios, lo único que puede hacerlo es la amistad con Jesús. De manera que, en esta alegoría, el Maestro nos dice tres cosas importantes: que el Dios Padre es el labrador o el viñador que cuida la plantación; que Él mismo es la viña verdadera y que los discípulos son los sarmientos.

1. Implicaciones de la alegoría.

No debe olvidarse que el evangelista Juan escribió su Evangelio, y recopiló estas palabras de Jesús, alrededor del año 90 d. C., es decir, unos 60 años después de su muerte y resurrección. Probablemente lo hizo en Éfeso (Asia Menor) y pensando en las necesidades y problemas que tenían los cristianos de finales del siglo primero. Juan indica a la Iglesia de su tiempo —aunque, por supuesto, el mensaje va dirigido también a los lectores de todas las épocas- que ser pámpano de Jesús implica formar parte de la misma planta que Cristo, tener su misma savia, producir sus mismos frutos, vivir su vida, ser conscientes de que en el ministerio cristiano, sin Él, nada somos y nada podemos hacer.

2. ¿A qué fruto se refiere?

El texto no precisa en qué consisten los frutos que los discípulos deben producir. Pero es muy significativo que a partir del versículo 9 se empiece a hablar del amor y, en el 12, Jesús diga: *Este es mi mandamiento: Que os améis unos a otros, como yo os he amado*. El fruto puede entenderse, por tanto, como la expresión del amor sin medida, y quien ama así produce también los frutos del Espíritu (Gá. 5: 22-23): amor, gozo, paz, paciencia, benevolencia, bondad, fe, mansedumbre y templanza. Dar fruto tiene que ver con lo que produce Cristo en nuestra vida: con los cambios en mi persona; con la manera en que trato a mi esposa o a mi esposo, a mis hijos o a mis padres; con la forma en que me relaciono con mis semejantes, mis subordinados o mis superiores y con los cambios en mi estilo de vida, en mis intereses y actividades.

¡Dicen que cuando una persona se convierte a Cristo, el primero que se da cuenta de ello es su perro! Pero dar fruto tiene que ver también, seguramente, con lo que hacemos en favor del reino de Dios: el trabajo en la iglesia, mi disponibilidad con los demás hermanos, la eficacia y la fecundidad de mi misión, el evangelismo personal, que es algo muy parecido al testimonio individual.

Jesús no deseó crear un club privado, ni un *ghetto*, sino una comunidad en expansión. Todo sarmiento que esté vivo debe dar fruto. Cada cristiano tiene un crecimiento que efectuar y una misión que cumplir. Ninguna Iglesia que quiera seguir a Cristo y procure permanecer en la verdad, puede practicar el amor exclusivamente en su interior, debe, necesariamente, rechazar la tentación de intimismo y salir fuera, donde sopla el viento helado de la injusticia, de la soledad, de la violencia y de la indiferencia. Afuera es donde se encuentran los dramas y los sufrimientos de la gente que no tiene a Dios y lo necesita desesperadamente. ¡Pero hermanos, si el amor no circula dentro, cómo vamos a salir fuera! Si en el seno de las iglesias subsisten los celos, los pleitos, las envidias o los enfados, ¿cómo vamos a llevar fruto dentro y fuera?

En algunas congregaciones, con frecuencia, se practica una especie de amor cantado, gritado, casi cacareado; un amor que sólo se ejerce con la boca o con la música pero que no brota del corazón. Hay asambleas muy piadosas donde las oraciones y las palabras de las melodías que hablan de amor y ternura coexisten con divisiones internas, rivalidades y rencores de todo tipo. Y todo esto, por desgracia, no es algo nuevo, ya el apóstol Juan escribió: *Hijitos míos, no amemos de palabra ni de lengua, sino de hecho y en verdad* (1 Jn. 3: 18). ¡A veces, la lengua ocupa el lugar del corazón o de las manos! Y entonces no es posible llevar fruto. El "no dar fruto" se debe únicamente a la mala voluntad, a no querer. Y al no querer fructificar se priva también a otros del fruto al que tendrían derecho y que debería ser destinado a ellos.

Estamos reflexionando dentro de un contexto comunitario como es la Iglesia. Y dentro de ella, la vida espiritual de cada uno, no es sólo suya, sino que forma parte de una red de corresponsabilidad. Si yo me enfado con un hermano, por ejemplo, y permito que el odio o el desamor germine en mi alma, no sólo me hago daño a mí mismo, sino que perjudico también a cuantos me rodean. Por eso tenemos la obligación de resolver cuanto antes nuestros conflictos, delante del Señor y del hermano. ¡Que no se ponga el sol sobre nuestro enojo!

El sarmiento que no produce los frutos del amor, la misericordia y del perdón es porque no está respondiendo a la vida que se le comunica. Y el Padre, que cuida la viña, lo puede cortar; es un sarmiento bastardo, que no pertenece a esa viña. Es verdad que Jesús no excluye a nadie, él dice: *al que a mí viene no le hecho fuera* (6:37), pero el Padre sí puede excluir, porque se encarga precisamente de quitar los pámpanos que no dan fruto. Al negarse a amar y no hacer caso del Hijo, el ser humano se coloca en la zona de la ira de Dios (Jn. 3: 36).

3. ¿En qué consiste la limpieza de quienes ya llevan fruto?

Igual que el grano de trigo tiene que morir para producir fruto abundante, y la mujer embarazada ha de padecer para que nazca su hijo, también el sarmiento ha de ser limpiado. Las condiciones de la fecundidad son dos: primero, aceptar la poda y, después, permanecer en Jesucristo.

3.1. La poda es difícil de aceptar.

Precisamente quien ya da fruto es sometido a la poda, para que pueda dar más fruto. Las pruebas, las persecuciones, los obstáculos, las enfermedades, las cruces que soportamos a lo largo de nuestra vida, no constituyen algo que elijamos nosotros, sino que nos ocurren cuando menos lo esperamos. El ejemplo de Pablo es muy significativo. Él tuvo que sufrir una poda brutal en el interior de la misma comunidad cristiana de Jerusalén. Y, allí, en medio de la iglesia, se sintió aislado, incomprendido, enfermo, mirado con sospecha por los demás, porque tenía ideas que amenazaban a la comunidad. Alguno, incluso, planeaba matarlo. Y él tuvo que escapar, vivir rodando por el mundo como un delincuente perseguido. ¿Era este un trato adecuado para el gran apóstol de los gentiles? ¡No! Sencillamente, fue la poda particular que Dios permitió en su vida. ¿Para qué? ¡Pues para que llevara todavía más fruto!

A veces Dios permite la enfermedad grave y no la cura, o el dolor, la silla de ruedas, la depresión, los malos tratos psicológicos, la incomprensión de los demás o las críticas injustas, como una limpieza en profundidad de todo nuestro ser. Esto puede constituir el saneamiento que necesitamos para aprender a amar de verdad y llevar fruto en abundancia, para darnos cuenta de que no somos perfectos y que debemos mejorar. En el libro de *Hebreos* (12: 5-6), leemos: *Hijo mío, no menosprecies la disciplina del Señor, ni desmayes cuando eres reprendido por él; porque el Señor al que ama, disciplina, y azota a todo el que recibe por hijo*. La poda es siempre una operación dolorosa, porque no es un simple maquillaje externo, sino una intervención seria en profundidad. El Padre corta lo que sobra y nos reduce a lo esencial.

3.2. *La fecundidad depende de la permanencia.*

El secreto de la vida de Jesús fue su contacto con Dios. Una y otra vez se retiraba a un lugar apartado para encontrarse a solas con el Padre. Esto es permanecer en Él. Orar es conectarse a la vid, mientras que dejar de orar es secarse: *Como el pámpano no puede llevar fruto por sí mismo, si no permanece en la vid, así tampoco vosotros, si no permanecéis en mí... Si permanecéis en mí y mis palabras permanecen en vosotros, pedid todo lo que queréis, y os será hecho* (Jn. 15: 4,7). Son palabras radicales que denuncian el fracaso de todo esfuerzo humano desenganchado de la oración, de la adoración, de la interioridad, de la acogida de la Palabra.

Según estas frases de Cristo, no se conceden resultados a quien se coloca fuera de la permanencia en Él. No se concede nada a quien se separa del "Todo", es decir, de Jesucristo. Quien se cierra sobre sí mismo y se considera autosuficiente, quien se niega a amar al hermano, se empobrece y se esteriliza. Sin embargo, quien se coloca delante del Señor, quien busca de vez en cuando las raíces de su fe para abonarlas, quien abre poros y vasos para que pueda circular por ellos la savia divina y deja que su vida se llene de la Palabra, quien busca el silencio y la oración, quien sabe perdonar, ese es el que permanece en Jesús y lo que pide le es concedido.

Cuando la Iglesia está verdaderamente unida entre sí y con Jesús, cuando fluye el amor y las palabras del Maestro permanecen en cada uno de los creyentes, la comunidad puede pedir lo que quiera, porque la sintonía con Jesús y la unión del grupo predispone el favor de Dios hacia el ser humano. ¡Cristo colabora con los suyos! ¡Pero hemos de pedir como conviene, es decir, desde el amor y para el amor! A veces se piden cosas que van contra la voluntad de Dios o contra la poda particular que Él está realizando en nuestra vida, entonces, evidentemente, Dios no las concede.

Es conocido el ejemplo de esa singular mujer, Johnny Tada, quien quedó tetrapléjica en un accidente de natación, ocurrido a finales de los 60. Ella se ha preguntado en ocasiones, ante auditorios repletos de jóvenes oyentes, *¿no*

sería emocionante el milagro de mi sanidad? ¿No sería espectacular que pudiera le-
vantarme ahora mismo de esta silla de ruedas? Pues, estoy plenamente convencida
de que sería mucho más emocionante delante del Señor que hoy hubiera en esta sala
más de 1600 jóvenes arrepentidos que se levantaran ante Dios y le pidieran per-
dón por sus pecados. Ella le ha pedido a Dios muchas veces que cuando muera
pueda llevar su silla de ruedas al cielo, porque, si no hubiera sido por esa silla,
no habría leído la *Biblia*, no habría conocido a Jesús y no habría llegado a
amarle ni a servirle.

Hermanos, preguntémonos acerca de esto: ¿qué clase de pámpano soy yo?
¿Acepto mi poda? ¿Estoy siendo todo lo fecundo que debo ser? ¡Quiera Dios que
jamás nos separemos de la vid de Cristo, sino que llevemos fruto en abundancia!

40
El bautismo del ministro de economía

Hch. 8: 36-37 (26-40)

Aquí hay agua; ¿qué impide que yo sea bautizado?
Felipe dijo: Si crees de todo corazón, bien puedes.
Y respondiendo dijo: Creo que Jesucristo es el Hijo de Dios.

ESQUEMA

1. La historia de Felipe y el etíope.

    1.1. Identidad del etíope.
    1.2. ¿Cuál era su cargo?
    1.3. ¿Qué significaba ser eunuco?
    1.4. ¿Por qué leía a Isaías?

2. Impedimentos para el bautismo.

3. ¿Cuál es el significado del bautismo cristiano?

4. ¿Qué impide que tú seas bautizado?

CONTENIDO

Vamos a tratar de un bautismo muy especial. Ni más, ni menos que del bautismo del mismísimo ministro de Economía del reino de los etíopes, durante el primer siglo de nuestra era. ¿Os imagináis que nuestro ministro de Economía actual hiciera profesión pública de su fe y se bautizara? No cabe duda de que sería una gran victoria para la fe.

1. La historia de Felipe y el etíope.

En el libro de los *Hechos de los Apóstoles*, Felipe aparece como un predicador itinerante sin residencia fija, que es guiado en este caso, por un mensajero de Dios. Hay que suponer la sorpresa de Felipe al ver aparecer al personaje que va a ser objeto de su misión. El texto bíblico dice que era etíope, eunuco y funcionario de la reina de los etíopes. Veamos que significa todo esto.

1.1. Identidad del etíope.

Un etíope era un nubio, o sea, una persona procedente de la región del alto Nilo, precisamente la zona llamada Nubia, al sur de Egipto, entre Asuán y Kartún. Este país no correspondía con la Etiopía actual, sino más bien con lo que hoy es el moderno Sudán.

1.2. ¿Cuál era su cargo?

No se trataba de un etíope cualquiera, era además *funcionario de Candace, reina de los etíopes y estaba sobre todos sus tesoros*. Hoy día, diríamos que era el ministro de Economía de su país. Candace no era, en realidad, el nombre propio de la reina, sino el título que se le daba a todas las reinas madre de la antigua Etiopía, como, por ejemplo, el título de Faraón para el rey de Egipto.

1.3. ¿Que significaba ser eunuco?

Un eunuco era un hombre castrado. Algo habitual en el caso de los oficiales de la corte de las reinas. Y tal situación tiene aquí su importancia porque, según *Deuteronomio* (23: 2), un individuo castrado no podía ser judío, *no podía entrar en la congregación de Jehová*, ni podía ser bautizado en el Judaísmo. ¿Cómo es posible entonces que este texto presente al etíope como un gran simpatizante del Judaísmo, si, en realidad, no podía hacerse judío? En el relato se le muestra volviendo de una peregrinación a Jerusalén y leyendo el libro de Isaías, que seguramente acababa de comprar en dicha ciudad, cosa bastante difícil para un no judío.

1.4. ¿Por qué leía a Isaías?

En aquella época había muchas personas que estaban cansadas e insatisfechas de la idolatría e inmoralidad en que vivían las naciones, y en el Judaísmo encontraban la fe en un Dios único y unos valores morales que le daban sentido a la vida. Este eunuco era seguramente uno de estos adeptos simpatizantes del Judaísmo que había ido a Jerusalén a dar culto a Dios, aunque no podía, como hemos dicho, por su condición de mutilado, entrar a formar parte del pueblo judío.

Felipe oyó que leía el capítulo 53 del profeta Isaías. No es algo raro que le oyera, pues en la antigüedad era corriente leer en voz alta. Aprovechó para intervenir en el momento en que el texto se refería a la humillación de ser llevado a la muerte como un cordero mudo. En ese instante dijo: *Pero ¿entiendes lo que lees? Él dijo, ¿y cómo podré, si alguno no me enseñare? Y rogó a Felipe que subiese y se sentara con él. El pasaje de la escritura que leía era este: Como oveja a la muerte fue llevado; y como cordero mudo delante del que lo trasquila, así no abrió su boca. En su humillación no se le hizo justicia; mas su generación, ¿quién la contará? Porque fue quitada de la tierra su vida* (8: 30-31, 34-36).

2. Impedimentos para el bautismo.

Aquí hay agua, ¿qué impide que yo sea bautizado? Según la ley que había regido en Israel durante siglos, la respuesta era clara: "¡Tu condición de eunuco!", pero en base al Evangelio de Jesucristo, la respuesta era otra: *¡nada, si crees de todo corazón, bien puedes!*. Con estas palabras Felipe estaba declarando que había llegado el cumplimiento de la promesa dada en el mismo libro de Isaías, en el capítulo 56, versículos 3 al 5:

Y el extranjero que sigue al Señor no hable diciendo: me apartará totalmente el Señor de su pueblo. Ni diga el eunuco: he aquí yo soy árbol seco. Porque así dijo el Señor: a los eunucos que guarden mis días de reposo, y escojan lo que yo quiero y abracen mi pacto, yo les daré lugar en mi casa y dentro de mis muros, y nombre mejor que el de hijos e hijas; nombre perpetuo les daré, que nunca perecerá.

Al dar este paso, Felipe se adelantó al resto de la Iglesia proclamando que ya no existe impedimento para bautizar a los no judíos, porque Dios ha intervenido en la Historia a través de Cristo. Ya no existen barreras étnicas o raciales para la fe. Felipe pone en práctica la universalidad del Evangelio. A partir de ese momento histórico, ni los prejuicios raciales, ni el color de la piel, ni la cultura, o las disminuciones físicas, la tradición o la religión de los padres, pueden impedir que los hombres y las mujeres se acerquen voluntariamente a Dios, se bauticen y formen parte de su pueblo.

El eunuco le dijo a Felipe: *Creo que Jesucristo es el Hijo de Dios* (versículo 37). Ambos descendieron del carro y Felipe le bautizó por inmersión en "agua viva", es decir, en agua corriente, como era la costumbre. Después se separaron, cada uno siguió su camino, no se volvieron a ver más, pero el texto afirma que el eunuco *siguió gozoso su camino.* Se quedó satisfecho y tranquilo, porque al fin había terminado su búsqueda, encontró la salvación, ya no se pertenecía a sí mismo, sino que se había consagrado al poderoso nombre de Jesús.

3. ¿Cuál es el significado del bautismo cristiano?

El bautismo cristiano simboliza básicamente dos cosas: limpieza y cambio de vida mediante la unión con Cristo. El agua no sólo es necesaria para la vida, donde no hay agua no puede haber vida, sino que el agua además lava, disuelve, limpia de las impurezas. Pues igual que el cuerpo físico se limpia con agua, la gracia de Dios nos lava de todo pecado. Como dice Pablo en su carta a los Efesios: [...] *Cristo amó a la Iglesia*, [...] *habiéndola purificado en el lavamiento del agua por la palabra* (Ef. 5: 26). Este lavamiento del agua, es una clara alusión al bautismo.

Además el bautismo supone también un cambio de vida por medio de la unión con Jesús. La inmersión del cuerpo en el agua indica que la persona sepulta su vida pasada de pecado, de vivir de espaldas a Dios, y todo lo que de tal actitud se deriva. Al subir del agua, renace a una vida nueva en la gracia y la amistad de Dios. *Porque somos sepultados juntamente con él para muerte por el bautismo, a fin de que como Cristo resucitó de los muertos por la gloria del Padre, así también nosotros andemos en vida nueva* (Ro. 6: 4); este es el doble significado del bautismo cristiano, despedirse de la antigua vida de esclavitud en el pecado y levantarse a una nueva vida de libertad en Cristo Jesús.

4. ¿Qué impide que tú seas bautizado?

A veces los impedimentos pueden ser externos: la cultura, la tradición, la moda posmoderna, el no querer renunciar a nuestro actual estilo de vida, el bienestar, el afán por dedicarse sólo a la búsqueda del placer, sin preocuparnos de nada más. Pero también puede haber impedimentos internos, como el egoísmo, el miedo a lo desconocido, el racionalismo extremo, el temor a dejar de ser el dueño de la propia vida, el desconocimiento de la revelación y de la persona de Jesús, etc.

A pesar de todos los impedimentos, la respuesta a esa pregunta continúa siendo algo enteramente personal. Nadie puede obligar a nadie a bautizarse o hacerlo sin el permiso o la decisión del propio individuo. Se trata de un acto libre y voluntario.

¡Pero si tú, querido amigo, decides bajar a las aguas del bautismo y abrir la puerta de tu alma a Cristo, esta comunidad estará encantada de ayudarte a conocerle día a día, por medio del estudio de las *Escrituras*, la oración y la comunión entre los hermanos!

41
La verdadera libertad

Ro. 6: 22-23 (15-23).

Mas ahora que habéis sido libertados del pecado
y hechos siervos de Dios,
tenéis por vuestro fruto la santificación,
y como fin, la vida eterna.
Porque la paga del pecado es muerte,
mas la dádiva de Dios es vida eterna en Cristo Jesús Señor nuestro.

ESQUEMA

1. La Modernidad no proporcionó libertad.

2. ¿En qué consiste la verdadera libertad?

3. La libertad no es algo externo.

4. ¿De qué libera Cristo?

    4.1. La esclavitud del pecado.
    4.2. La esclavitud de la ley.
    4.3. El poder de la muerte.

5. ¿Cómo se alcanza la libertad interior?

CONTENIDO

Una de las últimas revoluciones culturales de nuestra civilización occidental ha sido la conocida como de "mayo del 68", en París (Francia). Aunque fracasó en el plano político, hizo tambalear los cimientos del Estado francés y cambió algunas ideas de la sociedad de aquel momento. Todo empezó cuando las autoridades académicas prohibieron la libre circulación de chicas y chicos, en los dormitorios de las residencias universitarias. Un estudiante de sociología, llamado Daniel Cohn-Bendit, le planteó el problema al ministro de Deportes, quien le aconsejó que se refrescara con un chapuzón en la piscina. Pero los hechos se sucedieron y, el 20 de marzo, un grupo de estudiantes trotskistas y anarquistas, pertenecientes al comité anti-Vietnam, destrozaron el escaparate de la *American Express*. Algunos fueron detenidos y así nació el movimiento del 22 de marzo contra el autoritarismo y la represión.

Daniel Cohn-Bendit, apodado "Dany el rojo", porque era pelirrojo y por sus ideas, se convirtió en el portavoz de este movimiento. El día 3 de mayo, las autoridades cometieron el error de cerrar la Universidad de Nanterre, en los suburbios parisinos, mientras que la prestigiosa Universidad de La Sorbona les abrió las puertas. El 6 de mayo tomaron la calle casi 50.000 estudiantes. La policía cargó contra ellos y hubo centenares de heridos, mientras algunos profesores como Alain Touraine e intelectuales, como Jean Paul Sartre, también se solidarizaron con los estudiantes. A las granadas lacrimógenas, se respondía con adoquines de la calle, mientras en las paredes se pintaban consignas como: "Bajo los adoquines, la playa", "La imaginación al poder", "Prohibido prohibir" o "Libertad de expresión".

¿Qué ha quedado, treinta y tantos años después, de aquellas reivindicaciones y de aquellos deseos de libertad? "Dany el rojo" se ha convertido en "Dany el verde", el mismo que gritaba *Elecciones, trampa para imbéciles* llegó a ser teniente de alcalde del Ayuntamiento de Francfort, y hoy es eurodiputado del grupo político "Los Verdes" alemanes. Roland Castro, líder de los jóvenes maoístas de Nanterre, dice tres décadas después: *Cuando todo acabó, caí, como muchos, en una profunda depresión... Fue un descenso a los infiernos. Lo superé gracias al psicoanálisis. Algunos se suicidaron o entraron en una secta.* Y a la pregunta: ¿Qué queda de sus sueños?, Castro responde: *Freud dijo que se puede aspirar a transformar el mundo a condición de quitarse de la cabeza que el hombre es bueno. Yo soy más bien pesimista.*

La Posmodernidad denuncia este fracaso del ideal de la libertad que era uno de los principales pilares de la sociedad moderna. La enfermedad de la Modernidad ha sido su incapacidad para construir un universo humano regido por la solidaridad, la justicia y la libertad. La razón humana no ha hecho a los hombres seres más justos y libres, como se pretendía. Esto es precisamente lo que denuncian los filósofos posmodernos, pero sólo lo denuncian y no proponen una solución. Hay que volver a creer en los valores, en la finalidad de la vida humana y en la idea de progreso. En medio de este callejón sin salida, el filósofo español, José Antonio Marina, propone la "Ultramodernidad", que consiste en un regreso a ciertos valores de la Modernidad, así como a creer que la vida humana tiene sentido.

1. La Modernidad no proporcionó libertad.

El *Nuevo Testamento* dice que el hombre carece de libertad; todavía más, que no tiene posibilidades de liberarse, ni de disponer libremente de sí mismo. Pablo afirma en su carta a los romanos: *Porque cuando erais esclavos del pecado, erais libres acerca de la justicia* (Ro. 6: 20). *Libres acerca de la justicia* significa que no la seguían porque hacían lo que les daba la gana. Era esta una libertad maldita y miserable. Otra cita del apóstol Pedro dice: *Les prometen libertad (los falsos maestros) y son ellos mismos esclavos de corrupción* (2 P. 2: 19). Según el *Nuevo Testamento*, la libertad que predica y promete el ser humano es falsa.

También el apóstol Juan escribe: *Los judíos le respondieron: Linaje de Abraham somos, y jamás hemos sido esclavos de nadie. ¿Cómo dices tú: Seréis libres? Jesús les respondió: De cierto de cierto os digo, que todo aquel que hace pecado, esclavo es del pecado* (Jn. 8: 33-34). El hombre no puede liberarse a sí mismo porque es esclavo del pecado. Ni la Modernidad, ni el espíritu de mayo del 68, ni la Posmodernidad, ni la Ultramodernidad, pueden liberar al hombre, porque la raíz del problema no es política, ni es social, no es algo externo, sino que tiene su origen en lo más interno del alma humana.

2. ¿En qué consiste la verdadera libertad?

En la antigua Grecia, algunos filósofos creían que la libertad sólo dependía del hombre. Es decir, de la *polis* o comunidad de los hombres libres. Personas que podían ser libres a costa de tener esclavos para que realizaran todos los trabajos manuales. Recordemos que de *polis* viene la palabra *política*; lo cual implica que la libertad dependía de la política. Sin embargo, según los filósofos estoicos, para tener libertad había que esforzarse por estar en armonía con el cosmos, liberarse de las pasiones y del temor a la muerte. De cualquier forma, era una lucha constante y un esfuerzo inacabable del ser humano.

En contraposición con estas ideas, está el concepto de libertad propio del pueblo de Israel. Tal como vemos en la *Escritura*, el pueblo de Israel no consideró nunca su libertad, ni la de cada persona que le pertenecía, como algo aislado y separado de Dios. La libertad era un "ser-liberado" por Dios, incluso política y socialmente, no venía dada por naturaleza, por vivir en la *polis*, por esforzarse mucho en conseguirla, o por hacer buena política, sino que era experimentada como un don gratuito de Dios. El don de la libertad permanece ligado al donante, es decir, a Dios. Cuando el ser humano se desliga de Dios, entonces pierde la libertad.

En el libro de los *Jueces* se puede leer: *Después los hijos de Israel hicieron lo malo ante los ojos de Jehová, y sirvieron a los Baales..., y Jehová levantó jueces que los librasen de mano de los que los despojaban* (2: 11 y 16). Cuando el pueblo hace lo malo, es decir, apostata contra Dios, se encuentra sumergido en la esclavitud; sin embargo la vuelta a los caminos del Señor, la conversión, le trae liberación. Muchos otros pasajes del *Antiguo Testamento* nos cuentan episodios parecidos: la cautividad asiria del reino del norte (2 R. 17: 7-23), es consecuencia de su olvido de Dios. El exilio a Babilonia lo es de la perversidad del reino del sur (2 R. 21: 10-15).

La libertad es, pues, un don de Dios, como escribió Miguel de Cervantes en el Quijote: *La libertad es uno de los más preciosos dones que a los hombres dieron los cielos.* Y, desde luego, la libertad es también una estructura fundamental del Cristianismo. Pablo define la vida cristiana como un vivir en libertad: *Porque vosotros, hermanos, a libertad fuisteis llamados* (Gá. 5: 13).

3. La libertad no es algo externo.

En el *Nuevo Testamento* la libertad no tiene ya el significado político que tenía en el *Antiguo*, o en el mundo griego. Jesús no es un Mesías político que viniera para liberar a Israel del yugo romano, como muchos esperaban. Su predicación tiene un objetivo totalmente distinto: la vuelta al Padre, la libertad interior y auténtica, no la libertad exterior que siempre anhelan los hombres. Como hemos leído en la carta de Pablo a los romanos: *Mas ahora que habéis sido libertados del pecado y hechos siervos de Dios, tenéis por vuestro fruto la santificación, y como fin, la vida eterna* (Ro. 6: 22).

El hombre y la mujer sólo pueden ser verdaderamente libres cuando viven en comunión con Dios, y esto solamente puede lograrse negándose a uno mismo. La paradoja de la libertad cristiana es que, quien es libre, no se pertenece a sí mismo, sino a aquel que lo ha liberado. Recordemos algunos textos: *¿O ignoráis que vuestro cuerpo es templo del Espíritu Santo, el cual está en vosotros, el cual tenéis de Dios, y que no sois vuestros?* (1 Co. 6: 9); o también como afirma Pablo: *Por lo cual, siendo libre de todos, me he hecho siervo de todos para ganar a mayor número* (1 Co. 9: 19). Si comparamos estos versículos, vemos como la idea de libertad en el *Nuevo Testamento* coincide con la del *Antiguo*, donde se resalta que el don de la libertad va siempre ligado a su donante, que es Cristo Jesús. Y por último, en 1 Co. 3: 22-23: *todo es vuestro y vosotros de Cristo.*

4. ¿De qué libera Cristo?

El apóstol san Pablo afirma, en el capítulo sexto del libro de *Romanos*, que Cristo nos libera de tres cosas: del pecado, de la ley y de la muerte.

4.1. La esclavitud del pecado.

Ser esclavo del pecado es lo que la *Biblia* llama *vivir como el hombre viejo*, es decir, en absoluta rebeldía hacia Dios, e intentando siempre la autonomía o la independencia del Creador (Ro. 6: 17-18). No obstante, el ser humano que vive así, en pecado, y dándole continuamente la espalda al Señor, carece de la necesaria libertad interior para poseer una vida plena y espiritualmente abundante. El que se habitúa al pecado pierde poco a poco la libertad para salir de él y servir a Dios; se ve forzado a seguir pecando. Se trata de un fatídico círculo vicioso. Cuanto más pecamos, más nos esclavizamos, y más difícil nos resulta huir de esta dependencia diabólica. Sin embargo, Jesucristo desea que cada persona sea liberada de tal coacción.

Pecado no es sólo una ofensa a Dios que debe ser perdonada, sino un intento de anulación del plan divino; es darle la espalda a Dios y obstaculizar su proyecto para nuestra vida. De ahí que la liberación del pecado esté en estrecha relación con la liberación de la muerte y de la ley.

4.2. La esclavitud de la ley.

Cristo nos libró de la maldición de la ley (Gá. 3: 13); no sólo de la ley mosaica de Israel, sino de cualquier ley. Durante el tiempo del *Antiguo Testamento*, se hizo evidente que ningún judío podía cumplir todos los requerimientos legalistas que se desprendían de los diez mandamientos, dados por Dios a Moisés. Por eso tuvo que venir Jesucristo, para hacer de puente sobre el infinito abismo de injusticia que separa al hombre de su Creador.

No se trata de predicar aquello de que "anarquía es libertad" o de menoscabar la idoneidad de la ley, al menos, como mal menor necesario. Pero, a veces, la ley se convierte en atadura de la que hay que liberarse. Por ejemplo, cuando en la Iglesia, la ley y el sábado se ponen por encima del hombre, en vez de poner al hombre por encima de tales medios, se está volviendo a la práctica equivocada que denunció el propio Señor Jesús.

El problema se da también en aquellas naciones en las que los gobiernos proclaman leyes que justifican la opresión y la represión. La ley que tolera que la letra se imponga sobre el espíritu, que la legalidad predomine sobre la justicia, o que la defensa de los propios intereses anule el amor solidario, es una mala ley que debe ser revisada y, en su momento, eliminada.

4.3. El poder de la muerte.

La muerte de la que habla Pablo es, a la vez, muerte espiritual y muerte biológica, es decir, muerte definitiva. Pero, a veces, esta muerte definitiva se adelanta de muchas formas en la Historia: la miseria, el hambre, la falta de vivienda y recursos mínimos, la enfermedad, la opresión, la violencia, la injusticia, etc. Todo esto adelanta la muerte biológica y espiritual de numerosas criaturas. Muchos hombres, mujeres y niños mueren físicamente antes de tiempo, o se adentran en el infierno de la delincuencia, la drogadicción y el pecado. Se les arrebata la vida y con ella la posibilidad de ser gloria de Dios. De ahí que la liberación de la muerte sea parte esencial del mensaje cristiano. Una de las mejores maneras de luchar contra el pecado es enfrentarse a cualquier manifestación de la muerte definitiva.

5. ¿Cómo se alcanza la libertad interior?

Por medio de la fe en el sacrificio de Cristo. Estamos de acuerdo en que la libertad externa, política o social, no es la libertad a que se refiere Pablo, pero no ver en el pecado, la ley y la muerte más que una dimensión espiritual es deformar el *Evangelio* de Jesucristo. El fruto del alejamiento de Dios es la muerte, mientras que las consecuencias de la liberación del pecado, que ofrece el Señor Jesús, son la santificación y la vida eterna. Tal como escribió San Pablo: *Porque la paga del pecado es muerte, mas la dádiva de Dios es vida eterna en Cristo Jesús Señor nuestro* (Ro. 6: 23).

¡Quiera Dios que todos los oyentes podamos alcanzar dicha santificación y vida eterna!

42
La esperanza cristiana

Ro. 8: 24-26.

Porque en esperanza fuimos salvos;
pero la esperanza que se ve, no es esperanza;
porque lo que alguno ve, ¿a qué esperarlo?
Pero si esperamos lo que no vemos, con paciencia lo aguardamos.
Y de igual manera el Espíritu nos ayuda en nuestra debilidad.

ESQUEMA

1. ¿Qué es esa *esperanza que se ve* que *no es esperanza*?

   1.1. Pluralismo ideológico y religioso.
   1.2. La bola de cristal evangélica.
   1.3. El espectáculo religioso de los sentidos.

2. La esperanza cristiana confía en lo que no se ve.

3. Este mundo no es nuestra casa.

CONTENIDO

Es evidente que, al escribir estas palabras, el apóstol Pablo veía el estado del mundo y el estado de la situación humana como algo triste y doloroso. Dos versículos antes dice: *Porque sabemos que toda la creación gime a una, y a una está con dolores de parto hasta ahora; y no sólo ella, sino que también nosotros mismos, que tenemos las primicias del Espíritu, nosotros también gemimos dentro de nosotros mismos, esperando la adopción, la redención de nuestro cuerpo* (8: 22-23). Sin embargo, Pablo propone la esperanza, es decir, la confianza en que ocurra lo que se desea. La tónica de la vida cristiana debe ser siempre la esperanza y nunca la desesperación. El cristiano debe aguardar, no la muerte o la nada, sino la vida eterna.

1. ¿Qué es esa *esperanza que se ve* que *no es esperanza*?

Seguramente, Pablo se refería a las aflicciones de su tiempo, *del tiempo presente*, (v. 18), a la realidad moral y espiritual que se vivía en aquel mundo grecorromano, no exento de contrariedades y graves persecuciones. Quizás hoy, salvando las distancias, podríamos hacer también el ejercicio de pensar en nuestro mundo contemporáneo: ¿qué estamos viviendo en la actualidad? ¿Cuál es la *esperanza que se ve* en el presente? ¿En qué situación se encuentra el Cristianismo actualmente, no sólo en nuestro país, sino por todo el mundo?

1.1. Pluralismo ideológico y religioso.

Vivimos en medio de una coexistencia de creencias divergentes. Cada uno tiene su forma distinta de ver la realidad, su propia cosmovisión. Muchas personas creen que la salvación, entendida como realización personal, se puede alcanzar desde cualquier religión. Da igual que uno profese el Budismo, el Islam, el Judaísmo, la Nueva Era, la Astrología o el Cristianismo. La gente ha aprendido que de haber nacido en otros países, probablemente, tendría otra religión; si, por ejemplo, hubiéramos nacido en Afganistán, seríamos musulmanes; si en Suecia, profesaríamos el protestantismo luterano; si lo hubiéramos hecho en Rusia, posiblemente ateos, o quizá ortodoxos; pero al haber visto la luz en España o en Latinoamérica, muchos fueron bautizados en el seno de la Iglesia católica romana. La religión sería, para algunos, un mero accidente de nacimiento y nada más.

De ahí que muchos se pregunten: ¿qué sentido tiene entonces el dogmatismo o las actitudes intolerantes? Todas la religiones son buenas, todas conducen a Dios y es absurdo pretender que el Cristianismo de Cristo sea la única verdadera. Quien se atreve a firmar, hoy, que Jesús es el único camino acaba siendo tachado de fanático y se le acusa, inmediatamente, de cometer el peor de los pecados de nuestra generación, el de intolerancia. La mentalidad posmoderna actual afirma que la única verdad es que no existe la verdad. En medio de este jardín pluralista, vemos, con tristeza, como la cristiandad se tambalea y el sedimento cristiano en la cultura va diluyéndose poco a poco.

En las universidades occidentales, cientos de jóvenes, inteligentes y bien preparados en otras materias, demuestran una gran ignorancia en las cuestiones religiosas cristianas pero, por el contrario, son asiduos lectores de obras de carácter esotérico. Tal pluralismo conduce al relativismo. Actualmente, hay incluso reparos, y a veces miedo o vergüenza, a expresar las opiniones personales, porque en el momento en que lo hacemos, según algunos, estamos imponiendo nuestro punto de vista a los demás. Hoy no se tiene seguridad en uno mismo, o en las creencias personales, y además esta inseguridad no se ve mal. La consigna posmoderna podría ser: "No sé quien soy y, en cualquier caso, sería arrogante pretender saberlo".

Todo esto significa que no existe base para el conocimiento: "No sé si es posible llegar a conocer algo con certeza, ¿cómo me preguntas si quiero conocer a Dios?". Hoy no exiten principios éticos universales: "Lo que es correcto para mí, no tiene por qué serlo para ti".

Mientras tanto, Cristo sobrevive, a duras penas, en el corazón de algunos creyentes, convertido en un Dios de bolsillo, de uso absolutamente personal y privado. La fe evangélica, en ciertos ambientes, se ha vuelto tímida, antropocéntrica, es decir, centrada en el propio ser humano, no en Jesucristo. Se ha tornado sociológica o ambiental, ya que muchas veces sólo se vive y practica en la iglesia, o en la intimidad del hogar o del propio creyente, pero no se expresa fuera. Otras veces podríamos hablar de una fe "a la carta", que elige sólo aquello que la satisface, o lo que cree acorde con lo que está bien visto en la sociedad. Se trata de una fe extremadamente cómoda y escéptica ante el heroísmo o el sufrimiento, ya que procura huir de cualquier compromiso personal. Una fe emocional y anti-intelectualista, que se ha divorciado de la cultura. El creyente de la posmodernidad no quiere reflexionar, estudiar la Palabra o meditar, sólo desea sentir emociones que le hagan vibrar. Es poseedor de una fe que, a veces, se agota en el ¡aleluya y gloria a Dios!, o en el ¡amén hermano! Una religiosidad, en fin, que carece de confianza en los líderes, pastores o en los demás hermanos.

1.2. La bola de cristal evangélica.

Algunas iglesias evangélicas han convertido la escatología bíblica, es decir, la doctrina de las cosas últimas, de lo que va a acontecer al final de los tiempos, y del Apocalipsis, en una especie de "bola de cristal", en un horóscopo evangélico para predecir el futuro de la política o de la economía mundial. Así, mediante tal escatología-ficción, la religión se convierte en un medio de escape de la realidad presente.

1.3. El espectáculo religioso de los sentidos.

Hay otros cristianos que prefieren comunidades que ponen el énfasis en lo sensorial, en la imagen, en la cultura del entretenimiento, en la búsqueda de emociones fuertes o de la psicoterapia espiritual. Jesús y el Espíritu Santo se convierten así en productores de bienes de consumo religioso. A Dios se le coloca a disposición del creyente para solucionarle sus problemas, de acuerdo a los caprichos de éste y para hacerle sentir bien. Sólo basta analizar las canciones contemporáneas que se cantan en tantas iglesias: ¿cuántas hablan de sentir, ver, oír, palpar, tocar y otras experiencias sensoriales? Por el contrario, ¿qué número de ellas se refieren al compromiso cristiano, la responsabilidad personal, obediencia a Cristo, la cruz o el sufrimiento, temas que, por cierto, son sobresalientes en el *Nuevo Testamento* y que fueron la experiencia de los primeros cristianos?

¿No se estará dejando de rendir culto a Dios para sobrevalorar la propia autoestima? ¿No estaremos cambiando el contenido por el estilo, la verdad por las impresiones, la fe por las emociones, el compromiso por el espectáculo, el arrepentimiento por la decisión sin cambio, la Palabra de Dios por el imperio de los sentidos? ¿Adónde conducirán tales comportamientos? ¿Qué imagen estamos dando los evangélicos ante la sociedad? ¿Acaso no recuerda todo esto a aquella *esperanza que se ve*", a que se refería el apóstol Pablo, *que no era esperanza*?

2. La esperanza cristiana confía en lo que no se ve.

La situación del mundo actual nos fuerza a preguntarnos en qué consiste la esperanza cristiana y de qué depende. La esperanza del *Nuevo Testamento* brota de la persona de Jesús, del hecho de su resurrección. Porque Jesús resucitó tenemos esperanza, pero si Jesús no resucitó, como dice Pablo, los que creemos en él somos los más pobres e infelices del mundo (1 Co. 15: 19). Sin embargo, lo cierto es que Jesús resucitó y podemos tener esperanza en Él.

La palabra final de la Historia o el orden final de las cosas, no va a ser conforme a la voluntad humana sino conforme a la voluntad de Dios. Esto implica que nuestra obediencia sincera a Él, así como nuestra responsabilidad como creyentes y nuestro esfuerzo por cumplir con la voluntad de Dios, hoy, van a tener un efecto final a largo plazo. A pesar de la crisis de espiritualidad por la que atraviesa Occidente, nuestra convicción personal es que el Evangelio no desaparecerá de la Tierra, como creen algunos. La fe que ha sobrevivido durante veinte siglos, pasando de una cultura a otra, del Oriente Próximo a Europa, de Europa a América, África, Asia y Oceanía, no va a desaparecer durante el tercer milenio. Este es nuestro deseo y esperanza.

Las palabras del profeta Isaías son todavía válidas hoy: *Saldrá una vara del tronco de Isaí, y un vástago retoñará de sus raíces* (Is. 11: 1). Este ha sido siempre el misterioso proceso de crecimiento del reino de Dios en la Tierra: la imagen de un tronco cortado, seco, de cuyas raíces despunta, cuando nadie lo espera, un renuevo. Dios, a veces, para realizar su proyecto, no recurre a los frondosos e imponentes cedros del Líbano, sino que, al contrario, en ocasiones, los desgaja por completo: *He aquí el Señor, Jehová de los ejércitos, desgajará el ramaje con violencia, y los árboles de gran altura serán cortados, y los altos serán humillados. Y cortará con hierro la espesura del bosque, y el Líbano caerá con estruendo* (Is. 10: 33-34).

Muchos líderes famosos que utilizan el nombre de Dios en vano, o para enriquecerse económicamente, o para atraer a las gentes hacia su persona y no a los pies de Cristo, serán desgajados como los cedros del Líbano, porque son los falsos maestros de la actualidad que desprestigian la fe cristiana y dificultan la extensión del reino de Dios en la Tierra. Sin embargo, de ese tronco casi seco por los muchos pecados e infidelidades, de esa Iglesia medio adormecida por el paso de los siglos y por las corrientes de nuestros días, pero que aún contiene el remanente que todavía se alimenta de la savia perenne, puede surgir el renuevo improbable e inesperado que haga realidad las promesas de Dios. Frente al tronco seco, los cristianos no podemos exclamar asustados: "es el fin", sino que debemos firmar una comprometida declaración de esperanza. De esperanza en lo que no se ve. ¿Queremos nosotros ser parte de ese renuevo? No importa la edad, el origen o la clase social. Tanto jóvenes como ancianos, mujeres y hombres, pueden ser parte de ese renuevo. ¿Deseamos ser ese nuevo brote verde lleno de vida?

3. Este mundo no es nuestra casa.

El creyente nunca está aquí en su casa, no puede darse por satisfecho con las condiciones transitorias en las que vive, ya que debe estar lleno de aspiraciones de justicia. Por eso los cristianos que vivimos en este mundo somos siempre, y por esencia, hombres y mujeres que esperan. Sin embargo, los que no poseen esta esperanza cristiana se conforman con lo transitorio, pasan su vida almacenando corrupción, sin esperar nada más; para ellos, el pequeño mundo de lo caduco es su único mundo. Por eso no saben, ni quieren, soportar el sufrimiento o las contrariedades de la vida. Muy al contrario, al cristiano la esperanza le da fuerzas para soportar *los sufrimientos presentes*, (Ro. 8: 18), y, además, de paso, hace de él, ante el mundo, un testigo de una fe viva en la resurrección de Jesús.

El apóstol Pablo escribe: *Pues tengo por cierto que las aflicciones del tiempo presente no son comparables con la gloria venidera que en nosotros ha de manifestarse* (Ro. 8: 18). ¡Hermanos, consideremos nuestras aflicciones presentes como algo pasajero y breve, frente a la perspectiva cristiana de la eternidad con Dios, donde nos espera una gloria infinita!

Hay una conocida anécdota que nos ilustra muy vivamente esta situación. Es una breve historia del siglo pasado, cuando los transportes motorizados no eran tan usuales como hoy. En cierta ocasión iba por un camino, bajo un sol ardiente, un pobre hombre que llevaba una pesada carga de leña sobre sus hombros. Acertó a pasar por allí un carretero subido en su carro grande, que era tirado por un enorme caballo percherón. Al ver al pobre caminante cargado, tuvo compasión de él y le ofreció un lugar en su carruaje. El hombre aceptó y el carretero emprendió de nuevo su marcha llevando al pasajero. Al cabo de un rato, se volvió y vio como el hombre invitado seguía todavía con su pesada carga a cuestas: *¿Pero qué hace usted?*, dijo el carretero, *¿por qué no deja la carga?* El buen hombre lo miró sorprendido y le respondió: *¡Oh, muchas gracias, pero no hace falta, me basta con poder ir subido en el carro!*. El carretero se echó a reír y le contestó: *¿pero no ve que así lleva igualmente la carga? No sea tonto y suéltela, que al caballo le da igual y, de esa manera, usted podrá descansar.*

Hay muchas personas que hacen exactamente lo mismo que este hombre. Desean llevar sus propias cargas, siendo así que Dios no quiere sólo llevarnos a nosotros, sino también todo aquello que nos abruma en la vida. Algunos creyentes, incluso habiendo aceptado al Señor Jesucristo como salvador personal, siguen llevando sus propias cargas, sin darse cuenta que Cristo es capaz de llevarnos no sólo a nosotros, sino también todo el peso que nos aflige. Él dijo: *Venid a mí todos los que estáis trabajados y cargados, y yo os haré descansar* (Mt. 11: 28).

¡Tenemos que aprender a confiar más en el Señor y a descansar plenamente en Él!

43
La pluralidad en la Iglesia

1 Co. 1: 10 (10-17)

Os ruego, pues, hermanos,
por el nombre de nuestro Señor Jesucristo,
que habléis todos una misma cosa,
y que no haya entre vosotros divisiones,
sino que estéis perfectamente unidos en una misma mente
y en un mismo parecer.

ESQUEMA

1. Pluralidad de la Iglesia primitiva.

    1.1. La comunidad estrictamente judía.

    1.2. Los judeocristianos helenistas.

    1.3. El concilio de Jerusalén.

    1.4. Diferentes comunidades.

2. Unidad en la diversidad.

3. El ejemplo del *Nuevo Testamento*.

CONTENIDO

El fenómeno de la división en la Iglesia es algo que desgraciadamente se ha dado a lo largo de la Historia y continúa dándose también en nuestros días. Generalmente nace del exclusivismo, o el monolitismo de creer que somos los únicos que tenemos la verdad. Con la excusa de poseer la sana doctrina y de pretender volver a la pureza de la Iglesia primitiva del *Nuevo Testamento,* nos replegamos hacia dentro, como los caracoles en su concha, y nos creemos el ombligo del mundo. Se aspira a la ortodoxia doctrinal, a la fe pura y auténtica, a la fidelidad absoluta a la Palabra de Dios, pero esta clase de ortodoxia se convierte pronto en una doctrina de exclusión y división. Convendría preguntarse si esta actitud es, en verdad, cristiana. Estoy convencido de que la esencia del mensaje cristiano es justamente todo lo contrario: el creyente sincero llama a todos los hombres para que compartan su fe, en cambio, el legalista rechaza a todos los hombres que no comparten su misma fe.

Jesús dijo: *Dejad que vengan a mí...,* mientras el creyente legalista replica: *Sea anatema si no viene a mí.* La aplicación estricta de la ley o de los preceptos divinos, se antepone a cualquier otra consideración. La ortodoxia es la tentación de la intransigencia, a la que pocos creyentes logran resistirse. Se pretende volver a las prácticas del Cristianismo primitivo, y esto generalmente es bueno, pero lo que la mayoría de tales grupos exclusivistas parecen desconocer es cómo era, en realidad, el Cristianismo primitivo. ¿Se trataba de un movimiento ortodoxo o heterodoxo? ¿Era un Cristianismo monolítico o plural? ¿Permanecían los primeros creyentes unidos por medio de una misma doctrina y unas costumbres idénticas o había división entre ellos respecto a tales asuntos?

1. Pluralidad de la Iglesia primitiva.

El movimiento cristiano primitivo no fue en absoluto monolítico, sino muy plural. La Iglesia cristiana del *Nuevo Testamento* se caracterizó por presentar el doble aspecto de su pluralidad y, a la vez, de su unidad. Veamos primero algunos rasgos de su pluralismo:

1.1. La comunidad estrictamente judía.

La primitiva comunidad de Jerusalén era estrictamente judía y, como tal, observaba fielmente los preceptos del Judaísmo, tales como el respeto absoluto de la ley, la celebración del culto en la sinagoga por medio de una liturgia simple, la práctica de la circuncisión a todos los varones, así como otras costumbres de su propia cultura. Pero pronto apareció en el seno de esta comunidad un grupo de judeocristianos helenistas que no eran menos judíos que los demás, pero que, por haber vivido en Grecia, eran de habla griega y de cultura algo distinta; acostumbrados a una religiosidad espiritualista, a los sacramentos y a los cultos recargados con una liturgia más compleja.

Esto creó ciertos problemas internos, y los apóstoles decidieron nombrar algunos judeohelenistas como responsables de su propio grupo, según vemos en el capítulo sexto de los *Hechos de los Apóstoles*. Se eligió a siete varones: Esteban, Felipe, Prócoro, Nicanor, Timón, Pármenas y Nicolás. La primera persecución contra los cristianos no afectó más que al grupo de los helenistas, probablemente, porque las autoridades judías los veían como demasiado liberales. Pero lo que está claro es que los otros cristianos, los judeocristianos semitas, entre los cuales estaban los propios apóstoles, no tuvieron mayores dificultades, y permanecieron en la ciudad, mientras que los cristianos helenistas tuvieron que salir huyendo, (Hch. 8: 1-3): *En aquel día hubo una gran persecución contra la iglesia que estaba en Jerusalén; y todos fueron esparcidos por las tierras de Judea y de Samaria, salvo los apóstoles.*

Al principio, parece que el líder más representativo de la Iglesia de Jerusalén fue Pedro; pero pronto fue sustituido por Santiago, el hermano del Señor. Se trataba de una Iglesia cristiana que todavía había acentuado más su Judaísmo, si es que puede hablarse así, después de la huida de los helenistas.

1.2. Los judeocristianos helenistas.

Los judeocristianos helenistas que marcharon hacia el Norte, por su parte, fueron predicando el *Evangelio* por todos los territorios que atravesaron hasta que llegaron a Antioquia de Siria. Allí establecieron una Iglesia abierta a los gentiles y en la que no se pretendía someter a nadie a la ley del *Antiguo Testamento*. Se trataba de una Iglesia más carismática, con una organización diferente a la de Jerusalén, que no estaba dirigida por un colegio de presbíteros, sino por *profetas y maestros*, como nos relata *Hechos,* 13: 1-2.

Es muy importante observar que Jerusalén y Antioquia fueron las dos grandes Iglesias del Cristianismo primitivo, pero ambas de características muy diferentes. La de Jerusalén fue una Iglesia judeocristiana rigurosa y fiel a todas las normas del Judaísmo; mientras que la de Antioquia, en cambio, fue una Iglesia misionera abierta a los paganos, a los que no se les obligaba a someterse a la circuncisión, ni a las normas del *Antiguo Testamento.*

1.3. El Concilio de Jerusalén.

Si reflexionamos un poco al respecto, podemos preguntarnos: ¿cómo podían estar en comunión iglesias tan diferentes? Precisamente, sabemos que tuvieron que trabajar para lograrlo. Con el fin de resolver este asunto se celebró el Concilio de Jerusalén, que fue una asamblea de las dos iglesias, la de Jerusalén y la de Antioquia. El capítulo 15 de *Hechos* y el 2 de la *carta a los Gálatas* nos hablan de este Concilio. Al final, la iglesia de Jerusalén aceptó la legitimidad del Cristianismo de la iglesia de Antioquia, es decir, se llegó a la conclusión de que la unidad de la Iglesia se basaba no en la unificación, sino en el reconocimiento de lo diferente. No en la homogeneidad, sino en la pluralidad. No en que todos los creyentes fueran iguales, o que tuvieran que someterse a la misma cultura, a la misma lengua, a las mismas tradiciones y pensaran siempre igual sobre asuntos secundarios, sino precisamente todo lo contrario.

Se entendió que la diversidad era enriquecedora, que el *Evangelio* tenía que *inculturarse* es decir, introducirse en todas las culturas para transmitir adecuadamente los valores cristianos. Hoy podemos decir que, seguramente, la decisión que tomó esta asamblea de Jerusalén fue la más importante que ha tomado la Iglesia en toda su historia, porque sentó las bases para superar una religión étnica y local, y para que el Cristianismo llegara a ser auténticamente universal. Se pasó, así, de lo que podríamos llamar una "visión centrípeta", ya que los judíos esperaban la peregrinación de todos los pueblos a Sion, a una "visión centrífuga", es decir, el Evangelio tenía que difundirse y llegar "hasta lo último de la Tierra".

1.4. Diferentes comunidades.

Dentro del *Nuevo Testamento*, como hemos dicho, encontramos comunidades muy diferentes. Las iglesias paulinas, caracterizadas por su espíritu misionero y su voluntad de encarnarse en el mundo; las iglesias que reivindicaban el nombre del apóstol Juan, que rechazaban el contacto con el mundo y se cerraban sobre sí mismas; la comunidad de Mateo, que podríamos decir que era como un término medio, o un ensayo de síntesis, entre las iglesias judeocristianas y las pagano-cristianas; y, si se tienen en cuenta las comunidades que conocemos por los llamados evangelios apócrifos, y en general, la literatura apócrifa, el abanico del pluralismo se amplía enormemente.

2. Unidad en la diversidad.

Sin embargo, a pesar de este evidente pluralismo, la Iglesia primitiva supo fundamentar también su unidad, en la persona de Jesucristo y en los escritos que consideró canónicos, es decir, inspirados por Dios. La diversidad, lejos de ser un mal, manifestaba vitalidad y participación personal, pero por debajo de ella había una profunda unidad. En la Iglesia primitiva se detecta una voluntad decidida por mantener la comunión entre las distintas congregaciones, así como en el interior de cada una de ellas. Hay una conciencia de pertenencia a la única Iglesia de Dios. Como explica Pablo: *Hay diversidad de carismas y de dones, pero el Espíritu es el mismo. Hay diversidad de ministerios, pero el Señor es el mismo. Y hay diversidad de operaciones, pero Dios, que hace todas las cosas en todos, es el mismo* (1 Co. 12: 4-6).

La base de la unidad de la Iglesia primitiva fue siempre la vida, la muerte y la resurrección de Jesucristo, pero esto no quiere decir que no tuvieran problemas.

Los hubo. Especialmente en la iglesia de Corinto hubo divisiones. En la primera epístola de Pablo a los corintios, capítulo primero, versículos 12 y 13, Pablo
escribe: *Quiero decir, que cada uno de vosotros dice: Yo soy de Pablo; y yo soy de Apolo;
y yo de Cefas; y yo de Cristo. ¿Acaso está dividido Cristo? ¿Fue crucificado Pablo por
vosotros? ¿O fuisteis bautizados en el nombre de Pablo?* Probablemente una de las
causas de estas divisiones se debía a la existencia en Corinto de diversas iglesias
domésticas, cada una de las cuales se remontaba a un fundador distinto a quien
se recurría para legitimar la propia historia.

¿No le ha ocurrido algo parecido al protestantismo español y latinoameri-
cano, con los misioneros extranjeros y del propio país, así como con las distintas denominaciones y estilos de culto que éstas introdujeron? Pero volvamos a
la palabra de Dios. La primera carta de Pablo a los corintios podría llamarse
el escrito de la diversidad. En ella se fomenta el pluralismo, pero, a la vez, se
promueve la unidad profunda, pero eso sí, se podan con energía los brotes que
la ponen en peligro. Brotes como el "capillismo", las rivalidades espirituales, el
desprecio de los débiles y los pobres, el engreimiento o el elitismo espiritual.
Hay aquí una importante enseñanza, y es que, cuando se idolatra a un líder
con carisma, y uno se identifica totalmente con él, existe el peligro de olvidar la
centralidad de Cristo resucitado. Cuando el espíritu de grupo y la mentalidad
sectaria y exclusivista prevalecen, se descompone la unidad de la Iglesia, y aparece una jerga privada, un lenguaje exclusivo, que está más cerca del lenguaje
de Babel que del de Pentecostés. De ahí que Pablo diga: *que habléis todos una
misma cosa.* Es decir, dejad de hablar diferentes lenguajes y volved a hablar
todos la lengua del Maestro, que es la de la unidad.

Cuando algunos creyentes decían ser de Pablo, *yo soy de Pablo*, el apóstol,
en vez de sentirse halagado, experimentaba todo lo contrario, se contrariaba
y enfadaba. ¡Ojalá todos los líderes supieran rechazar, como Pablo, el fanatismo de sus seguidores! ¡Qué eficaz sería para el reino de Dios que, en vez
de buscar el culto a la personalidad y los aplausos del clan, promoviesen la
adoración al único Señor del universo! Creo que en las palabras de Pablo hay
un cierto sentimiento de amargura, como si dijera: "¡Qué pena! ¡Todas esas
riquezas, todos esos dones, todas esas energías, en vez de convertirse en un
patrimonio común compartido en la fraternidad, se utilizan de forma individualista, se explotan en un ambiente mezquino de competitividad! ¡Cuántas
ocasiones fallidas, cuántas energías inutilizadas, cuántos recursos gastados en
fines mezquinos! ¡Con todo lo que hay que hacer, y nos entretenemos en discusiones y en competencias partidistas!".

Es natural que haya líderes dotados de una fascinación especial, que sean fundadores y dirigentes creativos, pero éstos, aunque desempeñen una función útil,

tienen que acordarse, y sobre todo recordar a los demás, que no son más que hombres. Tienen que evitar que su presencia corte el camino hacia Cristo. No se trata de eliminar las diversidades o la variedad dentro de la Iglesia, sino de reconocer que lo realmente importante, lo que une a todos los creyentes, es el lenguaje silencioso de la cruz.

3. El ejemplo del *Nuevo Testamento*.

Las congregaciones cristianas que aparecen en el *Nuevo Testamento* nos dan ejemplo de pluralismo, pero también de unidad dentro de la Iglesia. Sin embargo, vemos también como el exclusivismo, en algunos momentos, les llevó al sectarismo, la intransigencia y la división. Siempre que esto ocurría era por culpa de los individualismos y, como consecuencia, el nombre de Jesucristo era silenciado. Pablo y los demás apóstoles lucharon frecuentemente contra tales actitudes.

En nuestro tiempo, los cristianos no estamos, ni mucho menos, exentos de caer en los mismos males. Debemos, por tanto, pedirle al Señor sabiduría, tolerancia y respeto hacia la fe sincera de los demás, para que, como escribe Pablo: *nuestra fe no esté fundada en la sabiduría de los hombres, sino en el poder de Dios* (1 Co. 2:5).

44
El cuerpo como templo

1 Co. 6: 19-20 (12-20); Ro. 12: 1-2.

¿O ignoráis que vuestro cuerpo es templo del Espíritu Santo,
el cual está en vosotros, el cual tenéis de Dios,
y que no sois vuestros?
Porque habéis sido comprados por precio;
glorificad, pues, a Dios en vuestro cuerpo
y en vuestro espíritu, los cuales son de Dios.

ESQUEMA

1. Visión bíblica del cuerpo humano.

    1.1. No es lo mismo el alimento que el sexo.
    1.2. La profanación del cuerpo del cristiano.

2. El cuerpo como imagen de Dios.

3. Ni ascetismo ni culto al cuerpo.

CONTENIDO

Decía el poeta griego, Palladas, cuatro siglos antes de Cristo, que *el cuerpo es una aflicción del alma; es su infierno, su fatalidad, su carga, su necesidad, su cadena pesada, su atormentador castigo.* Otro filósofo, Epicteto, se refería a sí mismo como: *una pobre alma encadenada a un cadáver.* Los griegos siempre despreciaron sus cuerpos. Este pensamiento arraigó en Occidente y, Teresa de Jesús, por ejemplo, se referiría muchos siglos después al cuerpo como la cárcel del alma. Gran parte del Cristianismo oficial defendió durante siglos este tipo de creencia. Muchas personas, que se consideraban a sí mismas como cristianas y espirituales, manifestaban un evidente desprecio hacia todo lo físico y corporal. Lo aceptaban como a un enemigo que había que combatir, castigar y humillar constantemente, porque creían que los apetitos sexuales eran casi siempre pecaminosos. No disfrutaban de su dimensión corporal ya que se consideraban obligados a albergar un alma noble, dentro de una sucia prisión corporal.

Sin embargo, como escribió Pascal: *Quien se cree hacer el ángel, termina por hacer la bestia.* ¿Qué ha ocurrido en nuestro tiempo con estas concepciones que infravaloraban todo lo corporal? Pues que se ha pasado al extremo opuesto: de la infravaloración a la supervaloración o mitificación del cuerpo. Estamos asistiendo hoy a una veneración de todo lo corporal, a un verdadero culto al cuerpo. El cuerpo humano ya no se considera hoy como la cárcel del alma, sino como la totalidad de la persona. Actualmente, se exhibe sin pudor el desnudo corporal. La obsesión por guardar la línea, la dieta adecuada, los chequeos médicos, la eliminación de las arrugas, los masajes, el gimnasio, los deportes y tantos otros cuidados, evidencian esta especie de religión del cuerpo.

De la prohibición enfermiza y puritana hacia todo lo erótico, se ha pasado al amor libre y al Hedonismo sexual. La dualidad típica de la antropología clásica, cuerpo y alma, se ha desvanecido. El cuerpo ha asesinado al espíritu como Caín hizo con su hermano Abel. Hoy los cuerpos viven errantes, solitarios, extranjeros sobre la Tierra, porque se ven como lo único que queda de las personas y se lucha por prolongar su buena imagen, su belleza y longevidad. Cuando se deja de creer en la existencia del alma, resurge con fuerza el culto al cuerpo.

1. Visión bíblica del cuerpo humano.

Pues, ni lo uno, ni lo otro. La *Biblia* no apoya ni el dualismo platónico de antaño, ni el monismo materialista contemporáneo, ni la infravaloración del cuerpo, ni el culto o la mitificación del mismo. Veamos lo que dice Pablo acerca del cuerpo de los creyentes en la primera epístola a los *Corintios*: *Todas las cosas me son lícitas, mas no todas convienen; todas las cosas me son lícitas, mas yo no me dejaré dominar de ninguna* (6: 12). Algunos corintios apelaban a la libertad cristiana para justificar su comportamiento sexual equivocado.

Para comprender el alcance de estas palabras del apóstol hay que entender cómo era la ciudad de Corinto en aquella época. Se trataba del mayor puerto de mar de toda Grecia, pero también era la ciudad más inmoral del mundo antiguo. Hablar de una "muchacha de Corinto" era referirse a una meretriz o prostituta. En el santuario pagano de la diosa Afrodita se practicaba la prostitución sagrada. El historiador Estrabón cuenta que en la época de Pablo había allí unas mil prostitutas sagradas. Por tanto, se trataba de una localidad donde era muy fácil llevar una vida sexual opuesta a la moral cristiana.

Al parecer, ciertos creyentes, conversos del paganismo griego, habían tergiversado las propias palabras del apóstol, para adecuarlas a sus costumbres y seguir viviendo como siempre. Estos gentiles conversos manipularon la doctrina de la libertad cristiana, que predicaba Pablo, con el fin de continuar cometiendo las inmoralidades propias de su antigua religión. Tales creyentes pertenecían a la corriente de los gnósticos, una secta que mezclaba filosofías paganas con astrología y ciertas doctrinas del Cristianismo. Eran dualistas, es decir, creían que la materia era mala y el espíritu bueno. Por tanto, pensaban que Cristo no había sido verdaderamente un ser humano de carne y hueso. Decían poseer unos conocimientos espirituales secretos que les hacían superiores al resto de los cristianos.

Tergiversando ciertos textos paulinos, llegaban a flagrantes aberraciones espirituales. Versículos como los siguientes, en los que Pablo se refiere a la comida y al hermano débil: *[...] nada es inmundo en sí mismo; mas para el que piensa que algo es inmundo, para él lo es* (Ro. 14: 14). Y en Tito: *Todas las cosas son puras para los puros, mas para los corrompidos e incrédulos nada les es puro* (1:15). Los gnósticos decían que ellos eran puros y espirituales porque habían recibido el Espíritu Santo y que, por tanto, lo que hicieran con su cuerpo no importaba. De ahí que Pablo les responda: *Todas las cosas me son lícitas, mas no todas convienen [...] las viandas para el vientre, y el vientre para las viandas; pero tanto al uno como a las otras destruirá Dios. Pero el cuerpo no es para fornicación, sino para el Señor, y el Señor para el cuerpo* (v. 12 y 13).

Ellos, por el contrario, insistían en que la relación sexual no era otra cosa que la satisfacción de un apetito natural, tan lícito como comer o beber; si uno podía cambiar de comida cuando quería, ¿por qué no iba también a poder tener relaciones sexuales con las mujeres o los varones que quisiera? ¿Acaso no estaba hecho el cuerpo para sus instintos? ¿No era el cuerpo suyo y podían hacer con él lo que les diera la gana? En nuestros días, hay también quien propone tales argumentos, así como esta misma ideología del amor libre o de la autonomía personal. Sin embargo, Pablo refuta este grave error apelando a la dignidad humana y al papel del cuerpo de cada cristiano, en el plan divino de la salvación.

Comer y beber son necesidades biológicas imprescindibles para la vida física, pero tanto los alimentos como el aparato digestivo son cosas pasajeras, llegará el día en que ambos pasarán y ya no tendrán lugar en el más allá. Por el contrario, el cuerpo, la personalidad, el propio ser humano como una totalidad, no perecerá. El cuerpo del creyente está destinado a la glorificación, a convertirse en cuerpo espiritual (1 Co. 15: 44): *Se siembra cuerpo animal, resucitará cuerpo espiritual*; Dios ha destinado los alimentos, las bebidas y el sexo para que el ser humano los use sabiamente. Pero este uso puede ser lícito o ilícito. Comer cuando se tiene hambre es lícito, pero la glotonería es un error. Beber moderadamente, como hizo el propio Jesús en algunas ocasiones, es lícito, pero la embriaguez es una equivocación. Tener relaciones sexuales entre los esposos es lo adecuado y necesario, pero la fornicación, el sexo fuera del matrimonio, la promiscuidad, el trato con prostitutas, no pueden tener cabida en la vida del creyente. Ni era lo correcto en los días de Pablo, ni en nuestra época, por mucho que hayan cambiado los tiempos. Veamos por qué y cuáles son las razones que da Pablo.

1.1. No es lo mismo el alimento que el sexo.

Volvamos a leer el versículo 13 en la versión bíblica *Dios Habla Hoy*: *La comida es para el estómago, y el estómago para la comida... En cambio, no es verdad que el cuerpo sea para la inmoralidad sexual... El cuerpo es para el Señor*. El alimento es materia necesaria que entra y sale del cuerpo para nutrirlo, pero la relación sexual implica la unión íntima de dos personas. Si es una unión ilícita, que sólo busca el placer egoísta momentáneo o el comercio económico del cuerpo, como ocurre con la fornicación, tal unión profana la unión entre Cristo y el cuerpo de los cristianos. El cuerpo de todo cristiano es miembro del cuerpo de Cristo. El versículo 15 se pregunta: *¿No sabéis que vuestros cuerpos son miembros de Cristo? ¿Quitaré, pues, los miembros de Cristo y los haré miembros de una ramera? De ningún modo.*

La malicia de la fornicación consiste en establecer una relación personal corporal que se opone a la relación del cristiano con Cristo. Es como unir a los miembros de Cristo en una relación íntima con una prostituta, al hacerse un sólo cuerpo con ella. El o la creyente que cae en la fornicación, no sólo es infiel a su esposa o esposo, sino también al propio Señor Jesucristo. El fornicario se degrada a sí mismo y peca contra su propio cuerpo. Por eso, Pablo dice en el versículo 18: *Huid de la fornicación. Cualquier otro pecado que el hombre cometa, está fuera del cuerpo; más el que fornica, contra su propio cuerpo peca.*

1.2. La profanación del cuerpo del cristiano.

Cuando se profana el cuerpo del cristiano, se viola algo sagrado. Es como si se mancillara un templo. El creyente puede ser considerado como un sacerdote en el templo de su propio cuerpo, pues en ese santuario particular sirve a Dios y aparta todo aquello que pudiera profanarlo. Véase el versículo 19: *¿O ignoráis* *que vuestro cuerpo es templo del Espíritu Santo, el cual está en vosotros, el cual tenéis de Dios, y que no sois vuestros?*

Ciertas corrientes, hoy en boga, como el feminismo, afirman lo que se llama el "principio de pro-opción". Es decir, se argumenta que, por ejemplo, una mujer tiene el derecho de utilizar su propio cuerpo como ella elija. Con esta idea se defiende que la mujer tiene derecho al aborto libre. Claro que, aquí, habría que preguntarse, también, ¿y el feto? ¿Tiene algún derecho a continuar con su vida? ¿Existe conflicto entre el derecho de la madre y el del embrión, que constituye otra persona en potencia? La Palabra de Dios dice, sin embargo, que el cuerpo del cristiano pertenece a Dios, porque es templo donde habita el Espíritu Santo. No existe en el mundo un ser humano que se haya hecho a sí mismo. Somos, por tanto, propiedad de Dios, y no debemos utilizar nuestro cuerpo como nos parezca, sino con arreglo a la voluntad del Creador.

2. El cuerpo como imagen de Dios.

La *Biblia* enseña que la dignidad humana afecta al hombre completo, y no sólo a una dimensión de éste. Ciertas teologías equivocadas han defendido que la imagen de Dios, el reflejo divino, únicamente se podía manifestar en la espiritualidad, en aquello que generalmente se entiende por alma. Pero la *Escritura* jamás apoya esta interpretación, sino que nos enseña que también el cuerpo físico es imagen de Dios. Se trata, en realidad, del hombre total con sus capacidades materiales, psíquicas y espirituales, quien constituye esa singular estatua que representa al Creador en este mundo. Igual que los césares de la Roma antigua se construían estatuas de sí mismos, que llevaban a las lejanas tierras conquistadas, con el fin de que todo súbdito supiera quien gobernaba allí, cada criatura humana, esté donde esté y sea quien sea, es en realidad una imagen del Dios vivo que nos creó por amor.

Mientras aquellos falsos maestros que se enfrentaban a Pablo sostenían que lo que se hiciera con el cuerpo carecía de importancia, en la perspectiva de la eternidad, el apóstol defendía, por el contrario, que el cuerpo y todo lo relacionado con él, como el comportamiento sexual, no podía separarse de la personalidad total del ser humano. Pablo entendía que el cuerpo de los creyentes posee una incomparable dignidad, por ser la morada del Espíritu Santo.

Nuestro cuerpo es, pues, un don de Dios que debemos cuidar responsablemente y tratar de manera sabia, ya que no nos pertenece. El creyente pertenece al Señor con todo su ser, puesto que ha sido comprado "por precio": *Porque habéis sido comprados por precio; glorificad, pues, a Dios en vuestro cuerpo y en vuestro espíritu, los cuales son de Dios* (1 Co. 6: 20).

3. Ni ascetismo ni culto al cuerpo.

De manera que la *Biblia* rechaza tanto el ascetismo masoquista de antaño, que procuraba el desprecio del cuerpo, como la divinización del sexo y el culto al cuerpo contemporáneo. Dios tiene una predilección especial por el cuerpo del creyente. El templo en el que le gusta instalarse es el representado por nuestro cuerpo. Por eso Pablo dice en *Romanos*: *Así que, hermanos, os ruego por las misericordias de Dios, que presentéis vuestros cuerpos en sacrificio vivo, santo, agradable a Dios, que es vuestro culto racional. No os conforméis a este siglo, sino transformaos por medio de la renovación de vuestro entendimiento* (12: 1-2).

La unidad de la Iglesia, de la comunidad cristiana, exige que cada cual se esfuerce y sacrifique por superar el mal con el bien. Cuando el creyente se esfuerza por hacer lo que es justo en su cuerpo, en su vida, en su familia y en la iglesia, está dándole a su existencia un sentido cultual (de culto). Dice Pablo que éste es el auténtico culto racional, el de la razón. El culto no consiste en pasar lista durante los cincuenta y dos domingos del año para saber quién ha asistido o ha faltado. Entre otras cosas, porque la asistencia a la iglesia es un privilegio, no un martirio. Tampoco consiste, el culto racional, en saberse toda la himnología, antigua y moderna; no es el sacrificio de ningún animal muerto, como hacían los judíos; no se trata de un diezmo económico o de una ofrenda de tiempo. Se refiere al sacrificio vivo, es decir, de la propia existencia. El verdadero culto espiritual es el que se rinde con el cuerpo. Y, me atrevería a decir, que el clímax, la culminación, de este culto del cuerpo se da en el servicio prestado a los demás, sobre todo al débil, al enfermo, al anciano y al pobre.

Por tanto, hermanos, glorifiquemos a Dios, en nuestro cuerpo y en nuestro espíritu, los cuales son de Dios. ¡Que ésta sea siempre una norma de conducta a lo largo de nuestra vida cristiana!

45
¿Qué es la Iglesia?

1 Co. 12: 12, 13 y 27 (12-27)

Porque así como el cuerpo es uno,
y tiene muchos miembros,
pero todos los miembros del cuerpo, siendo muchos,
son un solo cuerpo, así también Cristo.
Porque por un solo Espíritu fuimos todos bautizados en un cuerpo,
sean judíos o griegos, sean esclavos o libres;
y a todos se nos dio a beber de un mismo Espíritu...
Vosotros, pues, sois el cuerpo de Cristo.

ESQUEMA

1. Aquello que no es la Iglesia.

    1.1. No es un teatro.

    1.2. No es un hospital.

    1.3. La Iglesia no vende pasajes al cielo.

    1.4. No es un club social.

2. El término *ekklesía* en la *Biblia*.

3. Características de la Iglesia cristiana.

4. La Iglesia no es una comunidad uniforme ni homogénea.

5. La Iglesia debe existir en libertad.

6. Comunión implica corresponsabilidad.

7. Todos tiramos de la misma red.

CONTENIDO

La palabra *iglesia* deriva del verbo griego *kaléo*, que significa "llamar". En su uso común se utilizaba con el prefijo *ek* y entonces significaba la reunión de los ciudadanos que gozaban de capacidad jurídica. Posteriormente, en el *Nuevo Testamento*, pasó a representar al pueblo de los creyentes dispersos por todo el mundo que se reúnen en el nombre del Padre, del Hijo y del Espíritu Santo. A partir de este nombre griego se derivó el latino *Ecclesia*, del cual surgieron los otros nombres en las lenguas latinas.

1. Aquello que no es la Iglesia.

1.1. No es un teatro.
La celebración del culto cristiano no es un espectáculo por el que el individuo paga para entretenerse durante el domingo. Aunque en dicho acto se dé una liturgia que crea cierta expectación, un ritual, una música, unos cantos, una predicación pública, que incluso pueda atraer a la gente, la ceremonia que esto podría representar no constituye en sí la Iglesia. Incluso, aunque algunos cultos se transmitan por televisión y al pastor se le maquille, la Iglesia de Jesucristo no es un teatro, ni un cine, ni un plató televisivo, ni nada que se parezca a una sala de fiestas.

1.2. No es un hospital.
Es verdad que los enfermos del alma y del espíritu pueden hallar consuelo y pueden recuperarse completamente, cuando se arrepienten de sus errores y se acogen a la cruz de Cristo, pero la misión de la Iglesia no consiste sólo en sanar, sino sobre todo en extender el reino de Dios en la Tierra. Es cierto que muchos de los que entran por primera vez en una comunidad cristiana lo hacen motivados por el dolor del cuerpo y del espíritu, o por la necesidad que tienen de afecto y consuelo, pero una vez convertidos y solucionado su problema, no pueden estar siempre pidiendo. Un cristiano nacido de nuevo tiene que empezar a dar, tiene que aprender a compartir, a darse a sí mismo y a evangelizar. Una Iglesia formada por personas que sólo se quejan, que sólo demandan de los demás, es una Iglesia anómala y enferma.

1.3. La Iglesia no vende pasajes para el cielo.

La Iglesia no es tampoco una agencia de viajes que se dedica a distribuir pasajes para el cielo. Esa mentalidad que piensa: "¡Bueno yo ya tengo mi pasaje, mi pasaporte y mi visado, me he convertido, me han bautizado y participo de la mesa del Señor! ¡Ahora estoy en la sala de espera de la Iglesia, aguardando que salga mi vuelo hacia la eternidad! ¿Y qué pasa con aquellos que todavía no tienen el billete? ¡Ah, es su problema, que busquen la forma de obtenerlo cuanto antes!" No, la Iglesia no es una sala de espera hacia la eternidad.

1.4. No es un club social.

Un club privado al que se asiste con el único fin de saludar a los amigos y comer con ellos, no es tampoco una buena imagen de lo que es la Iglesia. Por supuesto que en ella se desarrollan las relaciones fraternales y tiene lugar el ágape cristiano (las comidas en hermandad, meriendas de damas, cenas de fin de año, y demás), pero estas celebraciones no constituyen la finalidad última de la comunidad cristiana. Pueden ser un medio, pero nunca un fin.

Como consecuencia de tales concepciones erróneas, que no son más que una caricatura de lo que debe ser la Iglesia, cuando se predica el evangelio en ciertas comunidades, es más fácil captar el bostezo que la reflexión, la alegría o el llanto. Al enseñar que la razón de ser de la Iglesia es presentar continuamente a Cristo, tales asambleas reaccionan poniéndose tapones de cera invisibles en los oídos para que el mensaje no llegue al corazón. Ciertos oyentes sustancialmente sordos, no pueden ser sino profetas mudos. Gente inmovilizada, porque nada se mueve dentro. No cambia nada. De este modo, al disolverse cada domingo la asamblea, uno podría preguntarse si de verdad se ha reunido, pues en muchas ocasiones no se ha dado el encuentro ni con la Palabra del Señor, ni entre los miembros de la propia comunidad. ¿Pueden llamarse estas reuniones "cultos de la Iglesia"? ¿Qué es en realidad la Iglesia de Jesucristo?

2. El término *ekklesía* en la *Biblia*.

Tal como hemos visto, el término *ekklesía* significa textualmente "llamamiento", "llamados aparte" o "convocar". Se empleó también para movilizar al ejército y, en el siglo V a. C., se usaba en términos políticos para referirse a la asamblea plenaria de los ciudadanos en plenitud de derechos que se reunían para elegir a sus representantes y aprobar las leyes.

Más tarde, en el siglo III a. C., cuando se hizo la traducción del *Antiguo Testamento* al griego, en la llamada versión de los 70, se denominó *ekklesía* a la reunión litúrgica del pueblo de Israel (el *gahal* de Yahvé). De manera que el concepto de Iglesia, como pueblo de Dios, ya existía en el *Antiguo Testamento*, muchos años antes del nacimiento de Jesucristo. Los cristianos, en continuidad con el pueblo de Dios, no emplearon la palabra "sinagoga" (*gahal*), debido a sus connotaciones judías, ya que significa textualmente "asamblea local" o "casa del Judaísmo", sino que prefirieron el término "iglesia", como asamblea convocada por Dios en Jesucristo.

Por tanto, podemos decir que el concepto cristiano *iglesia* es la plenitud del concepto judío *gahal* (sinagoga). Y le dieron al término un doble significado: el de las comunidades locales (domésticas, de la misma ciudad) y el de la Iglesia universal esparcida por todo el mundo, heredera del pueblo de Dios del *Antiguo Testamento*.

3. Características de la Iglesia cristiana.

La Iglesia es, pues, la comunidad de los que están dispuestos a vivir en el pueblo de Dios, congregado por Jesús y santificado por su muerte en la cruz. Si quisiéramos ser estrictos y rigurosos, podríamos decir que Jesús no fundó la Iglesia, ya que esta existía como "pueblo de Dios", pero sí que puso los fundamentos del "nuevo pueblo de Dios", al restaurar la comunidad del verdadero Israel; por tanto, el fundamento de la Iglesia es Jesucristo, el Señor.

La Iglesia cristiana, como tal, se hace presente por primera vez con la fe de los discípulos de Jesús, cuando el Espíritu desciende sobre una comunidad que ya existía. En el *Nuevo Testamento*, a la Iglesia se la llama: "pueblo de Dios"; sus miembros son los "elegidos", "llamados", "hermanos" o "santos". Aunque prevalecerá el nombre de "cristianos", como discípulos de Cristo.

De manera que "los cristianos son la Iglesia, no están en la Iglesia". Las cuatro paredes no son la Iglesia en la perspectiva del *Nuevo Testamento*, sino que son los creyentes quienes constituyen la Iglesia. Esta se edifica en el mundo mediante el Espíritu de Dios y el ejercicio de los diferentes dones, servicios y ministerios de la comunidad de fieles. La Iglesia es siempre una comunidad basada en la fraternidad, pluralista en sus relaciones, pero con unos elementos comunes. Su misión primordial es la evangelización para la conversión de judíos y gentiles, es decir, de todo el mundo.

La Iglesia cristiana podría definirse como la comunidad de creyentes convertidos por la palabra evangélica e incorporados por el bautismo, que celebran la nueva alianza en el partimiento del pan, llamado también mesa del Señor, y son testigos en el mundo de la salvación de Dios realizada por Jesucristo, a través de los diferentes servicios y ministerios.

Las primeras comunidades cristianas, tanto en el mundo helénico como en el judío, nacen en un ambiente económico, social, político y cultural inferior. Viven como pequeñas fraternidades en medio de grupos humanos más marginados. La mayoría de los creyentes, que son llamados por la predicación misionera del apóstol Pablo, por ejemplo, se reúnen en casas familiares, y vemos que existen entre ellos profundas diferencias socioeconómicas, entre libres y esclavos; políticas, entre ciudadanos y extranjeros; raciales, entre bárbaros y escitas; sexuales, entre hombres y mujeres; religiosas, entre judíos y griegos; pero todos se sienten unidos como hijos y hermanos, en una misma casa y en una misma familia. Todos reunidos se edificaban leyendo las cartas de Pablo, proclamando el Evangelio de Jesucristo, y después del ósculo santo, el beso fraternal, cenaban juntos en torno a la mesa del Señor.

La Iglesia parece una familia de familias porque su fermentación, crecimiento y desarrollo, se produce en primer lugar, en el ámbito familiar.

4. La Iglesia no es una comunidad uniforme ni homogénea.

Su unidad no puede ni debe ser uniformidad. En la Iglesia coexisten distintas procedencias, posiblemente con distintas culturas, idiomas, idiosincrasias y peculiaridades. Y en el futuro habrá aún más, debido al fenómeno de la inmigración. La Iglesia está llamada a la pluralidad, a la diversidad y no a la uniformidad. Pero, a la vez, lo que nos iguala a todos, aquello que nos hace converger en el mismo punto, es el "ser en Cristo". Esta es la idea de comunidad como "persona colectiva", como "uno en Cristo" con un mismo sentir y un mismo rumbo: *Ya no hay judío ni griego; no hay esclavo ni libre; no hay varón ni mujer; porque todos vosotros sois uno en Cristo* (Gá. 3: 28). La Iglesia es visible en el culto y en la acción de los unos para los otros. Pero es también invisible como "cuerpo de Cristo" universal.

5. La Iglesia debe existir en libertad.

La Iglesia no existe en sí misma, ni por sí misma, ni para sí misma. La Iglesia existe en el Señor Jesucristo, es decir, en su Señor, por su Señor y para su Señor. Esto significa que la Iglesia existe para el mundo, porque es a éste a quien ha de transmitir el mensaje de la reconciliación que viene de Dios. Por tanto, la Iglesia debe existir en plena libertad bajo el señorío de Cristo.

Desgraciadamente, muchas veces la Iglesia ha querido aliarse con el poder político, y lo ha hecho, y lo sigue haciendo, pero, cuando se une a los Estados, ¿no corre el peligro de perder su libertad, de entumecerse, de anquilosarse, de faltar a su propósito? Cuando se establecen alianzas políticas, ¿no se está pasando por alto que la Iglesia trata de seguir a Cristo, es decir, a alguien a quien las autoridades humanas crucificaron fuera, ante las puertas de la ciudad? Las congregaciones cristianas deben recordar siempre que hay que dar al César lo que es del César y a Dios lo que es de Dios; Iglesia y Estado pueden colaborar, pero nunca fusionarse.

6. Comunión implica corresponsabilidad.

Pablo habla acerca de una comunidad en la que todos aparecen empeñados en una tarea común, aunque cada uno posea su propia función específica. La comunión entre las personas determina una corresponsabilidad, es decir, "todos somos responsables de todos". Esto se traduce en una bien articulada variedad de ministerios. Conviene recordar, siempre, que estos ministerios no son dignidades o grandezas, no son superioridades de unos sobre otros, en clave humana, sino funciones, servicios, tareas y trabajo: *El más grande será vuestro servidor.* En la base de todo está la igualdad, el sacerdocio universal de los creyentes, el "todos somos sacerdotes" delante de Dios. Entonces la "comunión" se vuelve "misión común" y nadie puede echarse atrás o hacerse dimisionario o delegar en otros, tareas que afectan a toda la comunidad. La participación es la ley y el dinamismo de la Iglesia cristiana.

7. Todos tiramos de la misma red.

En la Costa de los Esclavos, a pocos kilómetros de la capital del Togo, en África Occidental, es frecuente ver en el mar grupos de pescadores echando la red para pescar. Lo primero que sorprende es que, habitualmente, hay dos grupos de pescadores muy alejados entre sí y que, a primera vista, dan la impresión de no conocerse. Incluso, parece que se hacen la competencia y se afanan por ver quien pesca más. Pero, a medida que avanza el trabajo, se cae en la cuenta de que, en realidad, están comprometidos en la misma operación. En efecto, no sólo la red es traída hasta la orilla, sino que los dos grupos se acercan hasta juntarse. Se trata de la misma red que al final recuperan repleta de peces.

Otra sorpresa es que cada grupo tiene una composición heterogénea: hombres, mujeres, niños, personas muy ancianas y jóvenes robustos. Todo el poblado está en la playa, todos trabajan juntos agarrados a la misma cuerda. Todos sin excepción tirando según las fuerzas de cada cual. A veces, alguno de los jóvenes tropieza y cae en la arena, pero la persona que está detrás le da la mano, lo levanta y éste sigue tirando alegremente. Al final, todos participan en el reparto de los peces y llegan a sus cabañas, con los grandes cestos llenos de pescado sobre la cabeza.

Nuestra responsabilidad en la Iglesia, y en el mundo, puede expresarse también con esta misma imagen: estamos agarrados a la cuerda de nuestra jornada, de nuestro trabajo diario. Probablemente, sólo reparamos en el pedazo de cuerda que tenemos entre nuestras manos. A veces, puede parecernos que todo termina ahí, en esa modesta ocupación, en esas preocupaciones, en esos razonamientos, en ese pequeño horizonte. Pero la cuerda no se interrumpe después de nuestras manos, la cuerda continúa, está agarrada por millones de manos de este gran poblado que es el mundo. No vale refugiarse en el anonimato. La cuerda es muy sensible y transmite a nuestros compañeros de trabajo nuestro esfuerzo, pero también nuestras resistencias. Nuestro compromiso y a la vez nuestro rechazo. Cuando pensamos: ¿quién advierte mi presencia? o ¿para qué sirve mi trabajo?, debemos reconocer que todos advierten nuestra generosidad, pero también nuestra debilidad y nuestro cansancio. La red es de todos y nos liga a millones de personas, a todo el poblado. Lo que hacemos, lo que somos, lo que pensamos, lo que vivimos afecta a todos aquellos que nos rodean.

Nuestra grandeza puede hacer aumentar la estatura ajena; pero nuestra mezquindad debilita también a los otros. Nuestra pobreza interior empobrece al mundo, pero nuestra cosecha es una riqueza para todos. Al final, el Señor es quien hará la distribución, porque es Él en realidad quien sostiene los dos extremos de la cuerda y carga la mayor parte del peso. Si miramos bien, tiene las manos lastimadas por la soga. Es más, las tiene agujereadas, traspasadas de parte a parte. Precisamente, con esas manos agujereadas *dará a cada uno lo suyo*.

¡Quiera Dios que cada uno de nosotros, como parte de la Iglesia, sepamos agarrarnos a la cuerda de las cosas ordinarias y tirar con fuerza, para que nadie pase hambre o se debilite por culpa nuestra!

46
La resurrección de Jesús: un hecho en la historia

1 Co. 15: 3-4, 14 (1-8); Mt. 27: 57-66.

Os he enseñado lo que asimismo recibí:
Que Cristo murió por nuestros pecados, conforme a las Escrituras;
y que fue sepultado, y que resucitó al tercer día,
conforme a las Escrituras...
y si Cristo no resucitó, vana es entonces nuestra predicación,
vana es también vuestra fe.

ESQUEMA

1. El núcleo de la fe.

   1.1. La resurrección es un milagro.
   1.2. No puede probarse científicamente.
   1.3. Diferencia entre "hecho" y "fábula".
   1.4. Testigos del singular acontecimiento.

2. El testimonio de la *Escritura*.

   2.1. Un sello romano roto.
   2.2. Una tumba vacía.
   2.3. La gran piedra circular quitada.
   2.4. Una mortaja intacta.
   2.5. Apariciones del resucitado.

3. La fe de los cristianos.

CONTENIDO

La resurrección, tanto si nos referimos a la de Jesús como a la del resto de la humanidad, es un tema humano límite. Es nuestro último atrevimiento frente a las tumbas de los seres queridos, porque es la esperanza que nos queda, a los creyentes, de volver a verlos. No será nunca un acontecimiento demostrado ni demostrable, más bien podemos decir, como escribía Unamuno: *Nada digno de probarse puede ser probado ni desprobado.* El lenguaje sobre la resurrección sólo se torna indigno cuando se vuelve demasiado seguro; un discurso sobre este tema que no tuviera un ápice de vacilación resultaría, paradójicamente, poco convincente. Si la resurrección de Jesús pudiera demostrarse, como pretende la apologética tradicional, ¿de qué nos serviría la fe? Algo que está demostrado no necesita de la fe. Sin embargo, Pablo les dice a los corintios que *por fe andamos, no por vista* (2 Co. 5: 7).

1. El núcleo de la fe.

A pesar de todo esto, la resurrección de Jesús es el núcleo central del *Nuevo Testamento* y del Cristianismo. Sin resurrección no hay Cristianismo: *Si Cristo no resucitó, vana es entonces nuestra predicación, vana es también vuestra fe* (1 Co. 15: 14), vuelve a decir el apóstol Pablo.

1.1. La resurrección es un milagro.

¿Cuál es nuestra posición respecto a los milagros? Muchas personas no creen en los milagros porque consideran que la naturaleza se rige por unas leyes que no pueden ser violadas. Los milagros serían, desde esta perspectiva, una realidad imposible, como decía el famoso teólogo modernista, Rudolf Bultmann: *Jesús no resucitó porque la resurrección es imposible.*

No obstante, la cuestión que debemos preguntarnos es: ¿todo aquello que no entendemos es imposible? ¿Todo lo que no comprendemos no ocurre? Este esquema mental, este paradigma científico, esta idea clásica de la ciencia, tan querida durante la época moderna, está empezando a cambiar en los últimos tiempos. El escepticismo de la posmodernidad ha llegado también a la ciencia. Ahora empieza a aceptarse que hay cosas que no pueden explicarse con el método científico tradicional y, sin embargo, ocurren. Hasta hace relativamente poco, se consideraba el mundo como cerrado en sí mismo, algo similar a una máquina o a un reloj al que se le había dado cuerda. Una entidad que resultaba perfectamente investigable. Se creía así que todos los misterios del universo serían explicados por la ciencia. En un mundo como ése, Dios no podía intervenir. Sin embargo, en la actualidad, esto se cuestiona, y con razón, como ha explicado bien el filósofo Karl Popper.

Hoy se cree que la realidad del cosmos es dinámica, cambiante y abierta a la posibilidad divina. Si se acepta que el mundo es abierto, y que puede ser comparado con un iceberg, del que sólo se conoce una pequeña parte, que es más lo que no se ve que lo que se ve, entonces, sí es posible el milagro. Muchos astrofísicos se refieren a la probabilidad de que existan bastantes más dimensiones en el universo de las cuatro a las que estamos habituados. La Física cuántica y la Teoría general de la relatividad permiten suponer que, además de las tres dimensiones espaciales, ancho, largo, alto, más el tiempo, podrían haber otras que desconocemos y en las que lo que hoy consideramos como milagros sobrenaturales pudieran darse de manera natural.

1.2. No puede probarse científicamente.

A pesar de todo, hoy por hoy, la resurrección de Jesús no puede ser probada, como no puede ser probado científicamente ningún hecho histórico. Uno de los elementos del método científico es precisamente la reproducción del fenómeno natural en el laboratorio para su demostración. Pero, evidentemente, los hechos históricos no pueden reproducirse, ya que ocurren una sola vez. La Historia es, por tanto, una disciplina que no puede seguir, paso a paso, el método científico, que se aplica en las ciencias de la naturaleza.

1.3. Diferencia entre "hecho" y "fábula".

El apóstol Pedro escribe: *Porque no os hemos dado a conocer el poder y la venida de nuestro Señor Jesucristo siguiendo fábulas artificiosas, sino como habiendo visto con nuestros propios ojos su majestad* (2 P. 1: 16). Decir que la resurrección de Cristo solamente fue una confusión en las mentes de sus discípulos, ya que no soportaban la idea de que hubiera muerto, es desconocer que aquellos hombres distinguían perfectamente entre los hechos reales y las fábulas artificiosas. Ellos sabían bien que los muertos no suelen resucitar, de ahí la incredulidad de Tomás, así como la de los griegos del Areópago ante el discurso de Pablo.

1.4. Testigos del singular acontecimiento.

Las versiones de la resurrección que da el *Nuevo Testamento* ya circulaban cuando todavía vivían los contemporáneos de Jesús. Estas personas pudieron confirmar o negar la veracidad de lo que predicaban los apóstoles. Los evangelistas fueron testigos directos de la resurrección, o bien relataron aquello que testigos oculares les habían contado. Los apóstoles defendieron el Evangelio apelando al común conocimiento del hecho de la resurrección de su Maestro: *Y gozaban de gran simpatía entre el pueblo* (Hch. 4: 33); ¿cómo podían gozar de gran simpatía entre el pueblo si la resurrección no hubiera sido un suceso verdadero? Si mintieron deliberadamente, ¿acaso la gente, que conocía la verdad, lo habría tolerado?

2. El testimonio de la *Escritura*.

2.1. Un sello romano roto.

Cuando el gobierno romano ponía un sello en cualquier lugar para evitar que se manipulase algo, la pena por violarlo era la crucifixión cabeza abajo. ¿Quién se hubiera atrevido, en esos momentos, a arrancar el sello de arcilla que Roma había colocado en la tumba de Cristo? Recuérdese que los discípulos estaban asustados y desorientados.

2.2. Una tumba vacía.

Este es el detalle más importante, ya que la mayoría de las religiones se basan en tumbas llenas con los restos de sus líderes, a las que los fieles acuden en peregrinación para venerarles. Sin embargo, la tumba de Jesús quedó vacía por los siglos de los siglos. Los discípulos, gracias la fuerza emocional que les produjo ver a su Maestro resucitado, no empezaron a predicar en Atenas o en Roma, donde nadie hubiera podido contradecirles, sino que valientemente se dirigieron a Jerusalén y, allí, hablaron de Cristo resucitado. Si la tumba no hubiera estado vacía realmente, o si el cuerpo de Jesús hubiera sido arrojado a una fosa común, como algunos pretenden, la predicación de los apóstoles habría sido denunciada rápidamente por muchos de sus adversarios.

No obstante, la explicación oficial que se dio, acerca de que los discípulos habían robado el cuerpo, demuestra que la tumba estaba realmente vacía. *Recordemos Mateo* (28: 11-15). ¡Cómo iban a robar el cuerpo unos discípulos que habían huido presa del pánico! Además, muchos de ellos fueron perseguidos, metidos en la cárcel, torturados e incluso martirizados, por predicar la resurrección; ¿hubieran soportado todo esto por una mentira? Hay tradiciones, tanto romanas como judías, que reconocen que la tumba estaba vacía. Esta es una evidencia muy fuerte porque se basa en fuentes hostiles al Cristianismo. Josefo, que era un historiador judío, así lo reconoce.

2.3. La gran piedra circular quitada.

La guardia romana, formada por un grupo de 4 a 16 soldados, estaba ausente de su puesto. Dormirse era castigado con la pena de muerte en la hoguera. ¿Qué les ocurrió? La realidad es que la piedra circular que cerraba la tumba, de unas dos toneladas de peso, apareció quitada de su lugar.

2.4. Una mortaja intacta.

Cuando entraron en la tumba, descubrieron que la mortaja aún estaba allí, intacta y bien colocada. Dicha mortaja pesaba unos cuarenta kilos y estaba constituida por tela y ungüentos aromáticos. Es como si el cuerpo de Cristo se hubiera evaporado a través de los lienzos, ya que estos conservaban todavía la hechura del cadáver.

2.5. Apariciones del resucitado.

Los textos de *Mateo* (28: 8-10), y 1ª *Corintios* (15: 3-8), indican que más de quinientas personas vieron a Cristo resucitado. Esto implica que, cuando se escribieron tales relatos, la mayoría de los individuos que presenciaron el acontecimiento de la resurrección, aún estarían vivos y podían testificar la veracidad o falsedad de los hechos. Sin embargo, no se sabe de ningún testigo que intentara desmentir la predicación apostólica acerca de la resurrección de Jesús.

Por otro lado, no se deben confundir las apariciones con alucinaciones. Según la psicología, las personas que sufren alucinaciones poseen normalmente un carácter paranoico o esquizofrénico, éstas se refieren siempre a experiencias pasadas e, igualmente, suele darse una actitud de expectativa en el individuo que las sufre. No obstante, ninguna de las personas que aparecen en el texto bíblico reúne estas condiciones anormales. Por el contrario, las apariciones se produjeron en horas, situaciones y con personas diferentes, que poseían temperamentos distintos y que también tuvieron reacciones diferentes: por ejemplo, María se emocionó, los discípulos se asustaron, Tomás mostró incredulidad. Las apariciones no corresponden a un modelo estándar, fijo, establecido y estereotipado. Cada una es bien distinta de las demás. El prestigioso teólogo alemán de la Universidad de Francfort, Hans Kessler, escribe: *Una explicación puramente psicológica es incompatible con la seriedad y el alcance religioso de los textos. Las apariciones pascuales del resucitado no deben concebirse como visiones.*

Las mujeres fueron las primeras en ver a Jesús resucitado, hecho poco convencional, ya que según los principios judíos, las mujeres no eran testigos válidos como evidencia legal. No servían como primeros testigos, sin embargo, lo fueron ya que el Maestro las eligió a ellas. Si el relato hubiera sido manipulado para mayor credibilidad, ¿no se hubiera aparecido primero a los discípulos varones? También se manifestó a personas que, al principio, le eran hostiles, como el propio Saulo de Tarso. Él fue quien años después escribiría estas palabras:

Y cuando esto corruptible se haya vestido de incorrupción, y esto mortal se haya vestido de inmortalidad, entonces se cumplirá la palabra que está escrita: Sorbida es la muerte en victoria. ¿Dónde está, oh muerte, tu aguijón? ¿Dónde, oh sepulcro, tu victoria?

Lo que Pablo quería decir es que la muerte, lo mismo que un escorpión privado de su aguijón venenoso, no puede dañar a los que están en Cristo. Y estar en Cristo significa dejarse vivificar por el poder de su resurrección: *Porque así como en Adán todos mueren, también en Cristo todos serán vivificados* (1 Co. 15: 22).

3. La fe de los cristianos.

También la fe de los creyentes a través de la Historia es un claro testimonio de la resurrección de Jesús. La fe que nos hace disimular el dolor, la que nos permite sonreír en medio del sufrimiento, la que nos da fuerza para vivir en medio de los problemas y la adversidad. Desde esta perspectiva, el creyente está inmunizado frente a la muerte, pues ha aprendido a paladear con tranquilidad el sabor de la resurrección.

A veces, los cristianos pensamos en la existencia después de la muerte como en algo lejano que ocurrirá en el futuro, en el día postrero, cuando Dios resucite a su pueblo. Y es verdad. Pero en este mundo hay personas que viven ya disfrutando de la resurrección. Se puede experimentar cada día sin necesidad de esperar la muerte, porque la resurrección es vivir más la vida, disfrutando plenamente de ella. Cuando nos alegramos con los amigos y hermanos, al fomentar el afecto fraternal, mientras comemos juntos, hacemos planes y compartimos ilusiones, para que la iglesia se desarrolle, estamos saboreando la resurrección. También cuando compartimos problemas, nos consolamos y ayudamos mutuamente.

La resurrección que logró Cristo, al vencer definitivamente la muerte, es como un fuego que corre por la sangre de la humanidad, un fuego que nada ni nadie puede apagar. Nada ni nadie, salvo nuestro propio egoísmo, nuestras rivalidades, los celos o el desamor. El individualismo egoísta es como un cubo de agua fría capaz de apagar el fuego gozoso de la resurrección.

Los vivificados, a que se refiere el apóstol Pablo, son los que tienen un "plus" de vida, y este "plus" les sale por los ojos brillantes, se detecta en esa mirada comprensiva, en esa madurez humana, en esa resignación ante lo inevitable, en la capacidad para perdonar, en su altruismo y solidaridad hacia el prójimo. Este "plus" se convierte en seguida en algo contagioso, algo que demuestra que toda persona que ha descubierto a Cristo es capaz de sobrepasar a la persona que es, y no por sus propios méritos sino por la incomparable gracia de Dios.

Lo más extraordinario de la resurrección de Jesús es que puede hacer, de cada uno de nosotros, una persona vivificada. Es cierto que la realidad de la muerte nos va cortando ramas todas las noches. Es verdad que cuando empezamos a vivir, empezamos también a morir, pero, como la vida es más fuerte, también podemos reverdecer cada mañana esas ilusiones y esperanzas que nos fueron podadas por la noche. ¿Cómo podemos hacerlo? Pablo escribe a los cristianos de Roma y les dice: *La noche está avanzada, y se acerca el día. Desechemos pues las obras de las tinieblas, y vistámonos las armas de la luz. Andemos como de día, honestamente; no en glotonerías y borracheras, no en lujurias y lascivias, no en contiendas y envidia, sino vestíos del Señor Jesucristo* (Ro. 13: 12-14).

Vestirse del Señor Jesucristo es levantarse cada mañana dispuesto a vivir y no a vegetar. Mirarse en el espejo y preguntarse: ¿qué voy a hacer hoy? ¿En qué voy a invertir mi tiempo? ¿Cuál es el verdadero sentido de mi vida en este mundo? ¿A quién voy a hacer feliz?

Cuando Jesús resucitó no lo hizo para lucir su cuerpo, o presumir de lo que podía hacer con su nueva corporeidad inmaterial, sino para ayudar a los suyos, que lo estaban pasando mal atrapados por el miedo a la muerte, anunciarles la vida y, a la vez, dar vida a la humanidad. De la misma manera, para ingresar en esta singular asociación de vivificados, sólo hay que sumergirse en el río de la esperanza cristiana y, como consecuencia de ello, salir de él chorreando amor a los demás. Pablo resume así la esperanza del cristiano:

Y si morimos con Cristo, creemos que también viviremos con él; sabiendo que Cristo, habiendo resucitado de los muertos, ya no muere; la muerte no se enseñorea más de él... Así también vosotros consideraos muertos al pecado, pero vivos para Dios en Cristo Jesús, Señor nuestro (Ro. 6: 8-11).

¡Ojalá que el poder de la resurrección de Cristo alcance a todos los presentes para que puedan pasar definitivamente de la muerte a la vida!

47
Barreras a la oración

Ef. 6:18

Orando en todo tiempo,
con toda oración y súplica en el Espíritu,
y velando en ello con toda perseverancia
y súplica por todos los santos.

ESQUEMA

1. ¿Cómo es posible que el Dios Creador del universo se interese por mis deseos y peticiones?

2. ¿Para qué orar, si Dios lo sabe todo?

3. ¿No carece de sentido la oración, en un mundo regido por leyes naturales?

4. ¿Puede la oración cambiar la voluntad de Dios?

5. ¿Acaso no fomenta la oración la pasividad de los creyentes?

6. Resumen: cinco preguntas y cinco respuestas.

CONTENIDO

La crisis de la oración de la que tanto se habla hoy no es ninguna novedad. No es algo exclusivo de la época posmoderna en la que vivimos. Se trata, más bien, de un fenómeno que se ha dado en todos los tiempos, prácticamente desde los mismos orígenes del Cristianismo. Hasta los propios discípulos de Jesús se durmieron en el Getsemaní en vez de acompañar en oración a su Maestro.

Los interrogantes acerca de la oración, con los que se enfrentaban los primeros creyentes, siguen siendo básicamente los mismos que todavía, en la actualidad, se continúan presentando. Algunas de estas dificultades son planteadas por los incrédulos, pero otras pueden brotar también del propio pueblo de Dios, de la misma Iglesia. Objeciones como esta suelen ser relativamente frecuentes: "He orado mucho al Señor y no me ha servido de nada". Es como si el silencio de Dios llevara a algunos orantes a concluir que la oración es inútil.

El teólogo protestante, Oscar Cullmann, cuenta una experiencia que tuvo en su juventud, durante el final de la primera guerra mundial: *De los últimos meses de la primera guerra mundial guardo en la memoria la impresión que causó la noticia de que un proyectil alemán de gran alcance había caído en una iglesia de París donde estaba reunida la comunidad para orar. Yo tenía dieciséis años y aún recuerdo el estremecimiento que me produjo esta noticia y la terrible pregunta que me quemaba la lengua [...]: ¿qué conclusiones hemos de sacar de un hecho como éste en lo que respecta al valor de la oración?* (Cullmann, 1999: 26).

¡Cómo se puede orar después de masacres como las de Auschwitz o Kosovo, por citar algunas! ¡Cómo puede Dios acoger las peticiones de los kosovares y también de sus enemigos los serbios! ¿Es capaz el Creador de escuchar a la vez las súplicas opuestas de diversas personas? ¿De qué bando está Dios? ¿Es posible seguir creyendo en su bondad? Y, además, ¿cómo puede el Dios que gobierna el universo preocuparse de mis pequeños deseos, de mis necesidades cotidianas? Si él lo sabe todo, ¿para qué orar? ¿Es que acaso la oración no fomenta la pasividad de los cristianos? ¿Qué sentido puede tener la oración en un mundo regido por leyes físicas? ¿Puede la oración cambiar la voluntad de Dios?

La oración ha sufrido el ataque de muchos pensadores a lo largo de la Historia. El gran filósofo, Immanuel Kant, decía que la oración es un arrebato de locura, un delirio de la religión, un culto infame, fanatismo religioso y una auténtica hipocresía. Una frase suya afirma que *el ser humano se dispensa, orando, de cumplir con su deber de actuar moralmente.* Por su parte, el filósofo alemán, Feuerbach, dirá en *La esencia del Cristianismo* que *en la oración, el hombre se adora su propio corazón.* Al orar, según él, se cometería el error de considerar la petición egoísta como si fuera un acto de alabanza divina. Y Jean-Jacques Rousseau escribe en su obra *Emilio: Medito respecto al orden del universo, no para explicarlo mediante vanos sistemas, sino para admirarlo sin cesar, para adorar al sabio autor que me lo hace sentir... Bendigo sus dones, pero no le oro. ¿Qué le solicitaría? ¿Que cambiase para mí el curso de las cosas, que hiciera milagros en mi favor?... ¿Querría que este orden fuera alterado por mí? No; este ruego temerario merecía más ser castigado que atendido... El supremo anhelo de mi corazón es hágase tu voluntad.*

La idea de Rousseau y de otros autores es que no se puede forzar la voluntad de Dios, ni las leyes inmutables que Él ha establecido. ¿Qué se puede replicar a todas estas objeciones a la oración? ¿Existe una respuesta válida? ¿Cuál es la explicación del Evangelio?

Vamos a intentar responder a las cinco cuestiones más importantes:

1. ¿Cómo es posible que el Dios Creador del universo se interese por mis deseos y peticiones?

Esta es la misma pregunta que se hizo el salmista: *Cuando contemplo los cielos, obra de tus dedos, la luna y las estrellas que tú formaste, pienso: ¿Qué es el hombre, para que de él te acuerdes, y el hijo de Adán, para que cuides de él?* (Sal. 8: 4). Es verdad que el Dios de la *Biblia* es el Creador de todos los astros y las galaxias que existen en el universo; Es el *bienaventurado y solo Soberano, rey de Reyes, y señor de Señores, el único que tiene inmortalidad, que habita en luz inaccesible* (1 Ti. 6: 15-16). ¿Cómo puede una criatura humana esperar que ese Dios, que rige la existencia de miles de millones de seres, se fije en ella, se preocupe de sus necesidades y atienda la voz de sus súplicas? Esta pregunta revela una idea excesivamente humana de Dios. Supone que Dios tiene algún tipo de limitación como el hombre. Pierde de vista que el Dios del macrocosmos es también el del microcosmos, que el Creador de cielos y Tierra, lo es también de los cromosomas, los genes y los átomos.

Dice Mateo (10:29), que aún los pajarillos gozan de la providencia de Dios. Es el Dios que sabe *cuándo nos sentamos y cuando nos levantamos* (Sal. 139: 2), y que *tiene contados nuestros cabellos* (Mt. 10: 30). El Dios de la *Biblia* no es sólo Dios del universo, sino también Dios de individuos, el Dios de Abraham, de Isaac y de Jacob. En la parábola de la oveja perdida se demuestra el amor de Dios por el individuo. Cuando el pastor deja a las noventa y nueve ovejas y sale en busca de la extraviada, está indicando este aspecto de la acción divina. Pero Dios, cuando atiende a una de sus criaturas, no tiene necesidad de dejar a las demás. Por algo es omnipresente. Él puede oír simultáneamente todas las oraciones en virtud de su omnipotencia y su omnisciencia. Cuando la oración es sincera, jamás se pierde en un vacío del que Dios esté ausente. No importa la individualidad, la pequeñez o, incluso, la indignidad del orante, Dios nunca deja de escuchar.

2. ¿Para qué orar, si Dios lo sabe todo?

El propio Señor Jesucristo dijo: *Vuestro Padre sabe de qué cosas tenéis necesidad antes de que vosotros se las pidáis* (Mt. 6: 8, 32). Es verdad que Dios lo sabe todo, pero deducir de estas palabras que orar es absurdo no era, ni mucho menos, la intención de Jesús. El propósito de las oraciones no es el de informar a Dios acerca de nuestras necesidades, ni tampoco convencerlo para que intervenga, ni instruirle acerca de cómo debe respondernos. Él no necesita nuestra información, ni nuestras insistentes repeticiones. Dios no necesita, en absoluto, nuestras oraciones, pero nosotros sí necesitamos la oración. ¿Por qué? Porque la oración no sólo constituye lo esencial de nuestra comunión con Dios, sino que, mediante ella, adquirimos conciencia de nuestra filiación divina. En la oración, en la experiencia de pedir y recibir, nos damos cuenta de que somos hijos de Dios. Y, cuando se nos concede algo, aumenta nuestra gratitud y se refuerzan los lazos de unión con el Padre.

Por otro lado, la oración convierte al creyente en colaborador de Dios. Muchos de los designios divinos se llevan a cabo por medio de hombres y mujeres. Pascal dijo: *Dios instituyó la oración para concedernos a nosotros, sus criaturas, la dignidad de ser causas.* La oración nos beneficia a nosotros no a Dios. Nos realiza como cristianos, ya que nosotros sin Dios no podemos hacer nada, pero Él sí puede actuar a través de nosotros. Este es el gran misterio de la oración.

3. ¿No carece de sentido la oración, en un mundo regido por leyes naturales?

Esta pregunta nos introduce de lleno en lo que podría llamarse la metafísica de la oración. La filosofía positivista sostiene que en el universo todo ocurre siempre dentro de una relación de causa-efecto determinada por las leyes físicas. Por lo tanto, pretender que este orden sea modificado, por fuerzas sobrenaturales, como resultado de la oración, sería, desde este punto de vista, un absurdo.

La revelación bíblica nos presenta un universo creado y regido por un Dios libre y soberano, que puede actuar sin las limitaciones de las leyes que Él mismo ha creado. Por supuesto que Dios no altera esas leyes caprichosamente, como si jugase con el orden natural. Él puede emplear las leyes de la creación para actuar en este mundo, pero Dios dejaría de ser Dios si quedase encerrado en ese marco y no pudiera hacer nada fuera de él. El Dios Creador puede también intervenir de manera sobrenatural y modificar, si así lo cree conveniente, el curso normal de los acontecimientos. Esto es lo que la *Biblia* llama milagro y que nosotros hoy sólo podemos aceptar por medio de la fe. En la *Escritura* encontramos ejemplos en los que Dios utiliza medios naturales para expresar su grandeza.

Veamos algunos pasajes en los que ocurren hechos ordinarios, pero la mano de Dios está siempre detrás. Dios usó el viento, un fenómeno natural, para hacer posible el paso de los israelitas a través del Mar Rojo (lo vemos en *Éxodo*, 14:21); el derrumbamiento de los muros de Jericó pudo tener como causa una fuerte sacudida sísmica, pero la mano de Dios estaba detrás, (Jos. 6), lo mismo podría decirse del terremoto de Filipos, cuando Pablo y Silas estaban encarcelados, (Hch. 16). No es ningún milagro que un pez se trague una moneda y que sea pescado con ella en el vientre, pero resulta difícil reducir este hecho a una mera casualidad y no ver que detrás de esta experiencia de Pedro estaba, una vez más, la mano de Dios.

La doctrina bíblica de la providencia sigue a la de la Creación. Dios no creó el mundo para dejarlo, después, como dicen los deístas, abandonado a la acción de las leyes naturales. Él sigue presente en este Universo, controlando, permitiendo o realizando todo lo que sucede, aunque a veces nosotros no entendamos nada, o muy poco. Las oraciones son, por tanto, poderosas para alcanzar aquello que Dios desea dar a quienes se lo pidan.

4. ¿Puede la oración cambiar la voluntad de Dios?

¿Es posible que el ser humano, mediante sus oraciones, mueva a Dios a actuar de modo diferente al que tenía previsto? Si consideramos la voluntad de Dios, en esencia, hemos de reconocer que tal voluntad es inmutable. Ninguna oración podría nunca modificarla. Si, por ejemplo, es voluntad de Dios que el pecado tenga siempre una justa retribución, nadie puede hacer que Él lo tolere impunemente. Si su voluntad es la santificación del creyente, nadie puede esperar que, en respuesta a sus oraciones, Dios le autorice para vivir una vida inmoral o licenciosa. Si Dios quiere que *todos los hombres sean salvos y vengan al conocimiento de la verdad,* (1 Ti. 2: 4), ninguna súplica podrá hacer de Él un Dios nacional que discrimine al resto de la humanidad, para que no sea salva. Ninguna petición que haga acepción de personas podrá jamás inclinar la justa balanza de Dios. La voluntad esencial de Dios no puede ser modificada, porque eso sería una corrupción de la divinidad.

Ahora bien, la *Biblia* también enseña que a pesar de esto, las intenciones de Dios sí pueden sufrir cambio sin que ello dé lugar a la contradicción. Dios no cambia en su carácter, pero actúa según el desarrollo de los acontecimientos humanos y, en determinadas circunstancias, varía su decisión inicial. Un ejemplo lo encontramos en el libro de *Jonás,* capítulo tercero: Dios había decidido destruir la ciudad de Nínive a causa de la maldad de sus habitantes; pero el arrepentimiento de los ninivitas hizo que el juicio divino se trocara en perdón misericordioso. La decisión divina fue modificada, pero de acuerdo a los principios establecidos por los atributos inmutables de Dios y su plan de salvación. Esta es la clase de cambios que puede producir la oración.

En otra ocasión, nos cuenta el libro del *Génesis*, que la intercesión de Abraham en favor de Sodoma y Gomorra habría tenido éxito si entre sus habitantes se hubieran encontrado solamente diez justos (Gn. 18: 16-33). Recuérdese también que, en un momento dado, Dios había decidido destruir al pueblo de Israel, a causa de su incredulidad y rebeldía, pero la oración apasionada de Moisés hizo que Dios se retrajese de su intento (Éx. 32: 9-14). El teólogo evangélico, Karl Barth, escribió: *Dios escucha y responde. Dios no es sordo, escucha; más aún, obra. No obra de la misma manera, oremos o no. La oración tiene una influencia sobre la acción, sobre la existencia de Dios. Eso es lo que la palabra "respuesta" significa.*

Para Dios todo futuro es presente, todo cuanto ha de acontecer le es conocido. Pero la presciencia de Dios no anula la libertad del hombre. Dios, en su omnisciencia y previsión, coordina los actos libres de los seres humanos de modo que todo concurra a la realización de sus designios supremos. Esto es, evidentemente, un misterio para el hombre, pero entre esos actos, se incluye la oración. Dios actúa teniendo en cuenta lo que sus hijos le han solicitado. El hecho de que Dios ceda a las peticiones del hombre no significa una debilidad. Él quiere que esto sea así, por eso permitió que Jesucristo se hiciera hombre y nos diera ejemplo mediante sus oraciones al Padre.

5. ¿Acaso no fomenta la oración la pasividad de los creyentes?

Si es Dios mismo quien obra en respuesta a nuestras oraciones, ¿qué necesidad tenemos nosotros de actuar? ¿No es mejor, después de orar, atenerse a la exhortación del salmista: *Espera en Él y Él hará* (Sal. 37: 5)? ¿No dijo Dios a su pueblo: *Paraos, estad quietos y ved la salvación del Señor con vosotros?* (2 Cr. 20: 17). Veamos estos versículos en su contexto.

El salmista está aconsejando al hombre que, asediado por los impíos, está expuesto a dejarse arrastrar por la ira y tomarse la justicia por su mano, con el peligro de actuar injustamente. Es a este hombre a quien se dice: *Encomienda a Jehová tu camino y espera en él y él hará.*

También en 2ª de *Crónicas* (20: 17), se presenta otra situación especial. El pueblo de Judá, con su rey Josafat a la cabeza, estaba acobardado y preocupado ante la doble amenaza de Moab y Amón. Se encontraban paralizados por el pánico. Y en medio de esta situación oraron a Dios, pero con una fe que no lograba vencer el miedo. No entendían que el secreto de su fuerza no radicaba en ellos, sino en el Señor. Por eso necesitaban una experiencia singular: *Y cuando comenzaron a entonar cantos de alabanza, Jehová puso contra los hijos de Amón, de Moab y del monte de Seir, las emboscadas de ellos mismos que venían contra Judá, y se mataron los unos a los otros* (2 Cr. 20: 22). Su oración fue contestada sin que el pueblo tuviera que luchar, pero este caso fue excepcional.

Por el contrario, la mayoría de los grandes personajes bíblicos fueron siempre personas de oración y acción. Tanto Moisés, como los profetas y los apóstoles nos han dado en las páginas de la *Biblia* numerosos ejemplos de ello. Es verdad que Dios, si quisiera, podría hacerlo todo directamente, sin necesidad de colaboradores humanos, pero ese no es su método. Es la oración combinada con el trabajo activo lo que permite lograr resultados positivos.

6. Resumen: cinco preguntas y cinco respuestas.

6.1. ¿Cómo es posible que el Dios Creador del universo se interese por mis deseos y peticiones?

El Dios de la *Biblia* no es sólo Dios del universo, sino, también, Dios de individuos, y de personas. Oramos a Dios, que está en nosotros y también fuera de nosotros.

6.2. ¿Para qué orar, si Dios lo sabe todo?

Sí, es verdad, Dios es omnisciente y omnipresente, Él no necesita de nuestra oración, pero la quiere para acoger a las criaturas en su seno de amor. La oración nos recuerda que somos hijos de Dios y nos convierte en colaboradores suyos.

6.3. ¿No carece de sentido la oración en un mundo regido por leyes naturales?

El Creador no será nunca esclavo de su propia creación. Él puede actuar mediante leyes naturales o sobrenaturales. Las oraciones son, por tanto, poderosas herramientas para alcanzar aquello que Dios desea dar a quienes se lo pidan.

6.4. ¿Puede la oración cambiar la voluntad de Dios?

La posibilidad de que Dios escuche nuestras oraciones no contradice la inmutabilidad de su plan establecido, pero Él actúa teniendo en cuenta lo que sus hijos le han solicitado.

6.5. ¿No fomenta la oración, la pasividad de los creyentes?

La oración coherente es la que va seguida de la acción. La *Biblia* enseña que, en general, Dios actúa por medio de hombres y mujeres de oración.

¡Ojalá Dios pueda actuar también a través de cada uno de nosotros, después de escuchar nuestras oraciones!

48
Hedonismo o búsqueda del placer

Tit. 3: 3-4 y 5 (1-5)

Porque nosotros también éramos en otro tiempo insensatos,
rebeldes, extraviados, esclavos de concupiscencias y deleites diversos,
viviendo en malicia y envidia, aborrecibles,
y aborreciéndonos unos a otros.
Pero cuando se manifestó la bondad de Dios nuestro Salvador,
y su amor para con los hombres,
nos salvó, no por obras de justicia que nosotros hubiéramos hecho,
sino por su misericordia, por el lavamiento de la regeneración
y por la renovación en el Espíritu Santo.

ESQUEMA

1. El Hedonismo contemporáneo.

    1.1. El deseo de comprar y consumir.

    1.2. Tendencia a eliminar lo molesto.

    1.3. Ansia de placer sexual.

    1.4. El imperio de los sentidos.

2. Antigüedad del Hedonismo.

3. *Nuevo Testamento* y Hedonismo.

    3.1. La parábola del sembrador.

    3.2. Los hombres de los postreros días.

3.3. Exhortación para los creyentes.

3.4. La amistad con el mundo.

3.5. El anhelo de alegría de los cristianos.

4. Actitud cristiana frente al Hedonismo.

CONTENIDO

Estamos viviendo hoy en una sociedad en la que el placer y, en general, el estímulo de todos los sentidos, se ha convertido en un valor dominante de la vida corriente.

Para la inmensa mayoría de las personas, de nuestro mundo occidental, el fin supremo de sus vidas es conseguir placer. Esto es lo que la filosofía llama Hedonismo; la suposición de que el hombre obra sólo por placer. Decía el pensador francés, Voltaire: *El placer es el objeto, el deber y el fin de todo ser racional*. Según tales opiniones, el deseo de placeres sería el único motor que hay detrás de las acciones humanas. Este deseo se detecta hoy en muchos comportamientos.

1. El Hedonismo contemporáneo.

1.1 El deseo de comprar y consumir.

Vivimos en la época del autoservicio, del "self-service" y los hipermercados. En Occidente se compra más de lo que se necesita por el simple placer de comprar. Alguien ha dicho que, en el mundo occidental, las grandes superficies comerciales se han transformado en las iglesias y catedrales de nuestro tiempo: siempre abiertas y repletas de "consagrados devotos", incluso hasta los domingos. Es la religión del consumo que promete la felicidad inmediata aquí en la Tierra. Se trata de la peor secta religiosa que hipnotiza a las personas y las hace vivir en permanente fiebre de época de rebajas. Como si siempre tuviéramos un motivo urgente por el cual adquirir productos, que muchas veces ni siquiera necesitamos.

Es el pensamiento de Descartes trastocado: *Siento placer al comprar, luego existo*, en vez de su famoso *pienso, luego existo*. Se es, en tanto se adquiere; se deja de ser, si no se puede comprar. Las consecuencias de este comportamiento son muy perniciosas: el desequilibrio de las economías domésticas, como consecuencia de que los sueldos no consiguen llegar hasta final de mes, ni siquiera echando mano de las tarjetas de crédito.

1.2. Tendencia a eliminar lo molesto.

Otro aspecto del Hedonismo que nos rodea es el esfuerzo por suavizar las palabras que nos evocan cosas negativas, o nos obligan a reflexionar. Esto se detecta en el lenguaje que se ha denominado "políticamente correcto" o, también, "socialmente correcto". Es interesante lo que dice Lipovetsky, sociólogo francés contemporáneo, en su libro *La era del vacío: Desaparecidos los sordos, los ciegos, los lisiados, surge la edad de los que oyen mal, de los no-videntes, de los minusválidos; los viejos se han convertido en personas de la tercera o cuarta edad, las chachas en empleadas del hogar, los proletarios en interlocutores sociales. Los malos alumnos son niños con problemas o casos sociales, el aborto es una interrupción voluntaria del embarazo.* Nuestra sociedad actual procura disimular la realidad mediante eufemismos, es decir, palabras que suavizan la idea que queremos expresar.

Hoy se vive en una especie de idolatría de los valores juveniles: como el envejecimiento resulta molesto, a los ancianos se les margina y, a veces, se les desprecia. Tiempo atrás había que aparentar experiencia y madurez para aspirar a cualquier profesión. En otras épocas los jóvenes se dejaban barba y bigote para encontrar trabajo e inspirar respeto a los demás. Hoy, en muchos lugares, a los cuarenta años ya es casi imposible entrar en el mercado laboral, por ser demasiado mayor.

¿Y qué decir acerca del tema de la muerte? Fallecer se ha convertido en un asunto tabú. En la sociedad del bienestar no tiene cabida la muerte. Resulta incómoda, molesta e irritante. No se quiere pensar en ella. Hoy se silencia lo personal del morir. Se procura borrarla de la existencia cotidiana y se vive como si nunca hubiera que morir. Esta falta de reflexión sobre la muerte repercute negativamente en el estilo de vida actual. Actualmente casi nadie está preparado para morir.

1.3. Ansia de placer sexual.

La libertad sexual ha creado un nuevo mito: el del Hedonismo sexual. La promesa de que la sexualidad es fuente inagotable de goce, libertad, misterio y salvación personal. Se promete una especie de cielo en la tierra, se ofrece placer e inacabable felicidad a quien consiga descubrir las misteriosas técnicas, posiciones, zonas o puntos eróticos del cuerpo. Otras veces se presenta el sexo envuelto en un aire mágico-religioso, que promete la realización completa de la persona.

Por otro lado, crece la tolerancia hacia cualquier tipo de aberración o desviación que proporcione placer corporal. Sin embargo, al final, resulta que tanto exhibicionismo, tanta pornografía, tanta liberación sexual, empiezan ya a cansar, porque eliminan la belleza original de la sexualidad humana. La realidad es que hoy se empieza ya a sentir, en ciertos ambientes, una cierta nostalgia por el paraíso perdido del amor conyugal fiel, verdadero y honesto.

1.4. El imperio de los sentidos.

En la actualidad, el Hedonismo se manifiesta en esa capacidad por vivir y disfrutar de lo bello y lo placentero. Es el tiempo de los "feelings", de las sensaciones. Tal filosofía de vida es tan antigua como la propia humanidad, ya que el hombre ha buscado siempre el placer. No obstante, se diferencia claramente del de otros tiempos en algunos puntos.

La divergencia entre el Hedonismo posmoderno y el de épocas pasadas reside en que frente a aquel Hedonismo epicúreo, de los filósofos a quienes Pablo predicó, que buscaba la felicidad, sobre todo, en la amistad y el bienestar social, el Hedonismo de hoy es fuertemente individualista. Es el descompromiso sociopolítico y la dificultad para entablar relaciones interpersonales mínimamente estables y profundas lo que impera en la actualidad. El posmoderno, que está convencido de que no existen posibilidades de cambiar o mejorar la sociedad, ha decidido disfrutar, al menos, del presente. Se vive sólo para el momento actual, se busca la libertad y la espontaneidad. Es una actitud hedonista que recuerda el *carpe diem* del poeta latino Horacio: *Aprovecha el día, aprovecha la hora*, antes de que te llegue la vejez y con ella la muerte.

El cantante español, Joaquín Sabina, lo ha sabido expresar muy bien en la letra de sus canciones:

> *...apuntarme a cualquier clase de bombardeo,*
> *no tener otra fe que la piel,*
> *ni más ley que la ley del deseo*

En una de sus canciones, que titula *Pastillas para no soñar* dice:

> *Si lo que quieres es vivir cien años*
> *no pruebes los licores del placer...*
> *Funda un hogar en el que nunca reine*
> *más rey que la seguridad.*
> *Deja pasar la tentación...*

En otra afirma que:

> *Al deseo los frenos le sientan fatal,*
> *¿Qué voy a hacer yo si me gusta el güisqui sin soda,*
> *el sexo sin boda, las penas con pan...?*

El grito posmoderno de Sabina es: ¡no a la moralidad, sí al desenfreno del placer! Así expresan también sus ideas muchos otros famosos que se podrían enumerar. Algunos de ellos son noticia por las dificultades que tienen para salir adelante con su mala salud, a causa de excesos con el alcohol y las drogas.

2. Antigüedad del Hedonismo.

El Hedonismo no es algo nuevo, ni mucho menos, un invento de nuestro tiempo, sino que constituyó una fuente de problemas ya para el rey Salomón en el *Antiguo Testamento*. La experiencia del predicador al respecto es clarificadora, en el libro de *Eclesiastés* afirma: *A la risa dije: Enloqueces; y al placer: ¿De qué sirve esto?* (Ec. 2: 2).

En el *Nuevo Testamento* los primeros cristianos tienen que enfrentarse también a una nueva forma de filosofía hedonista: el epicureísmo. El mismo apóstol Pablo tuvo que discutir con los epicúreos (Hch. 17: 18). Tales filósofos griegos eran seguidores de Epicuro, quien había dicho que conseguir placer era el fin supremo del hombre.

3. Nuevo Testamento y Hedonismo.

¿Qué dice el Evangelio acerca del Hedonismo? ¿Cómo se enfrentan los primeros cristianos a dicho problema? La palabra griega *hedoné*, que significa "placer o deleite", aparece sólo cinco veces en el *Nuevo Testamento*, en los siguientes pasajes que vamos a comentar:

3.1. La parábola del sembrador.

En la parábola del sembrador se habla de la semilla (o palabra de Dios) que cayó entre espinos: *La que cayó entre espinos, estos son los que oyen, pero yéndose, son ahogados por los afanes y las riquezas y los placeres* (hedoné) *de la vida y no llevan fruto* (Lc. 8: 14). Donde hay Hedonismo, los espinos ahogan la fe. Allí donde domina la *hedoné*, es decir, la búsqueda del placer como fin supremo de la vida, la fe queda ahogada entre las espinas y muere.

¿Por qué el Cristianismo está creciendo en casi todo el mundo, excepto en Europa? ¿Será, quizás, porque los placeres, el bienestar, los afanes y las riquezas son los espinos que están ahogando la fe? ¿Qué podemos hacer? ¿Renunciar al bienestar? ¿Dejar las comodidades que nos proporciona la tecnología, como hacen los "amish" americanos, para ver si así aumenta la fe? La *Biblia* no dice que el bienestar, el dinero, el placer legítimo sea algo malo; lo malo es que se idolatre, que se divinice, que se convierta en la única finalidad de la existencia del hombre, gobernándole y haciéndole así su esclavo.

El poeta Ramón de Campoamor escribía, en el s. XIX: *¡Oh, deidad del placer, la única eterna, que todo lo gobierna y desgobierna!* Con mucho acierto, el poeta nos da la clave del problema. Ahí está el error y el pecado; en permitir que el placer gobierne y, lo peor de todo, que desgobierne nuestras vidas.

3.2. Los hombres de los postreros días.

La segunda vez que aparece esta palabra en el *Nuevo Testamento* es en este texto: *Porque habrá hombres.. traidores, impetuosos, infatuados (es decir, engreídos, presuntuosos), amadores de los deleites (hedoné) más que de Dios* (2 Ti. 3: 4). Se está refiriendo a los herejes gnósticos, a los falsos doctores que se enredan en el error y pervierten a otros, llegando a autodestruirse moral y espiritualmente. Estos hombres amaban los deleites y placeres más que a Dios, pero pretendían ser cristianos espirituales ante los ojos de los demás, tenían apariencia de piedad, pero la negaban con sus pasiones y tendencias; se adoraban a sí mismos en lugar de adorar a Dios; retenían la forma externa del Cristianismo, pero negaban su poder; cumplían con el ritual, la liturgia, el canto, la adoración y la alabanza, pero sus vidas no habían cambiado en nada; seguían viviendo en corrupción moral.

Este peligro sigue existiendo en nuestros días: la forma del culto, muchas veces atrae, incluso se convierte en un bonito espectáculo en el que gusta participar, porque nos hace sentir bien y tranquiliza la conciencia, pero ahí acaba todo. Nadie debería decir que está dispuesto a aceptar a Jesucristo, a declararse cristiano, si no está dispuesto a dejarse transformar por Él.

3.3. Exhortación para los creyentes.

Porque nosotros también éramos en otro tiempo insensatos, rebeldes, extraviados, esclavos de concupiscencias y deleites (hedoné, hedonai) diversos (Tit. 3: 3). La persona que vive alejada de Dios, por lo general, sólo busca el placer y, en la medida en que procura satisfacer su ansia irrefrenable de placer, se rebela contra Dios y contra su voluntad. Desde la perspectiva cristiana, esta persona está cayendo en la esclavitud de los placeres. La realidad es que sólo Dios puede sacarle de ahí. Sólo Él es capaz de salvarle de su esclavitud. Es Él quien se siente movido a compasión y decide rescatar al ser humano, aún cuando éste no tiene el menor derecho a esperar la salvación.

De ahí que los creyentes debamos mostrar misericordia y amor hacia todos los hombres, sean o no cristianos. Incluso hacia los enemigos porque nosotros éramos igual que ellos, antes de conocer al Señor. No hay ningún motivo para considerarnos superiores a nadie. Tenemos que actuar con los demás como Cristo actuó con nosotros.

3.4. La amistad con el mundo.

El cuarto texto es este: *¿De dónde vienen las guerras y los pleitos entre vosotros? ¿No es de vuestras pasiones, las cuales combaten en vuestros miembros? Codiciáis, y* *no tenéis; matáis y ardéis de envidia, y no podéis alcanzar; combatís y lucháis, pero no tenéis lo que deseáis, porque no pedís. Pedís, y no recibís, porque pedís mal, para gastar en vuestros deleites* (Stg. 4: 1-3). No es sólo el ser humano que vive aparta-do de Dios, el que está amenazado por el ímpetu insaciable de los instintos y el ansia de placeres, también el cristiano puede caer en las redes del Hedonismo. Incluso puede abusarse de la oración como medio para satisfacer las pasiones. Santiago nos muestra la inutilidad total de una oración hecha de esta forma. Pedir para nuestros deleites y placeres es un absurdo y una pérdida de tiempo delante de Dios.

Cuando se deja vía libre a los instintos descontrolados y la *hedoné* se en-señorea de la vida, la relación con Dios se ve gravemente amenazada, la paz interior queda seriamente perturbada y las relaciones con el prójimo comple-tamente envenenadas.

3.5. El anhelo de alegría de los cristianos.

Este texto se refiere, otra vez, a los falsos profetas y maestros que vivían, como hemos visto, uniendo las falsas doctrinas a su vida libertina: *...ya que tie-nen por delicia el (gozar) de deleites* (hedoné) *cada día* (2 P. 2: 13). Pero la *hedoné* no ha de confundirse con el deseo, o el anhelo, de una auténtica alegría o de un verdadero gozo. El *Nuevo Testamento* no es contrario, de ningún modo, a la satisfacción y el placer que implica la comunión con Dios. Este verdadero gozo puede disfrutarse incluso, en medio del sufrimiento y la persecución.

En la epístola de *Santiago* leemos: *Hermanos míos, tened por sumo gozo cuando os halléis en diversas pruebas* (1: 2). ¿Cómo se puede tener gozo en medio de la prueba y el sufrimiento? ¿Cómo podemos deleitarnos en las adversidades? ¿Está diciendo Santiago que los cristianos deben ser maso-quistas? ¡No! El masoquista disfruta con el dolor. El creyente no disfruta con el sufrimiento, sino que se goza al reconocer que ese sufrimiento, esa prueba dolorosa, angustiosa y, como tal, rechazable, tiene sentido desde la óptica de Dios, porque puede producir paciencia y madurez personal en la vida del discípulo de Jesús. Este es el paradójico Hedonismo cristiano que debe satisfacer el anhelo de alegría del pueblo de Dios. Tal es el sumo gozo al que se refiere Santiago.

4. Actitud cristiana frente al Hedonismo.

¿Cuál debe ser, por tanto, la actitud del cristiano frente al Hedonismo con-temporáneo? El placer no es malo, puede ser un bien; pero si nos empeñamos en considerarlo como el "sumo bien" entonces se convierte en el "sumo mal".

307

La Palabra de Dios afirma que entonces el ansia de placer se transforma en los espinos que ahogan la fe, y ocurre que los seres humanos se adoran a sí mismos en vez de adorar y confiar en Dios.

El creyente debe, por tanto, sentir misericordia hacia las criaturas que viven apresadas en las redes del Hedonismo, y ayudarles a salir de la esclavitud de los placeres. Al mismo tiempo, tiene que procurar no caer él mismo, usando adecuadamente de la oración y no queriéndola utilizar para satisfacer las propias pasiones. No debemos olvidar que existe un gozo y una alegría auténtica, que hay un sano Hedonismo cristiano que es la satisfacción, el placer y el gozo de saber que nuestra vida está siempre en las manos de Dios y bajo su paternal mirada. El único goce verdaderamente eterno es aquel que se orienta hacia la voluntad de Dios.

49
La espiritualidad mal entendida

Stg 1: 27 (19-27).

La religión pura y sin mácula delante de Dios el Padre es ésta:
Visitar a los huérfanos y a las viudas en sus tribulaciones,
y guardarse sin mancha del mundo.

ESQUEMA

1. La verdadera religión.

2. Adorando en espíritu y en verdad.

3. El error de la teología de la prosperidad.

4. Ni secularismo ni espiritualismo.

CONTENIDO

En el seno del Cristianismo actual, tanto católico como protestante, se está produciendo un auge de los llamados "movimientos del Espíritu", que aspiran a recuperar el sentido de la oración y actualizar los retiros espirituales, así como los encuentros de meditación y alabanza. No cabe duda de que esto puede suponer un beneficio general para la Iglesia, porque contribuye a fomentar una espiritualidad necesaria. Sin embargo, uno de los peligros que conlleva esta ola posmoderna de nueva espiritualidad es el de falsificar, posiblemente en muchas ocasiones sin pretenderlo, al verdadero Dios de la *Biblia* y sustituirlo por ídolos humanos. Los excesos en este sentido, a veces, fomentan una interioridad emocional, una vivencia sentimental intensa, pero no dan lugar a una movilización exterior que provoque un cambio de actitudes sociales o una regeneración moral de la persona.

Con demasiada frecuencia, esta mal entendida espiritualidad da lugar a congregaciones que, en el fondo, son grupos emocionales dependientes de un líder, que es quien les proporciona calor, sentido y participación. En ocasiones existe también un director de alabanza hábil para transportar la congregación al éxtasis emocional. Por desgracia, cuando esta persona desaparece o se equivoca, el grupo tiende a deshacerse porque, en realidad, dependía del pastor o del líder más que de Dios. Se había llegado, así, casi sin darse cuenta, a idolatrar al dirigente hasta el extremo de que si éste fracasa a nivel personal, toda la congregación fracasa también y se desintegra por completo.

Por otro lado, uno de los peligros que nos amenazan hoy es que, en un mundo materialista y secularizado, que niega continuamente a Dios, los cristianos evangélicos corremos el riesgo de volcarnos hacia el lado opuesto, y crear un espiritualismo desencarnado, una religiosidad que apueste por un Dios ajeno a la historia humana, que sólo se hace presente en determinados momentos de oración eufórica, de culto emotivo o de alabanza fluida.

No obstante, la palabra de Dios nos recuerda que la huida de nuestra tarea en el mundo no será nunca la verdadera religión pura y sin mancha de que nos habla el *Nuevo Testamento* y que consiste precisamente en la actitud de *visitar a los huérfanos y a las viudas en sus tribulaciones, y guardarse sin mancha del mundo* (Stg. 1: 27).

1. La verdadera religión.

No hay por qué dudar de la autenticidad de muchas actitudes religiosas, ni de la sinceridad del corazón del creyente que ora bajo la influencia del Espíritu Santo, pero sí que es conveniente proclamar que existe el peligro de que extraviemos nuestros caminos y volvamos a cometer equivocaciones parecidas a las de los religiosos de la época de Jesús.

El Maestro denunció la religiosidad espiritualista de los escribas y fariseos que consistía precisamente en hacer lo opuesto a lo que escribió Santiago: *¡Ay de vosotros escribas y fariseos, hipócritas!, porque devoráis las casas de las viudas, y como pretexto hacéis largas oraciones; por esto recibiréis mayor condenación* (Mt. 23: 14). La advertencia del mismo Señor Jesucristo es muy seria. ¿De qué sirve participar activamente en cultos muy espirituales, si en la vida cotidiana no se actúa con misericordia y amor al prójimo?

Lo cúltico, lo espiritual, lo sagrado o lo religioso no pueden sustituir a Dios, ni a la responsabilidad que cada creyente tiene delante de él. El culto racional no debe convertirse en una idolatría de los sentimientos o los deseos humanos, ni en una huida del mundo, sino en una acogida gozosa y responsable de nuestra misión en la sociedad. Jesucristo nunca concibió otra forma de rendirle culto a Dios, para Él no hay acceso posible al Creador del universo fuera de la dedicación y el compromiso con ese reino de la fraternidad. El creyente no puede pasar de largo ante los débiles, pobres, enfermos y, en general, todo los caídos en la cuneta de la vida, ya que toda búsqueda de Dios, al margen de esta suprema ley, acaba tarde o temprano creando a un Dios falso y practicando un espiritualismo anticristiano. La espiritualidad es buena, pero el espiritualismo que nos aísla de la realidad, es malo.

La gloria de Dios no reside en que el hombre le mencione, le cante o le rinda culto en determinados momentos, sino que es la vida entera de los seres humanos. Más que hablar, cantar, tocar instrumentos musicales o, incluso, danzar, es vivir cada día con coherencia: con amor al prójimo y a uno mismo, buscando con sinceridad la pureza personal. Por supuesto que lo uno, no elimina lo otro.

Aquellas mismas palabras que un día escucharon los discípulos de Cristo: *¿por qué estáis mirando al cielo?* (Hch. 1: 11), resuenan hoy con fuerza sobre todos los empeños espiritualistas. Es en esta tierra, en la que por desgracia su voluntad todavía no se cumple, donde tenemos la obligación de seguir mirando y donde Dios quiere ser encontrado por cada ser humano. De manera que a Dios no se le debe buscar en el espiritualismo, sino en el Espíritu Santo y en el Cristo humanado. A Dios tampoco se le puede amar en abstracto o de forma espiritualista. Como escribió el apóstol Juan: *Si alguno dice: Yo amo a Dios, y aborrece a su hermano, es mentiroso. Pues que no ama a su hermano a quien ha visto, ¿cómo puede amar a Dios a quien no ha visto?* (1 Jn. 4: 20). El que ama a Dios no puede ignorar a sus hermanos. Sin embargo, los espiritualismos buscan a Dios donde ellos quieren y no donde Él espera ser hallado, por eso son tan peligrosos para la Iglesia del Señor, ya que pueden privarla de su fidelidad a Dios y de su credibilidad ante los hombres.

El Dios Creador que fue capaz de dar la vida de su Hijo por la humanidad, considera más sagrada la vida del hombre que todos los actos religiosos juntos. El ser humano tiene más valor para Dios que todos los tiempos de oración, alabanza, ceremonias, lugares o utensilios de culto. Primero, el hombre, después, lo demás. Por tanto, el único criterio para discernir verdaderamente si nuestro culto y nuestra adoración nos "religan" de verdad a Dios es que nos comportemos como hermanos, ya que nuestra responsabilidad ante el Señor se juega en el terreno de este mundo, en el esfuerzo para que venga su reino y se cumpla su voluntad tanto en la Tierra como en el cielo. Tal como escribe el profeta Isaías: *¿No es que partas tu pan con el hambriento, y a los pobres errantes albergues en tu casa; que cuando veas al* *desnudo, lo cubras, y no te escondas de tu hermano? Entonces nacerá tu luz como el alba, y tu salvación se dejará ver pronto* (Is. 58: 7-8).

2. Adorando en espíritu y en verdad.

Cuando el Señor Jesús respondió a la mujer samaritana que a Dios se le puede adorar en cualquier lugar de la Tierra, con tal de que se le adore *en espíritu y en verdad*, porque Dios es Espíritu (Jn. 4: 24), no le estaba insinuando que para poder adorarle tenía que practicar una especie de misticismo que la elevara espiritualmente hasta el séptimo cielo, o que tenía que entrar en un trance como si fuera una médium espiritista intentando conectar con el más allá. No, nada de eso. Al decir que Dios es Espíritu, el evangelista Juan estaba afirmando que en el Creador se da el dinamismo del amor, que ha creado al ser humano y sigue actuando en el resto de la Creación. Por medio de ese Espíritu de Dios que *se movía sobre la faz de las aguas* primigenias, el Padre comunica su vida a toda criatura. Por tanto, decir que Dios es Espíritu significa afirmar que el amor procede de Dios y que Dios es amor.

De ahí que, cuando el ser humano descubre a Dios, a través de Jesucristo, y empieza a amar de verdad a sus semejantes, se transforma en espíritu porque *es nacido del Espíritu* (Jn. 3: 6), y se hace semejante a Dios mismo, tomando parte de su plenitud: *Porque de su plenitud tomamos todos, y gracia sobre gracia* (Jn. 1: 16). De manera que *adorar a Dios en espíritu y en verdad* es amar a nuestro prójimo como a nosotros mismos, como a nuestra propia familia. El culto a Dios deja de ser individual, porque el Espíritu de Dios está presente en todos los hombres y mujeres que le aman y aman a su prójimo. Este es el único y verdadero culto que el Padre desea que se le tribute, el culto del amor.

El culto antiguo del Judaísmo exigía del ser humano continuos sacrificios de animales y bienes materiales, así como una humillación constante del hombre frente a Dios. Había una gran distancia que separaba a las criaturas del Creador. Sin embargo, el nuevo culto que Jesucristo hizo posible dejó de humillar al hombre y empezó a elevarlo, acercándolo cada vez más a Dios, y haciéndolo muy semejante al Padre. Ya no había que llamarle Jehová de los ejércitos, sino papá (*abba*), porque se trataba de un padre amoroso. Por tanto, Dios ya no quiere cultos como los de la antigua alianza con sacrificios y ofrendas de animales, ni siquiera quiere sacrificios personales, golpes de pecho, derramamiento de lágrimas o promesas difíciles de cumplir. Dios no quiere más sangre animal o humana. Él no espera dones, sino comunicación sincera, amor y responsabilidad por parte del hombre; su gloria consiste en dar vida y desplegar así el dinamismo del amor.

3. El error de la teología de la prosperidad.

Sin embargo, es triste tener que reconocer que en ciertos ámbitos evangélicos se detecta hoy un grave déficit de amor, un déficit solidario hacia los numerosos problemas de injusticia social que existen en nuestro mundo global. El auge del sentimiento o la emocionalidad, así como del individualismo y el deseo de prosperidad y salvación personal hace que, en demasiadas ocasiones, se olviden los problemas del prójimo, y se pase de puntillas junto al herido que yace al borde del camino, como en la parábola del buen samaritano.

Ahí tenemos, por ejemplo, ese vergonzoso teleevangelismo pedigüeño de la teología de la prosperidad. La actual proliferación de evangelistas mediáticos que apelan a los sentimientos de los televidentes cristianos, para sacarles el dinero y engrosar así sus imperios personales, es algo que clama al cielo. Se predica un evangelio de la codicia que pisotea el mensaje de Jesucristo ya que es lo más opuesto a aquello que el Señor quiso enseñar a sus discípulos. La avaricia egoísta y pseudo-religiosa de tales lobos vestidos con piel de ovejas no se fundamenta en la Palabra de Dios, sino en el sueño de opulencia y prosperidad individualista. A los pobres se les considera como indigentes espirituales incapaces de prosperar porque siguen siendo esclavos del pecado. Se llega a predicar, y a hacer creer, que los menesterosos se merecen su pobreza y, por tanto, no habría que tener la más mínima consideración hacia ellos. ¿Puede haber mayor cinismo y crueldad en nombre de la religión? Esta es la más perniciosa herejía que existe actualmente en el seno del protestantismo a escala mundial. Todos los demás errores parecen pequeños frente a semejante aberración religiosa, que es el producto de la mentalidad individualista de nuestra sociedad de consumo.

Los principios de la *Biblia* no apoyan jamás la acumulación masiva de riqueza en manos de unos pocos, sino su redistribución adecuada entre los que pasan necesidad. Hoy también nos hace falta una nueva Reforma protestante. Si en la época de Lutero, el saqueo de los pobres, santificado por las bulas papales, era algo habitual, en la actualidad ha proliferado una nueva generación de "papas de la prosperidad", especializados en robar al pueblo creyente. Igual que en los siglos XV y XVI el clero estafaba a los pobres, prometiéndoles libertad del purgatorio, los falsos maestros de hoy están también esquilmando a sus seguidores, prometiéndoles libertad de la pobreza y una vida abundante en la prosperidad.

Los creyentes que caen en estos errores no asumen los problemas del mundo como propios porque, en el fondo, consideran equivocadamente, que todo lo que hay en la Tierra es malo y está condenado a la destrucción. Sin embargo, la pobreza y la miseria en que viven actualmente millones de criaturas en los países llamados del Tercer mundo, o en vías de desarrollo, las desigualdades que afectan a la mayoría de los habitantes de este planeta, y tantas otras situaciones discriminatorias, no se pueden solucionar sólo mediante la oración o la meditación. Hace falta también un empeño activo y una voluntad decidida, sobre todo por parte de las iglesias poderosas del Norte, para superar tanta injusticia y deshumanización. La solidaridad de los cristianos de los países ricos para con los del Sur es hoy más necesaria que nunca y debe contribuir a cambiar las actuales estructuras sociales de bloqueo y opresión.

El Cristianismo está llamado a servir al hombre y no a servirse de él; cuando esto no se quiere reconocer, se fomenta una religión vacía e idolátrica que huye de los problemas reales, para refugiarse en un espiritualismo insolidario y ajeno al Evangelio de Jesucristo.

4. Ni secularismo ni espiritualismo.

Por eso, hermanos, tenemos que huir de tales errores. El Cristianismo de Cristo no es una religión secularista o una estrategia sociopolítica, como afirman ciertos sectores de la teología de la liberación, que reducen el Evangelio a simple militancia política de izquierdas, en la que incluso se ve con buenos ojos la lucha armada. El Cristianismo tampoco es una religión espiritualista, que nos hace refugiarnos en nuestros templos y reunirnos para disfrutar de los cultos sólo con quienes piensan como nosotros, y, así, evadirnos de la triste realidad de este mundo.

Ni secularismo reductor, ni espiritualismo evasivo, sino la religión pura y sin mácula de que nos habla Santiago. Fundamentalmente, el amor al prójimo necesitado y la pureza personal o el "guardarse sin mancha del mundo".

¡Quiera Dios que cada uno de nosotros sepa poner siempre en práctica estos dos consejos de Santiago!

50
Conocer a Dios

1 Jn. 4: 1-2 (1-6); 2 Ti. 3

Amados, no creáis a todo espíritu,
sino probad los espíritus si son de Dios;
porque muchos falsos profetas han salido por el mundo.
En esto conoced el Espíritu de Dios:
Todo espíritu que confiesa que Jesucristo ha venido en carne es de Dios.

ESQUEMA

1. Características del que conoce a Dios.

    1.1. Hace caso de su Palabra.

    1.2. Se esfuerza por hacer el bien.

    1.3. Considera las pérdidas como ganancias.

    1.4. Experimenta la paz en su vida.

2. Todos estamos llamados a conocer a Dios.

CONTENIDO

El apóstol Juan se está refiriendo aquí a los falsos maestros que pretendían estar en posesión de la verdad, pero mentían descaradamente. En el contexto, se refiere a algunos pretendidos cristianos, los gnósticos, que decían poseer el Espíritu Santo, pero predicaban que Jesús no era el Cristo. No reconocían al Jesús histórico como Mesías, ni como Hijo de Dios, porque no querían aceptar el escándalo de la cruz. ¡Cómo iba Dios a dejarse crucificar por el hombre! Por eso Juan dice que *quien no confiesa que Jesucristo ha venido en carne, no es de Dios,* (v. 4: 3). Pero no vamos a hablar del problema del gnosticismo o de las herejías de la Iglesia primitiva, ya lo hemos hecho en otras ocasiones, sino de lo que significa conocer a Dios.

¿Cuál es el sentido del estudio bíblico y de la predicación que se realiza cada domingo desde el púlpito? ¿Qué se pretende con tantos grupos y clases de estudio bíblico en la escuela dominical? ¿Por qué tanta energía para educar a los niños y jóvenes en las cosas del Señor? El objetivo es siempre el mismo: llegar a conocer a Dios cada vez más y mejor. Pero, ¿qué es conocer a Dios? ¿Se puede caer en la paradoja de conocer mucho acerca de Dios, sin tener apenas conocimiento verdadero de él? ¿Sería posible tener mucha información acerca de la doctrina cristiana, saber mucha teología bíblica, haberse leído la *Biblia* varias veces, desde el *Génesis* hasta el *Apocalipsis*, incluso haber aprendido salmos enteros de memoria y, sin embargo, no conocer a Dios? ¿Podemos *estar siempre aprendiendo, y nunca llegar al conocimiento de la verdad,* como dice 2ª *Timoteo* (3: 7), refiriéndose al carácter de los hombres de los postreros días? ¿Es posible incluso llegar a *adorar a Dios sin conocerle,* como hacían los atenienses, a quienes predicaba Pablo en el Areópago (Hch. 17: 23)?

También podrían formularse estas mismas preguntas, pero al revés: ¿es posible desconocer la *Biblia,* los fundamentos de la doctrina cristiana y creer que se está lleno del Espíritu Santo y que se conoce a Dios, sin que en realidad sea así? Todas estas cuestiones nos llevan a plantearnos ¿cómo es posible conocer a Dios de manera verdadera? ¿Cuáles podrían ser las principales características de la persona que conoce verdaderamente a Dios? Seguramente hay muchas, pero consideraremos sólo cuatro de ellas.

1. Características del que conoce a Dios.

1.1. Hace caso de su Palabra.

En *1ª Juan* (2: 3-6), leemos: *Y en esto sabemos que nosotros le conocemos, si guardamos sus mandamientos. El que dice: Yo le conozco, y no guarda sus mandamientos, el tal es mentiroso, y la verdad no está en él; pero el que guarda su palabra, en este verdaderamente el amor de Dios se ha perfeccionado; por esto sabemos que estamos en Él. El que dice que permanece en Él, debe andar como él anduvo.* De nada sirve estar instruido en las enseñanzas cristianas, si no se vive conforme a ellas. Este no puede ser nunca un verdadero conocimiento de Dios. Sin embargo, el que vive según la Palabra es el que realmente demuestra que ama y conoce al Señor: *Todo aquel que permanece en Él, no peca; todo aquel que peca, no le ha visto, ni le ha conocido* (1 Jn. 3: 6). Quien está en comunión con Dios no peca, es decir, en la medida en que uno permanece en Cristo, no comete pecado.

El que es cristiano, y continúa pecando, es porque no ha visto todavía al Señor con los ojos de la fe, ni lo ha conocido en su vida práctica. A pesar de todo, Juan dice que *si confesamos nuestros pecados, Él es fiel y justo para perdonar nuestros pecados, y limpiarnos de toda maldad* (1 Jn. 1: 9). Pero, ¡cuidado con las interpretaciones abusivas! Alguien podría pensar equivocadamente: *¡puedo hacer cualquier tontería porque hay alguien que lo remedia!* No obstante, Jesús invita al ser humano al arrepentimiento sincero, a la conversión, al cambio real de vida y a la observancia de su Palabra. Lo que nos propone el Señor es que empecemos a escribir una historia distinta de la vida y que dejemos de echar borrones sobre las páginas de nuestra existencia.

1.2. Se esfuerza por hacer el bien.

El profeta *Jeremías* (4: 22), pone en boca de Jehová estas palabras: *Porque mi pueblo (Judá) es necio, no me conocieron; son hijos ignorantes y no son entendidos; sabios para hacer el mal, pero hacer el bien no supieron.* Quien conoce a Dios sabe hacer el bien y trabaja para conseguirlo.

También *Daniel* (11: 32), dice: *...mas el pueblo que conoce a su Dios se esforzará y actuará.* Conocer a Dios implica reaccionar contra las tendencias del mal que se oponen al desarrollo de su reino en la Tierra. El profeta Daniel no podía descansar y sentía que debía hacer algo, mientras su Dios estaba siendo abiertamente desafiado. La deshonra del nombre de Jehová o la vejación de la criatura humana, que fue creada a imagen del Creador, no pueden dejar impasibles a quienes conocen a Dios. Como dice Pablo: *el amor de Cristo nos constriñe* (nos obliga)... *para que los que viven, ya no vivan para sí, sino para aquel que murió y resucitó por ellos* (2 Co. 5: 14-15).

Cuando esta sensibilidad especial de los hijos de Dios llega a transformarse en acciones públicas concretas es porque ha pasado antes por el filtro de la oración. Los creyentes que conocen a su Dios son, ante todo, hombres y mujeres de oración. Porque orar es despegarse de la Tierra para verla desde la perspectiva de Dios y actuar en ella como mejor conviene. El escritor Víctor Hugo escribe en *Los Miserables: Algunos pensamientos son como oraciones. En ciertos momentos, cualquiera que sea la postura del cuerpo, el alma está de rodillas.* Este tipo de oraciones-pensamiento son las que proliferan en la vida diaria del creyente que conoce a su Dios.

1.3. Considera las pérdidas como ganancias.

Es lo que confiesa el apóstol Pablo a los filipenses: *Pero cuantas cosas eran para mi ganancia, las he estimado como pérdida por amor de Cristo* (Fil. 3: 7). Aquella acumulación de méritos y buenas obras que eran el ideal de los fariseos y que les hacía creerse los elegidos, los hijos de Abraham, superiores a los demás, le parecían a Pablo como una petulancia estéril que no servía para nada. El suceso del camino de Damasco obró en él un cambio total de valores. Es más importante conocer a Dios que vivir pendientes por engrosar el currículo personal o los méritos propios. Incluso hasta aquello que quien no conoce a Dios puede considerar como una pérdida, una tragedia, una desgracia, un sufrimiento o una "pesada cruz", para el creyente puede ser algo que no le preocupa, un "mal menor" o hasta una auténtica ganancia: *Porque para mí el vivir es Cristo, y el morir es ganancia* (Fil. 1: 21). No es posible decir esto, si no se conoce verdaderamente a Dios.

1.4. Experimenta la paz en su vida.

En el libro de *Romanos* (5: 1), leemos: *Justificados, pues, por la fe, tenemos paz para con Dios por medio de nuestro Señor Jesucristo*. Esta paz resulta de la convicción personal de que: *Si Dios es por nosotros, ¿quién contra nosotros? ¿Quién acusará a los escogidos de Dios? ¿Quién nos separará del amor de Cristo? Ni la muerte, ni la vida, ni lo presente ni lo por venir, nos podrán separar del amor de Dios, que es en Cristo, Jesús, Señor nuestro* (Ro. 8: 35-39). Esta es la paz de los que conocen a Dios. Pero esta paz sólo se puede alcanzar gracias al resucitado, gracias a aquel que se apareció a los apóstoles y fue confundido con un fantasma (Mt. 14). La creencia de que era un fantasma produjo escalofríos de miedo en los discípulos que estaban sobre la barca. Pero Cristo no era un fantasma sino el viviente por excelencia, por eso no acepta los miedos de sus amigos. El Señor Jesús representa la derrota definitiva del miedo. Donde hay amor ya no hay lugar para el temor, porque *el perfecto amor echa fuera el temor* (1 Jn. 4: 18).

Cristo resucitado nos libera, ante todo, del miedo al pasado. Quien conoce a Dios sabe que los fantasmas de su pasado han sido liquidados definitivamente sobre la cruz. De ahí que sea capaz de experimentar la auténtica paz interior.

2. Todos estamos llamados a conocer a Dios.

El sentido de la predicación, los estudios bíblicos y los cultos de oración es precisamente actuar como medios para que todos lleguemos a conocer a Dios de forma correcta; servir de instrumentos para motivarnos no sólo a conocerle, sino, sobre todo, a obedecer con alegría la *Escritura* y a saber esforzarnos por hacer el bien; a valorar lo importante de la vida, viendo, en ciertas pérdidas materiales, posibles ganancias espirituales. Y llegar a experimentar así la auténtica paz.

¡Ojalá todas estas actividades vayan encaminadas, como dijo Pablo: ...*a perfeccionar a los santos para la obra del ministerio, para la edificación del cuerpo de Cristo hasta que todos lleguemos a la unidad de la fe y del conocimiento del Hijo de Dios!* (Ef. 4: 12-13).

51
La letra mata

2ª Corintios 3: 5 y 6; Apocalipsis 1: 3 ; Juan 1: 1-3

... nuestra competencia proviene de Dios, el cual asimismo nos hizo ministros competentes de un nuevo pacto, no de letra, sino del espíritu; porque la letra mata, mas el espíritu vivifica.

ESQUEMA

1. Origen e historia de los libros.

2. La Palabra insiste en que debemos leer.

3. La letra mata, mas el espíritu vivifica (2ª Co. 3:6).

    3.1 Interpretaciones erróneas.
    3.2 Significado real.
    3.3 Oposición entre letra y espíritu.
    3.4 El Viejo y el Nuevo pacto.

Conclusión: piedras vivas y libros vivos.

CONTENIDO

La historia de la comunicación entre los seres humanos da comienzo con la palabra. Tal como se puede leer en *Juan* (1.3): *Es el Verbo quien hizo, en el principio, todas las cosas.* Este Verbo, la Palabra, primero fue revelación oral. Al principio el testimonio pasaba de boca en boca: el Creador se comunica con su Creación. Dios habla y manda hablar. Se relaciona oralmente con el hombre para transmitirle su voluntad y para que este, a su vez, comunique a otros su mensaje. Esto es precisamente lo que hicieron Adán, Noé, Abraham y el resto de los patriarcas, durante muchos años. Sin embargo, con el transcurso del tiempo, la revelación oral dará lugar a la revelación escrita.

La *Biblia* dice que, después de hablar, Dios escribió y mandó escribir. En el libro de *Éxodo* (31:18), puede leerse: *Y dio a Moisés, cuando acabó de hablar con él en el monte Sinaí, dos tablas de testimonio, tablas de piedra escritas con el dedo de Dios*; y en 34:27: *Jehová dijo a Moisés: Escribe tú estas palabras; porque conforme a estas palabras he hecho pacto contigo y con Israel.*

A partir de aquí, toda la relación entre Dios y el ser humano se va a mover en el contexto de la escritura, es decir, de la Palabra escrita y, como consecuencia, de la lectura. Aparecen así progresivamente pergaminos, rollos, manuscritos, libros y bibliotecas. Desde el *libro del pacto,* de *Éxodo,* (24:7), hasta el *libro de la vida,* de *Apocalipsis,* (22:19), las citas bíblicas en las que Dios manda escribir se cuentan por cientos.

Y es que los libros pueden ser más duraderos que las mismísimas rocas. Los textos de filósofos griegos, como Homero y Horacio, por ejemplo, han resistido el paso del tiempo y la erosión de los siglos mejor que las esculturas de piedra hechas en su misma época.

1. Origen e historia de los libros.

Si buceamos en la Historia antigua descubriremos que en Babilonia y Asiria, en la época del rey Asurbanipal, ya se guardaban 22.000 tablillas de barro cocido, escritas con hechos y datos concretos. Se dice que, en Egipto, en tiempos de la conquista de los griegos, los libros de Tot, que eran de carácter religioso-científico, ascendían a 35.525. La famosa biblioteca de Alejandría, creada por los Ptolomeos, en el 300 a.C., llegó a tener 700.000 volúmenes. Tanto entre los griegos como entre los romanos hubo famosos coleccionistas de libros y bibliotecas privadas importantes como las de Platón, Jenofonte, Eurípides o el propio Aristóteles.

La primera noticia que tenemos en la *Biblia* acerca de una biblioteca, la hallamos en el libro de *Esdras,*(6:1), donde se habla de *la casa de los archivos* o *casa de los libros.* El propio apóstol Pablo, preso en las cárceles de Roma, escribe a su discípulo Timoteo pidiéndole: *Trae, cuando vengas... los libros, y especialmente los pergaminos* (2 Tim, 4:13). Este detalle nos muestra que él mismo era un estudioso, que poseía libros y los utilizaba habitualmente.

El Cristianismo primitivo se desarrolló alrededor de los libros, mediante bibliotecas en las propias iglesias. De tal forma esto era así que, durante la persecución que sufrieron los primeros cristianos por parte del emperador romano Diocleciano, no se mandó sólo derribar las iglesias, sino también quemar los libros allí guardados.

Siglos después de la caída del Imperio Romano, la invasión de los Bárbaros arrasó la mayor parte de las bibliotecas que todavía quedaban. De esta forma fue como la cultura y los libros se vieron confinados casi exclusivamente a los monasterios. Más tarde, con el Renacimiento, la invención de la imprenta y la Reforma protestante, la producción literaria alcanzó un notable desarrollo y los libros se popularizaron extraordinariamente.

También el auge del laicismo, la secularización y el deseo de instruir al pueblo hicieron que se crearan infinidad de bibliotecas nacionales y públicas, tales como la Biblioteca Nacional de París, la Biblioteca del Museo Británico, la Biblioteca Nacional de Madrid o la Biblioteca del Congreso de los Estados Unidos. Los aires de libertad religiosa que trajo la Reforma protestante fueron muy beneficiosos para la humanidad pero, lamentablemente, no todo fue tan positivo. Con la Reforma, empezaron también los problemas de intolerancia para los libros religiosos, que sustentaban ideas contrarias a las que se sostenían en cada bando. Los reformados o protestantes destruyeron todos los códices y manuscritos de la Abadía de Cluny porque "eran libros de misa". Los anabaptistas quemaron la biblioteca de Rodolfo Lange, formada por valiosos manuscritos griegos y latinos. Por su parte, la Iglesia católica de Roma tampoco se quedó atrás; el Concilio de Trento promulgó el famoso *Índice de libros prohibidos* y dio la orden de persecución y quema de todas las *Biblias* y libros protestantes. Esta situación se mantuvo, tristemente, en vigor, en España, hasta hace relativamente pocos años.

¡Cuánta cultura, cuánta ciencia, cuánto conocimiento y sabiduría se ha perdido a lo largo de la Historia por culpa de la ignorancia y el fanatismo! ¡Por no saber darle a los libros su justo y adecuado valor!

2. La Palabra insiste en que debemos leer.

En el libro de *Deuteronomio* (17:18), Dios describe cómo debía actuar el futuro rey de Israel: *escribirá esta ley en un libro,... y lo tendrá consigo, y leerá en él todos los días de su vida.*

Decíamos, al principio, que Dios habló y mandó hablar, escribió y mandó escribir, pero de poco sirven los libros si no se leen. Esta es la razón por la que, además de hablar y escribir, hay también que leer. El fin de los libros no está en servir de decorado, ni de telón de fondo para adornar un despacho, como se hace en algunas tiendas de muebles o en los programas de la televisión, donde estos se eligen por el color, para que no desentonen con el escenario. Los libros deben ser abiertos y deben ser leídos de verdad.

La *Biblia* va mucho más allá todavía, pues habla de libros que deben ser "comidos". Así, por ejemplo, al profeta Ezequiel se le manda: *Come este rollo... alimenta tu vientre y llena tus entrañas* (Ez 3:1-3). Al apóstol Juan se le ordena: *Toma el libro y cómetelo entero* (Ap 10:10). ¿Qué significan estas palabras? "Comer el libro" representa asimilar su contenido grabándolo en la mente, en el corazón y, sobre todo, en la conducta diaria.

3. La letra mata, mas el espíritu vivifica (2ª Cor, 3: 6).

3.1. Interpretaciones erróneas.

Existen hoy, por desgracia, creyentes que malinterpretan el verdadero sentido de estas palabras de Pablo: "si la letra mata, entonces lo mejor es no leer", a veces ni siquiera la *Biblia*. "El espíritu ya se encargará de educarnos y vivificarnos". Parece una exageración pero es totalmente cierto. ¿Cómo se puede haber llegado a esta situación tan equivocada?

Lo que ocurre en las congregaciones que practican sistemáticamente la "no lectura" es que ésta, así como el estudio y la meditación seria de la *Biblia*, va perdiendo, poco a poco, importancia y, por el contrario, se fomenta aquello que se supone que es propio del espíritu: los cantos, los períodos llamados de alabanza, las manifestaciones de carismas personales, la música, etc. No se valora como alabanza la meditación y el estudio de las *Escrituras*, como si el conocimiento profundo de la Palabra y de lo que Dios mismo nos dice en su revelación, no fuera tan importante como la manifestación pública de los sentimientos.

Algunos pastores tiene verdadero pánico a que los creyentes lean y se instruyan en las enseñanzas bíblicas. En ciertas iglesias hasta se ejerce una especie de censura y se les prohíbe a los miembros comprar libros. Porque mientras no leen, no saben, no conocen, no pueden cuestionar nada. Se "tragan" todo lo que el líder les dice, ya que carecen de criterio bíblico. Son congregaciones sumisas y obedientes a las manipulaciones doctrinales del líder, que en la mayoría de los casos tampoco lee. Este es un grave error del que todo buen pastor debe huir, ya que constituye una tremenda responsabilidad delante del Señor. Una cosa es realizar críticas constructivas o análisis acerca de las tendencias doctrinales de los diferentes libros que llenan las librerías, y otra, muy distinta, prohibir su lectura como en épocas inquisitoriales.

3.2. Significado real

¿Cuál es el auténtico sentido de estos versículos de Pablo? Veamos *2ª Corintios*, (3:1): *¿Comenzamos otra vez a recomendarnos a nosotros mismos? ¿O tenemos necesidad, como algunos, de cartas de recomendación para vosotros?*

En tiempos de Pablo había individuos, sobre todo en la comunidad de Corinto, que pretendían hacerse reconocer por las congregaciones mediante cartas de recomendación de alguna otra iglesia. Presumían de ser mejores que Pablo porque mostraban carismas extraordinarios y espectaculares. Durante sus predicaciones entraban frecuentemente en éxtasis. Estas manifestaciones extáticas eran muy apreciadas en el mundo griego, donde todo lo que podía transfigurar al hombre y divinizarlo tenía mucho éxito. Por otro lado, también apelaban a la tradición gloriosa del Judaísmo, se jactaban de ser hebreos descendientes de Abraham. Acusaban a Pablo de haber renegado de la herencia religiosa del Judaísmo. Decían que Pablo era un "don nadie", que las verdaderas autoridades cristianas estaban en Jerusalén y eran Pedro y Santiago. Consideraban que Pablo era un oportunista, que no exigía la circuncisión, ni los ritos de la Ley mosaica para captar más oyentes. En resumen, querían que la iglesia paulina de Corinto obedeciera y se sometiera a los dirigentes históricos de Palestina.

Pablo, con cierta ironía, les responde que no tiene necesidad de ese tipo de cartas credenciales, que quien se apoya en esas cartas de recomendación, en esas estructuras de poder, en esos carismas espectaculares, está todavía clavado en las tablas de piedra de la antigua alianza. Sin embargo, él se siente legitimado como apóstol, no en virtud de sus méritos personales o de recomendaciones de personajes influyentes, sino que reivindica con claridad que *nuestra competencia proviene de Dios* (5). Y si no hay más remedio que mostrar cartas de recomendación, *vosotros sois mis cartas* (2). Sus cartas son las propias personas, la comunidad en general, el Espíritu que escribe una historia nueva en cada corazón, la fe que anima la iglesia de Corinto.

Pablo se siente como un nómada del Evangelio: enteramente abrasado por su misión, que lo absorbe completamente y no le deja tiempo para cultivar ambiciones o vanidades personales. No se considera dueño de la iglesia de Corinto y mucho menos su legislador. Desea servir a la Iglesia pero no servirse de ella. Pablo debiera ser un ejemplo para los ministros del Evangelio que pueden caer en la tentación de convertir la predicación en un próspero negocio personal, a base de atolondrar a las personas con sentimentalismo y de ostentar un desprecio descarado hacia la cultura y la profundidad teológica del Evangelio.

Pablo es más bien un amanuense, es decir, uno que escribe bajo el dictado del Espíritu Santo. Y al realizar semejante tarea, el apóstol reconoce que, cuando la comunidad se hace visible, su tinta se hace invisible, y la carta viviente que es la propia comunidad de los salvados, puede ser *leída por todos los hombres* (v. 2). De la misma manera, todos los cristianos del mundo también deberíamos poder ser leídos por los demás como auténticas cartas abiertas. Pero esto sólo es posible cuando nuestra imagen no está oscurecida por discusiones mezquinas y cuestiones tontas.

3.3 Oposición entre letra y espíritu.

...nuestra competencia proviene de Dios, el cual asimismo nos hizo ministros competentes de un nuevo pacto, no de la letra, sino del espíritu; porque la letra mata, mas el espíritu vivifica (v. 5b-6).

La oposición que Pablo establece entre la letra y el espíritu no es sólo entre dos maneras de leer la *Escritura*, sino entre dos concepciones distintas de la salvación o dos modos diferentes de interpretar la experiencia de fe. La letra se refiere a la Ley de Moisés, y el espíritu se refiere al Evangelio de la gracia de Dios. Cuando afirma que "la letra mata" quiere decir que el Antiguo Pacto, la Ley de Moisés escrita en tablas de piedra, condena y produce la muerte de aquellos que no cumplen sus preceptos.

Veamos *Gálatas* (3:10): *Porque todos los que dependen de las obras de la ley están bajo maldición, pues escrito está: Maldito todo aquel que no permanezca en todas las cosas escritas en el libro de la ley, para hacerlas.* Dios nunca dispuso la Ley como medio de dar vida, su propósito era llevar al conocimiento de pecado para que el hombre aprendiera a rechazarlo. La Ley, por tanto, procuraba despertar en el ser humano la contrición, el remordimiento que condujera al arrepentimiento sincero respecto del pecado.

3.4 El Viejo y el Nuevo pacto.

Sin embargo, el Evangelio quiere despertar en el hombre la fe salvadora en Cristo Jesús. La obra de la Ley era preparatoria a la del Evangelio porque ahondaba la conciencia de pecado y, de esta manera, hacía que las personas se dieran cuenta de la necesidad de la redención y estuvieran pendientes de la venida del Mesías.

La letra de la Ley mataba porque el hombre no cumplía su parte en el pacto con Dios, ya que no obedecía absolutamente todas sus exigencias. *Más el espíritu vivifica* se refiere ya al Nuevo Pacto, o sea, al Evangelio de Jesucristo que no depende de las obras humanas sino de la gracia de Dios.

El teólogo americano J. M. Davies afirma, en su comentario a las epístolas a los Corintios: *Este ministerio de la "letra" que mata queda ilustrado en los 3.000 muertos en el Sinaí, cuando la inauguración del Viejo Pacto, y el ministerio del Espíritu vivificador, queda ilustrado con los 3.000 salvos en el día de Pentecostés.* El Espíritu que da vida es quien nos hace descubrir la novedad radical e inimaginable de Cristo Jesús, quien nos está llamando no para que cumplamos la Ley escrita en tablas de piedra, sino para que descubramos el código secreto del amor impreso en cada corazón. Por tanto, confundir este mensaje de Pablo (*la letra mata*) con que no hay que leer es una aberración doctrinal que demuestra ignorancia y profundo desconocimiento bíblico.

Conclusión: piedras vivas y libros vivos

El apóstol Pedro después de comparar a Jesús con una piedra viva, la piedra angular que sostiene toda la estructura del edificio, dice que los creyentes también debemos ser como piedras vivas. Es verdad que la Iglesia está hecha de piedras vivas, pero yo diría que también está hecha de libros vivos, en el sentido de las palabras del apóstol Pablo: *vosotros sois mis cartas*. Cada discípulo de Jesucristo debería conocer bien la *Biblia*, cada cristiano tendría que saber dar razón de su experiencia de fe. No tendría por qué ser imprescindible recurrir a los libros de teología para preguntarles acerca del plan de Dios, o el significado de la vida de Cristo, sino que debería bastar con dirigirse a una congregación cristiana y demandarlo a cualquiera. No obstante, para llegar a tal situación hay que tener conocimiento de la *Escritura*, hay que leer mucho no sólo la *Biblia*, sino también los libros de grandes eruditos que se refieren a ella, cada cual según sus posibilidades y poniendo los talentos recibidos al servicio del Señor. De ahí que Juan, hablando de la revelación en el *Apocalipsis*, (1:3), diga: *Bienaventurado el que lee*. Todo aquel que lee se convierte en un libro vivo capaz de mostrar a otros el camino a la salvación.

¡Quiera Dios que cada uno de nosotros lleguemos a ser bienaventurados en este sentido!

52
El Dios de la Navidad

Jn 1: 9-12,14

Aquella luz verdadera, que alumbra a todo hombre, venía a este mundo.
En el mundo estaba, y el mundo por él fue hecho; pero el mundo no le conoció.
A lo suyo vino, y los suyos no le recibieron. Mas a todos los que le recibieron, a los que
creen en su nombre, les dio potestad de ser hechos hijos de Dios ... y aquel Verbo fue
hecho carne, y habitó entre nosotros (y vimos su gloria, gloria como del unigénito
del Padre), lleno de gracia y de verdad .

ESQUEMA

1. Las piedras de tropiezo

    1.1 El perdón.
    1.2 La resurrección.
    1.3 El nacimiento virginal.
    1.4 Los milagros del Evangelio.
    1.5 La encarnación: la mayor piedra de tropiezo.

2. El misterio de los misterios.

    2.1 ¿Aquel niño era Dios?.
    2.2 Juan nos lo explica.

3. La verdadera Navidad.

    3.1 Acerquémonos al Niño-Dios.
    3.2 Celebremos la Navidad.

CONTENIDO

Hay muchas personas en nuestros días que cuando piensan en Dios les resulta difícil creer en el mensaje de Jesucristo porque las realidades a que este se refiere sobrepasan el entendimiento humano actual, que es profundamente racionalista. Veamos algunas de estas "piedras de tropiezo" del Evangelio para el hombre posmoderno.

1. Las piedras de tropiezo.

1.1. El perdón.

¿Cómo es posible aceptar que la muerte de un sólo hombre, que muere en un patíbulo romano de hace dos mil años, sirva para remediar los pecados de toda la humanidad a lo largo de las eras? ¿Cómo puede ser que aquel sacrificio sirva para que Dios perdone nuestros pecados en el día de hoy?

1.2. La resurrección.

¿Cómo podemos creer que Jesús se levantase físicamente y volviera a la vida después de haber muerto? ¿Puede un cadáver volver a la vida?

1.3. El nacimiento virginal.

¿Cómo se puede afirmar semejante anormalidad biológica?

1.4. Los milagros del Evangelio.

El resto de los milagros suponen también una grave dificultad para muchos. Algunos pueden aceptar que Jesús sanara a los enfermos, ya que hay otras personas que hacen también curaciones milagrosas, pero, ¿cómo se puede aceptar que Jesús caminara sobre el agua o que alimentara a cinco mil personas y devolviera la vida a los muertos? Ante estos problemas, y otros parecidos, muchos individuos, que están al borde de la fe, se sienten profundamente perplejos en el día de hoy. No obstante, la verdadera dificultad no está solamente en estos aspectos mencionados, sino sobre todo en el misterio principal de todos los misterios: la encarnación de la Navidad.

1.5 . La encarnación: la mayor piedra de tropiezo.

La afirmación más asombrosa de la doctrina cristiana es que Jesús de Nazaret fuera Dios y a la vez hombre. El hecho de que Jesús fuese tan completamente divino como humano es el mayor de todos los misterios del Universo.

Lo que ocurrió la primera Navidad fue el acontecimiento más profundo e inescrutable de la revelación cristiana: *Y aquel Verbo fue hecho carne*, nos dice Juan (1:14). Dios se hizo hombre, el Hijo divino se hizo judío, el Todopoderoso apareció en la Tierra en forma de un niño indefenso, incapaz de hacer otra cosa más que estar en una cuna, mirando sin comprender, haciendo los movimientos y los gestos típicos de un bebé, necesitando alimento y toda la atención de sus padres, incluso teniendo que aprender a hablar como cualquier otro niño. En todo esto no hubo ilusión, ni engaño en absoluto, la infancia del Hijo de Dios fue una auténtica realidad. Cuanto más se piensa, más asombroso resulta. Ni la ciencia-ficción podría ofrecernos algo tan fantástico como la doctrina de la encarnación. Esta es la verdadera piedra de tropiezo del Cristianismo. En este punto es en el que han naufragado los judíos, los musulmanes, los antiguos arrianos, los modernos unitarios, los testigos de Jehová y otros muchos grupos religiosos.

Si, por el contrario, aceptamos la encarnación por fe, todas las demás dificultades se disuelven. Si Jesús es el Verbo, la Palabra eterna, el agente del Padre en la creación, el autor de la vida, no resulta tan extraño que tenga poder sobre la muerte, y él mismo se levante de la muerte. Lo que resulta más asombroso es que Él tuviera que morir, no que volviera a vivir. El verdadero misterio es que el inmortal muriese, pero en la resurrección del inmortal ya no hay misterio comparable. Y si el inmortal hijo de Dios se sometió a la muerte, no es de extrañar que semejante muerte pueda tener poder para salvar a una raza condenada. La encarnación es, pues, un misterio insondable, pero un misterio que da sentido a todo lo demás en el *Nuevo Testamento*.

Los evangelistas Mateo y Lucas nos dicen de forma bastante detallada como vino el Hijo de Dios a este mundo. Nació fuera de la ciudad, en lo que podríamos llamar un pequeño hotel, un albergue de una oscura aldea judía, en la época en que Palestina estaba dominada por el poderoso Imperio romano.

Nosotros tendemos a embellecer el relato cuando lo contamos Navidad tras Navidad. Podríamos decir que lo hemos mitificado de forma romántica a base de contemplar los bonitos belenes que se preparan en muchos lugares en estas fechas, pero se trata más bien de un relato brutal y cruel. Jesús no nació en aquel albergue, porque estaba lleno y nadie le ofreció una cama a la mujer que estaba por dar a luz, así que tuvo que tener a su hijo en el establo y colocarlo lo mejor que pudo sobre un pesebre. El relato del Evangelio no tiene comentarios, pero, si se lee atentamente, no pasa desapercibido el cuadro de degradación e insensibilidad que se nos pinta.

2. El misterio de los misterios.

Juan nos dice cuatro veces en los tres primeros capítulos de su Evangelio, que Jesús era el "Unigénito Hijo de Dios". ¿Significa esta afirmación que, en realidad, hay dos dioses? ¿Es el Cristianismo una religión politeísta, como dicen judíos y mahometanos? La frase "Hijo de Dios" ¿implica que Jesús en realidad no es divino, en el mismo sentido en el que lo es el Padre? Ya en la Iglesia primitiva, los arrianos sostenían esta doctrina y en los tiempos modernos la han adoptado también los unitarios, los testigos de Jehová y otros grupos.

2.1 ¿Aquel niño era Dios?

El apóstol Juan se hizo estas mismas preguntas y las resolvió en el prólogo de su Evangelio. Juan sabía que la frase "Hijo de Dios" estaba llena de interpretaciones erróneas en las mentes de sus lectores. En el ambiente judío y en el helenista de la época, circulaban ideas míticas que influían negativamente en la evangelización. La teología judía la empleaba como título para el Mesías humano que ellos esperaban; por otro lado, la mitología griega estaba repleta de historias que hablaban de "hijos de dioses" o "superhombres", estos eran seres supuestamente nacidos de la unión de un dios con una mujer. Es dentro de este contexto cultural que el evangelista Juan escribe estos dieciocho primeros versículos que hemos leído. En ninguna otra parte del *Nuevo Testamento* se explica con tal claridad y profundidad el significado del carácter filial divino de Jesús.

2.2 . Juan nos lo explica.

La palabra "Hijo" no aparece para nada en las primeras frases, en cambio habla del "Verbo", es decir, de "la Palabra". Tanto los judíos como los griegos identificaban el concepto "Verbo" con Dios. No había peligro de que se confundieran. Pero vayamos desglosando poco a poco todos estos conceptos:
- v. 1: *en el principio era el Verbo*. Nos habla aquí de la eternidad del Verbo. No tuvo principio, como las demás criaturas.
- v. 1 : *y el Verbo era con Dios*. Esto es la personalidad del Verbo. Es un ser personal y concreto que se encuentra en eterna comunión con Dios.
- v. 1 : *y el Verbo era Dios*. Nos muestra la deidad del Verbo. Es distinto del Padre en persona pero es divino en sí mismo como Él.
- v. 3 : *Todas las cosas por Él fueron hechas*. Aquí nos muestra al Verbo creando. Todo lo que ha sido hecho, ha sido hecho por medio de Él.
- v. 4 : *En Él estaba la vida*. Nos muestra al verbo vivificando. La vida la da y la mantiene el Verbo.
- v. 14 : *Y aquel Verbo fue hecho carne*. Aquí tenemos al Verbo encarnado.

Esto era lo enigmático para judíos y griegos. La carne era incompatible con la divinidad. Sin embargo, Juan nos dice que el niño del pesebre de Belén era nada menos que el Verbo eterno de Dios. Aquí es hacia donde nos ha querido llevar Juan desde el principio: el Verbo es el Hijo de Dios. *Y vimos su gloria,*

El Dios de la Navidad 52

gloria como del unigénito del Padre; el verdadero mensaje de la Navidad descansa en el hecho sorprendente de que el niño del pesebre era Dios.

3. La verdadera Navidad.

El niño de Belén era Dios hecho hombre. No había dejado de ser Dios. No era menos Dios que antes, pero había empezado a hacerse hombre. Aquel que había hecho al hombre estaba probando ahora lo que era ser hombre. Leemos en la carta del apóstol Pablo a los Hebreos (2:7): *Por cuanto Él mismo padeció siendo tentado, es poderoso para socorrer a los que son tentados.*

3.1. Acerquémonos al Niño-Dios.

El *Nuevo Testamento* no nos propone que nos dediquemos a cavilar sobre los problemas físicos y psicológicos que la encarnación plantea, sino que adoremos a Dios por el amor que en ella se nos ha mostrado. Veamos un poco más adelante, en la misma *carta a los Hebreos* (4:15): *Porque no tenemos un sumo sacerdote que no pueda compadecerse de nuestras debilidades, sino uno que fue tentado en todo según nuestra semejanza, pero sin pecado. Acerquémonos, pues, confiadamente al trono de la gracia, para alcanzar misericordia y hallar gracia para el oportuno socorro.*

El mensaje de la Navidad es el de que hay esperanza para una humanidad arruinada. Esperanza de perdón, de paz con Dios, de gloria porque Jesucristo se hizo pobre y nació en un establo para ser colgado de un madero treinta y tres años más tarde; este es el mensaje más hermoso que el mundo haya escuchado jamás.

3.2. Celebremos la Navidad.

Por desgracia en nuestro tiempo, cuando se habla del espíritu navideño, se está pensando en un espíritu de alegre sentimentalismo a nivel familiar. Por lo menos, esto es lo que nos dicen multitud de anuncios publicitarios: "vuelve a casa por Navidad", llenar la casa de todo, intentar enriquecerse con la famosa lotería, hasta embriagarse con bebidas alcohólicas, etc., pero la Navidad no tiene que ver con nada de eso.

El auténtico espíritu navideño es hacerse pobres como Cristo se hizo pobre al hacerse hombre; Navidad es vaciarse y gastarse a fin de enriquecer a las demás personas que nos necesitan. Es dar, no sólo algo de lo material cuando hace falta, sino también de nuestro tiempo, ocupándonos y preocupándonos por los demás.

Ya conocéis la gracia de Nuestro Señor Jesucristo, que por amor a vosotros se hizo pobre, siendo rico, para que vosotros con su pobreza fueseis enriquecidos, (2 Cor. 8:9). ¡Quiera Dios que este sea el espíritu con el que celebremos nuestra Navidad!

_Bibliografía

ADAM SMITH, G. (1985), *Geografía histórica de la Tierra Santa.* Valencia: Edicep.

ALETTI, J.- N. (1992), *El arte de contar a Jesucristo,* Salamanca: Sígueme.

BALZ, H. y SCHNEIDER, G. (2001), *Diccionario exegético del Nuevo Testamento I y II.* Salamanca: Sígueme.

BARCLAY, W. (2006), *Comentario al Nuevo Testamento.* Terrassa: Clie.

BERKHOF, L. (1979), *Teología sistemática.* México: La Antorcha.

BIETENHARD, H. et al. (1980), *Diccionario Teológico del Nuevo Testamento, v. 2.* Salamanca: Sígueme.

BONILLA, P. (1978), *Los milagros también son parábolas.* Miami (EE.UU): Caribe.

BONNARD, P. (1983), *Evangelio según san Mateo.* Madrid: Cristiandad.

BOVON, F. (1995), *El Evangelio según San Lucas, vol. I y II.* Salamanca: Sígueme.

BROWN, R. E., FITZMYER, S. J. y MURPHY, R. E., (1971), *Comentario bíblico "San Jerónimo".* Madrid: Cristiandad, 5 vols.

CASTILLO, J. M. (1993), "Bautismo", en *Conceptos fundamentales del Cristianismo.* Madrid: Trotta.

COENEN, L., BEYREUTHER, E. y BIETENHARD, H. (1984), *Diccionario Teológico del Nuevo Testamento I, II, III y IV.* Salamanca: Sígueme.

CRUZ, A. (1998), *Parábolas de Jesús en el mundo postmoderno.* Terrassa: Clie.

CULLMANN, O. (1999), *La oración en el Nuevo Testamento,* Salamanca: Sígueme.

DELORME, J. (1993), *El Evangelio según san Marcos.* Navarra: Verbo Divino.

DE VAUX, R. (1985), *Instituciones del Antiguo Testamento.* Barcelona: Herder.

DODD, C. H. (1974), *Las parábolas del Reino.* Madrid: Cristiandad.

DODD, C. H. (1978), *La Tradición histórica en el cuarto Evangelio* Madrid: Cristiandad.

DOUGLAS, J. D. y HILLYER, N. 1991, *Nuevo Diccionario Bíblico.* Downers Grove, Certeza, Illinois.

EICHRODT, W. 1975, *Teología del Antiguo Testamento I y II.* Madrid: Cristiandad.

FITZMYER, J.A. 1987, *El Evangelio según Lucas.* Madrid: Cristiandad, 3 vols.

GNILKA, J. 1996, *El Evangelio según san Marcos.* Salamanca: Sígueme, 2 vols.

GOICOECHEA, C. (1995), *Diccionario de citas.* Madrid: Dossat 2000.

GRELOT, P. (1988), *Las Palabras de Jesucristo.* Barcelona: Herder.

GRUPO DE ENTREVERNES (1979), *Signos y parábolas. Semiótica y texto evangélico.* Madrid: Cristiandad.

GUERRA, M. (1993), *Los nuevos movimientos religiosos*. Pamplona: Eunsa.

HAAG, H., van den BORN, A. y de AUSEJO, S. (1987), *Diccionario de la Biblia*. Barcelona: Herder.

HENDRIKSEN, G. (1990), *El Evangelio según San Lucas*. Michigan, EEUU: Subcomisión Literatura Cristiana.

JENNI, E., WESTERMANN, C. (1985), *Diccionario Teológico Manual del Antiguo Testamento I y II*. Madrid: Cristiandad.

JEREMIAS, J. (1990), *Palabras desconocidas de Jesús*. Salamanca: Sígueme.

KRAUS, H.-J. (1993), *Los Salmos I y II*. Salamanca: Sígueme.

LACUEVA, F. (1990), *Nuevo Testamento Interlineal Griego-Español*. Terrassa, Barcelona: Clie.

LACUEVA, F. (2001), *Diccionario Teológico Ilustrado*. Terrassa, Barcelona: Clie.

LÉON-DUFOUR, X. (1982), *Estudios de Evangelio. Análisis exegético de relatos y parábolas*. Madrid: Cristiandad.

LUJÁN, J. (1991), *Concordancias del Nuevo Testamento*. Barcelona: Herder.

LUZ, U. (1993), *El Evangelio según san Mateo*. Salamanca: Sígueme.

MARTINEZ, J. M. (1992), *Salmos escogidos*. Terrassa, Barcelona: Clie.

MATEOS, J. & BARRETO, J. (1992), *El Evangelio de Juan*. Madrid: Cristiandad.

MATHER, G. A. y NICHOLS, L. A. (2001), *Diccionario de creencias, religiones, sectas y ocultismo*. Terrassa, Barcelona: Clie.

MATTHEW HENRY (1999), *Comentario bíblico de Matthew Henry*. Terrassa, Barcelona: Clie.

NELSON, W. M. (1978), *Diccionario Ilustrado de la Biblia*. Miami: Caribe.

PACOMIO, L. y otros, (1999), *Diccionario Teológico Enciclopédico*. Estella, Navarra: Verbo Divino.

PANNENBERG, W. (1992), *Teología Sistemática I y II*. Madrid: Universidad Pontificia de Comillas.

PEISKER, C.H. (et al.), (1983), *Diccionario Teológico del Nuevo Testamento v. 3*. Salamanca: Sígueme.

POITTEVIN, P. y CHARPENTIER, E. (1993), *El Evangelio según san Mateo*. Estella, Navarra: Verbo Divino.

PRONZATO, A. (1982), *Un cristiano comienza a leer el Evangelio de Marcos I*. Salamanca: Sígueme.

PRONZATO, A. (1993), *Evangelios molestos*. Salamanca: Sígueme.

RICOEUR, P. (1980), *La Metáfora Viva*. Madrid: Cristiandad.

RICOEUR, P. (1981), *El Discurso de la Acción*. Madrid: Cátedra.

RICOEUR, P. (1982), *Finitud y Culpabilidad*. Madrid: Taurus.

SABUGAL, S. (1977), *La curación del ciego de nacimiento*, Biblia y Fe. Madrid.

SANFORD, W., ALLAN, D. y WILLIAM, F. (1995), *Panorama del Antiguo Testamento*, Grand Rapids. Michigan: Nueva Creación.

SCHMID, J. (1981), *El Evangelio según san Mateo*. Barcelona: Herder.

SCHMID, J. (1981), *El Evangelio según san Lucas*. Barcelona: Herder.

SCHÖKEL, L. A. y VILCHEZ, J. (1984), *Proverbios*. Madrid: Cristiandad.

SCHÖKEL, L. A. y CARNITI, C. (1993), *Salmos I y II*. Estella, Navarra: Verbo Divino.

SLOAN, W. H. (1989), *Concordancia Completa de la Santa Biblia*. Terrassa, Barcelona: Clie.

TAYLOR, V. (1980), *Evangelio según san Marcos*. Madrid: Cristiandad.

TILLICH, P. (1984), *Teología Sistemática I, II y III*. Salamanca: Sígueme.

VILA, S. (1989), *Enciclopedia de Anécdotas e Ilustraciones*, T. 1. Terrassa, Barcelona: Clie.

VILA, S. y ESCUAIN, S. (1990), *Nuevo Diccionario Bíblico Ilustrado*. Barcelona Terrassa, Barcelona: Clie.

VILA, S. (1992), *Enciclopedia de Anécdotas e Ilustraciones*, T. 2. Terrassa, Barcelona: Clie.

WIKENHAUSER, A. (1978), *El Evangelio según san Juan*. Barcelona: Herder.

WRIGHT, G.E. (1975), *Arqueología bíblica*. Madrid: Cristiandad.

ZEVINI, G. (1995), *Evangelio según san Juan*. Salamanca: Sígueme.

_Índice analítico

Printed in the USA
CPSIA information can be obtained
at www.ICGtesting.com
LVHW020858210724
785408LV00006B/19